中国大学MOOC（慕课）立体化教材

酒店运营管理
Hotel Operations Management

罗东霞◎主编

中国旅游出版社

参 编 陈 涵 俞继凤
　　　班缘娟 王源婷

前　言

本教材是配合中国大学 MOOC《酒店运营管理》线上课程的立体化教材，同时也是北京联合大学"十三五"校级规划教材、北京联合大学 2018 年度"产学合作"特色规划教材，集结了联大多年的教学实践经验，编著成书。北京联合大学专职教师和酒店运营管理人员共同组成产学结合的编撰团队，完成全书共十五章内容的编撰工作。

本规划教材的产学合作特色主要表现于以下几点：

第一，产学合作的编撰团队。本教材编撰团队既有北京联合大学旅游学院院内具有多年酒店运营管理教学经验的专职教师，也有来自酒店运营管理一线的管理人员，且校内专职教师和企业管理人员能就教材框架体系、章节安排及写作细节保持深入而频繁的沟通。校内教师均有博士或硕士学位，其中罗东霞、陈涵为"双师"素质教师；企业管理人员均有本科以上学历和丰富的酒店运营管理经验。

第二，产学融合的内容安排。酒店运营管理课程作为酒店管理专业核心课程，一般在第二学年开设，学生在学习这门课程时并没有在酒店顶岗实践的经验，所以在教材的内容安排上做到理实一体，既有工作性、步骤性、技能性的教学内容，也有运营管理理论知识的讲解。章节中穿插的以及在最后一章集中安排的酒店运营管理真实案例，让学生对酒店运营管理的工作情境及业务流程有一个具象的了解，达成将所学理论用于分析和解决实践问题的教学目标。

第三，"学—产—学"的三明治式教学设计。全书共分为酒店前厅运营管理、酒店客房运营管理、酒店餐饮运营管理、酒店运营协同管理及实践案例四个模块。在每一个理论模块结束后，设计一个综合实践任务。学生在综合实践环节实现知行合一，在实践过程中完成对所学理论知识的内化。学生为了完成综合实践任务，需要结成团队，主动深入到酒店运营一线去观察、体验及收集资料，沟通协调能力、资料收集及分析能力、自我学习能力等多项能力得到提升。

由罗东霞、陈涵、田彤主讲的酒店运营管理课程已在中国大学 MOOC（慕课）网（https://www.icourse163.org）上线，本教材可作为慕课网学生的学习辅导材料，面向所有对酒店运营管理有兴趣的线上学习者。

全书共 40 万字，其中主编北京联合大学旅游学院教师罗东霞编著 18 万字，北京联合大学旅游学院教师陈涵编著 12 万字，俞继凤编著 4 万字。本教材任务分工：第一、第二、第五、第十五章（罗东霞）、第三、第四章（罗东霞、俞继凤）、第六至第九章（罗东霞、班缘娟）、第十至第十四章（陈涵）。王源婷撰写 4 个酒店运营管理案例。在教材撰写过程中，得到了万豪、瑰丽、香格里拉、四季等多家酒店集团的支持，北京宝格丽酒店、北京瑰丽酒店、北京香格里拉饭店等多家酒店提供的丰富案例使教材更为鲜活，拓展了教材编撰人员的思路。

罗东霞

2020 年 7 月

目 录 CONTENTS

第一章　酒店一线运营部门认知 ··· 1
　第一节　认识酒店前厅部 ·· 1
　第二节　认识酒店客房部 ·· 7
　第三节　认识酒店餐饮部 ·· 10

教学模块一　酒店前厅运营管理

第二章　酒店前厅部预订管理 ··· 16
　第一节　预订方式及流程 ·· 17
　第二节　超额预订 ··· 21

第三章　酒店礼宾及前台服务管理 ··· 26
　第一节　礼宾服务 ··· 27
　第二节　前台接待管理 ··· 38
　第三节　前台销售管理 ··· 43

第四章　酒店总机服务与行政楼层管理 ··· 49
　第一节　总机服务 ··· 50
　第二节　行政楼层管理 ··· 56

第五章　酒店前厅部宾客关系管理 ··· 64
　第一节　客史档案 ··· 64
　第二节　赢得忠诚顾客 ··· 67
　第三节　处理宾客投诉 ··· 70

综合实践任务 ··· 78

教学模块二　酒店客房运营管理

第六章　酒店客房部卫生管理 ··· 82
　　第一节　客房清洁工作 ··· 83
　　第二节　客房计划卫生 ··· 92
　　第三节　客房消毒和灭虫工作 ·· 96
　　第四节　客房清洁质量的控制 ··· 100

第七章　酒店客房部物资及成本管理 ·· 108
　　第一节　客房部物资管理 ·· 108
　　第二节　客用品的管理 ··· 115

第八章　酒店客房部公共区域管理 ··· 123
　　第一节　客房公共区域范围及特点 ·· 123
　　第二节　客房公共区域卫生清洁保养 ··· 125

第九章　酒店客房部安全管理及突发事件应急管理 ······························ 130
　　第一节　客房部安全管理 ·· 131
　　第二节　客房部突发事件应急管理 ·· 137
　　综合实践任务 ··· 145

教学模块三　酒店餐饮运营管理

第十章　酒店餐饮运营组织结构管理 ·· 148
　　第一节　酒店餐饮运营组织结构 ··· 149
　　第二节　酒店餐饮人员组织结构 ··· 154
　　第三节　酒店厨房人员组织结构 ··· 156
　　第四节　餐饮部工作人员职责 ·· 160

第十一章　酒店餐饮服务与管理 ·· 172
　　第一节　餐饮运营服务概述 ··· 172

第二节　餐饮运营服务流程 …………………………………………… 177
　　第三节　餐厅运营服务管理 …………………………………………… 188

第十二章　酒店宴会服务与管理 …………………………………………… 199
　　第一节　酒店宴会类型及特点 ………………………………………… 199
　　第二节　酒店宴会预订流程 …………………………………………… 202
　　第三节　酒店宴会服务过程管理 ……………………………………… 205
　　第四节　酒店宴会部服务操作标准与流程 …………………………… 206

第十三章　菜单与酒单设计 ………………………………………………… 233
　　第一节　菜单与酒单的重要性 ………………………………………… 233
　　第二节　菜单的种类与特点 …………………………………………… 236
　　第三节　酒水单的种类与特点 ………………………………………… 239
　　第四节　菜（酒）单设计原则 ………………………………………… 240

第十四章　酒水销售与服务管理 …………………………………………… 249
　　第一节　酒水的分类方法 ……………………………………………… 249
　　第二节　酒水销售原则 ………………………………………………… 255
　　第三节　葡萄酒种类特点与服务 ……………………………………… 257
　　第四节　蒸馏酒种类特点与服务 ……………………………………… 260
　　第五节　咖啡种类特点与咖啡文化 …………………………………… 263

综合实践任务 ………………………………………………………………… 284

教学模块四　酒店运营协同管理及实践案例

第十五章　酒店运营协同管理及实践案例 ………………………………… 288
　　第一节　酒店运营协同管理 …………………………………………… 289
　　第二节　酒店运营管理实践案例 ……………………………………… 294

后　　记 ……………………………………………………………………… 307

中国大学 MOOC　　https://www.icourse163.org/
扫码获取慕课资源《酒店运营管理》

第一章 酒店一线运营部门认知

本章导读

酒店是一个充满故事的地方，也是一个酒店服务人员向宾客提供优质服务的地方。酒店为宾客提供优质服务依赖于酒店的一线运营部门以及二线支持和服务部门的协同和配合，它们共同为宾客奏响优质服务的乐章。本章带领大家了解酒店主要的一线运营部门：前厅部、客房部、餐饮部，这也是每位宾客都会直接接触的部门，其运营管理的效果和效率直接影响宾客对酒店的感知。

学习目标

1. 了解酒店前厅部的组织机构和大堂环境营造。
2. 了解酒店客房部的组织机构和主要工作任务。
3. 了解酒店餐饮部的组织机构和餐饮单元类型。

第一节 认识酒店前厅部

一、前厅部是什么

1. 门面形象

前厅部是酒店的门面形象。宾客入住酒店最先接触的和最后接触的都是前厅部的服务人员。前厅部的大堂设计和功能布局，前厅部服务人员整洁的仪表、得体的举止、周到的服务反映酒店品牌的形象。

2. 信息中心

前厅部是酒店的信息中心。首先，宾客信息汇集于前厅部，前厅部在第一时间掌握将要抵店的客人、在店的客人、即将离店的客人对接送机（站）、房间、餐食、会议等方面的需求信息。第二，前厅部是酒店内部信息沟通的枢纽，宾客信息由前厅部中转至其他运营部门。第三，前厅部为酒店管理层决策提供信息支持。前厅部夜审报表包含重要的酒店经营业绩数据，帮助酒店总经理及高管层做出经营决策。

3. 销售中心

前厅部也是酒店的一个销售中心，与酒店销售部共同完成销售任务。很多情况下，顾客直接打电话给前厅部的前台或总机订房，这就要求酒店销售部服务人员掌握一定的销售技能，使用销售话术，展现产品价值，促成顾客购买。客人到店后，前台服务人员还可以对客人进行追加销售或升级销售（upselling），为预订普通楼层、普通客房的客人推荐行政楼层、套房等升级产品的选择，增加酒店餐饮等服务收入，让客人拥有更好的入住体验。总之，前厅部的销售工作有利于提升酒店的客房出租率，增加酒店总体经济收益。

二、前厅部的组织机构

（一）前厅部的部门

1. 前台（Reception）

前台的主要职责是负责办理客人入住和离店登记手续，分配房间，掌握住客动态及信息资料，控制房间状态，制作营业日报等表格，升级销售，协调对客服务等工作。

2. 礼宾（Concierge）

礼宾部主要为客人提供迎送服务、行李服务和各种委托代办服务，所以在一些酒店又称为"委托代办处"或"行李处"。礼宾部主要由礼宾部主管（金钥匙）、领班、迎宾员、行李员等组成。其主要职责是在机场/车站或门厅迎送客人、负责客人的行李运送与寄存、引领客人进房并向客人介绍服务设施和服务特色等、为客人提供召唤出租车和泊车服务以及负责客人其他委托代办事宜等。

3. 电话总机（General Switchboard）

电话总机是酒店内外信息沟通联络的通信枢纽。总机房的主要职责是电话的转接和信息的传达，以及为宾客留言、叫醒等服务工作。一些酒店的总机房还会增加点餐、为宾客提供旅游信息等功能，目的是为了让宾客享受到一站式总机服务，有更完美的入住体验。总机房在协调其他部门满足宾客需求时，也是一个协调中心。

4. 宾客关系（Guest Relation）

高档酒店会在前厅部专门设置宾客关系部门（Guest Relations Department），处理好VIP宾客接待、宾客投诉等事宜，为酒店赢得更多的忠诚顾客。宾客关系主任（Guest Relations Officer，缩写GRO）是建立和维护良好宾客关系的重要职位。GRO代表酒店迎送 VIP 客人，确保酒店 VIP、长住客及常客及时得到个性化的服务，处理宾客投诉，处理与宾客相关的突发情况。

5. 行政楼层（Executive Floor）

行政楼层为宾客提供快捷入住登记及结账离店、行政酒廊、免费会议室等服务，相应地行政楼层房间的价格要也要高于普通楼层。在客人抵达前，行政楼层即对客人通过电子邮件等方式致以欢迎；客人抵达后直接到行政楼层的前台办理快捷入住手续，享用行政酒廊提供的免费甜点和下午茶等服务，以及免费洗衣、延迟离店等服务；客人离店时，亦直接在行政楼层办理快捷离店。

6. 商务中心（Business Center）

商务中心常见于商务酒店，为客人提供打字、复印、传真、印刷、翻译、秘书、订票、电脑租借、会议支持等商务服务。打字、复印、印刷服务易被酒店周边的打字复印店服务替代。所以，现代酒店的商务中心应升级成为流动商务客人的办公中心，在翻译、秘书、会议支持等方面服务好顾客。

（二）前厅部组织机构的设置原则

1. 因事设岗

因事设岗，而非因人设岗，这是组织设计的一个重要原则。前厅部组织机构的设置要结合酒店自身的特点确定。例如，规模小的酒店前厅机构更为精简，前台接待员同时承担接待、问讯等多项工作；而在规模较大的国际品牌酒店，前厅部机构完整，人员各司其职。根据酒店规模、品牌定位等实际情况因事设岗，使前厅部高速、有效地响应客人要求。

2. 机构精简

酒店业竞争激烈，机构精简是在组织设计时控制人工成本的必要考量。酒店前厅部作为直接对客服务并与顾客有人际接触的部门，组织机构精简应以不降低顾客满意度为前提，精简宜有度，持续提升前厅服务人员的业务能力，与酒店档次、特色及品牌定位相符合。

3. 分工明确

前厅部各岗位、各员工的职责、任务和上下级隶属关系要明确和具体，保证内部信息沟通无障碍，既能做到统一指挥，又能充分发挥员工工作的积极性和主动性，提高酒店工作效率。

4. 宾客满意

宾客满意是前厅部组织机构设置的终极原则，也是岗位是否需要合并、部门任务设定等问题的决策标准。为了提升宾客对前厅服务的满意度，一些酒店扩充了总机房的职能，实行总机首问制。当有客人致电总机要求递送物品到客房，隶属于总机房的Runner（递送物品至客房的服务人员）及时、高效地为宾客提供服务，赢得宾客满意。

三、前厅大堂功能布局与环境营造

（一）前厅部大堂功能布局

1. 前台接待区

前台是为客人提供住宿登记、结账、问讯、外币兑换等综合服务的场所。前台是客人入住及离店的必经之地，一般设置在大堂中最醒目的位置。与前台相连的是前厅部办公室，前台服务人员处理不了的突发问题由经验丰富的前厅部经理及时处理。

2. 经营服务区

酒店前厅大堂一般设有餐饮（中西餐厅）、酒水饮料（大堂吧、茶室）、购物（商店）、商务服务（商务中心）等经营区域。这些服务设施可由酒店运营，也可外包给更为专业的经营商来运营。在位置安排上，餐厅、酒水等服务设施往往位于较为显著的位置，而商务、购物等服务设施则安排在大堂一角。

3. 公共服务区

公共休息区（配有沙发、茶几等设置）、公共卫生间、电梯、走廊等区域为公共服务区，为住店宾客及来访宾客提供便利。

（二）大堂设计的依据

1. 酒店的品牌定位

大堂设计要根据酒店的品牌形象定位，越是高端的酒店越是重视大堂设计。香港半岛酒店的开放式大堂服务设计，使其大堂成为商人洽谈生意，新闻界收集信息，社会名流聚会、聊天消磨时光的好场所。亚朵酒店将大堂设计成为图书馆（"竹居"），与亚朵人文酒店的品牌定位相契合。

2. 酒店的建筑结构

酒店大堂的设计必须依赖现有的物业条件。物业的建筑结构、可用于大堂的空间面积等因素，是设计师在进行大堂设计时的限制条件。大堂设计应发挥现有建筑结构的优势，规避劣势，合理分区，充分满足宾客需求。

3. 酒店的客房数量

在确定酒店大堂设计方案时，应考虑酒店大堂的建筑面积、空间与酒店客房数量有正向的比例关系。应根据客房数量测算住店宾客人数，进而测算满足目标数量宾客的需求的大堂服务需要多大的面积、空间，以及合理规划分区和动线。

4. 酒店的经营特色

大堂设计应能够体现出酒店的特色，突出主题。有特色的大堂设计能够给宾客留下深刻印象，加之以优质服务，就能为酒店带来回头客。例如，一个卡通主题的酒店，在其大堂设计中就应考虑采用哪些卡通人物形象，如何充分地突出卡通主题，使顾客形成难忘的第一印象。

（三）大堂环境营造

1. 满足宾客审美和心理需求

酒店大堂应满足宾客的审美需求，在大堂的装饰美化上需要考虑三个因素：空间面积、光线和色彩。在空间设计上应有开阔之感，同时要根据大堂面积，进行大堂的整体设计。在光线设计上，光影的虚幻、形状、色彩和光线的强弱、明暗对大堂环境气氛的营造起着重要作用。色彩影响大堂环境的气氛和情调，红色使人兴奋，黄色带来欢乐，绿色给人自然和生命的感觉，不同的色彩影响着宾客的心理感受。大堂的色彩也应与酒店面向的主要市场和品牌定位相符合，高档商务酒店的大堂色彩偏暗，而休闲度假酒店的大堂色彩则偏明亮。

2. 为宾客提供舒适体验

大堂的舒适感受要结合以下因素：温度和湿度、声音以及空气质量。大堂夏季的适宜温度为22℃–24℃，冬季的适宜温度为20℃–24℃。湿度以40%–60%RH为宜。声音方面，酒店在采取措施将外部噪音降到最低的同时，精心选择背景音乐，让客人有心理上的舒适感。空气质量方面，酒店采用新风系统，保持大堂的空气清新，防止化学、物理及生物的空气污染物，必要时配备降低PM值的空气净化设备。

 **案例**

一位客人办理完入住登记手续后，坐在酒店大堂的沙发上，仔细地观察着周围的环境，并不时拿起桌子上的雕塑摆设玩赏。然后，他招呼在门口迎宾的行李员，对小伙子说："我非常喜欢你们酒店大堂的环境，我想中午就在这里用午餐，麻烦你帮我拿一份菜单。"行李员听完客人的叙述，说："对不起，先生，这不属于我的工作范围，您找餐饮部可以吗？"客人听后，脸上呈现出一丝不悦，说："那找你们领导来。"

这时，正好前台的主管看到这一幕，她上前向客人又询问了一遍情况，得知客人想在大堂用餐，为难地对客人说："先生，我们酒店的餐厅在六楼，您若用餐，应该到六楼去。大堂这里是不允许宾客就餐的。"客人听后非常生气地说："你们酒店不是说把宾客当上帝吗？不是说要让我们宾客把酒店当成自己的家吗？我想在我家里的客厅用餐，难道不行吗？找你们总经理出来！你们这是什么五星级的服务！"客人的声音越来越大，引得在大堂的其他客人纷纷侧目。

这时，大堂副理走过来，先对客人说："您好，先生。"然后对前厅主管说："请给客人端杯茶。"她将客人让到大堂较为隐蔽的一处座位，向行李员询问了大致情况，然后微笑地对客人说："先生，非常荣幸您喜欢我们大堂的装饰和环境，您在这里用餐完全没有问题。只是您刚才可能已经知道了，我们酒店的餐厅和厨房都设在六楼，饭菜在运输的过程中，由于路线的延长，可能会带来一些不必要的细菌入侵。另外，现在临近中午，大堂这边来来往往的宾客比较多，虽然我们看不到，但是大堂有很多被带进带出的灰尘，就餐的环境不是很理想，可能对您的身体不好。我们酒店的六层餐厅最近刚刚经过重新的设计，风格跟大堂十分协调，难得先生喜欢，我们很希望您能去看一看，也对我们的设计提出更好的建议。"

这时，客人脸上的怒气渐渐散去，大堂副理将茶端至客人面前，说："刚才我们的服务人员也是出于对您身体健康的考虑，有些话说得不恰当，我代表酒店向您道歉。您远道而来，选择我们的酒店，我们感到十分荣幸。"然后，大堂副理看到宾客已经平静下来，拿起桌边的电话，拨打了六层餐厅，说："请找一下餐厅的主管王飞……王飞，一楼有位VIP，大概五分钟后会到达餐厅用餐，听说餐厅有刚刚空运来的热带水果，请为客人免费准备一份，照顾好客人，谢谢。"客人看到大堂副理所做的一切，十分感激，主动提起行李，并一再致谢。大堂副理和客人一边交谈，一边将客人送到了六层餐厅……

【案例分析】

1. 前厅部是酒店的第一窗口服务部门，其服务质量极大地影响着酒店的形象，作为前厅部的工作人员，应有高度的责任心，本着"为宾客解决问题"的态度工作。

2. 宾客在前厅部区域活动，可能会提出一些与本部门的业务没有直接关系的要求，如上述宾客所提出的就餐要求，服务人员在面对这种情况时，应本着"一站式"服务的原则，不相互推诿，推行"首问责任制"，而不能像案例中的行李员一样，直接拒绝宾客的请求。

3. 前厅部对工作人员的素质要求较高，善于使用语言技巧是其中非常重要的方面。在与宾客对话时，应尽量站在宾客的角度上思考和措辞，真正将宾客的需求当作自己的需求，设身处地地为宾客考虑。

4. 在处理宾客投诉时，尽量不要让宾客情绪过激。避免宾客在公共区域吵闹，最大限度地减少投诉所带来的负面影响。这要求前厅的工作人员具有良好的应变能力、沟通能力以及心理素质。

5. 基层服务人员能解决的问题不要推至上级，及时为宾客解决问题，提升宾客满意度。

（资料来源：作者收集整理）

第二节　认识酒店客房部

客房是顾客在酒店停留时间最长的地方，是酒店组成的主体。酒店客房部是酒店获得收入的主要来源，其主要职能是为顾客提高安全、舒适、清洁、便利的居住环境和配套设施，具体包括酒店客房、公共区域的清洁卫生及绿化布置等。本节将围绕以下三个内容展开：客房部的组织架构、客房部的主要任务及客房设计。

一、客房部组织结构

（一）部门划分

客房部通常被划分为楼层、公共区域、仓库、洗衣房等部门。一些酒店还会在客房部设有客房服务中心，但近年来以万豪为代表的跨国酒店对宾客提供一站式总机服务，由前厅部的 AYS 部门（At Your Service 总机房）对客人要求做响应，这样就不需要在客房部再重复设置客房服务中心。这样的安排使前厅部、客房部能更好地发挥各自的优势，客房部集中精力于客房及公共区域的清洁、保养等工作上，而前厅部在通过与宾客的交流提升宾客体验方面更为擅长。

（二）组织结构图

图 1-1 为客房部组织结构图，清晰地反映了客房部的部门及岗位关系。房务总监（Director of Rooms）负责房务部门（包括客房部和前厅部）的整体工作。客房部经理（又称为行政管家, Executive Housekeeper）负责客房部的运行与管理，执行房务总监管理指令，与前厅、餐饮、销售等部门沟通与协调，督导下属管理人员的日常工作等。助理行政管家即是客房部副经理，协助客房部经理进行客房部运营管理工作。

二、客房部主要任务

客房部的主要运营任务是针对宾客的习惯和特点做好细致、周到、热忱的对客服务，为宾客提供一个卫生、舒适、安静、优雅、安全的住宿环境。客房部任务分解至各部门的情况如下：

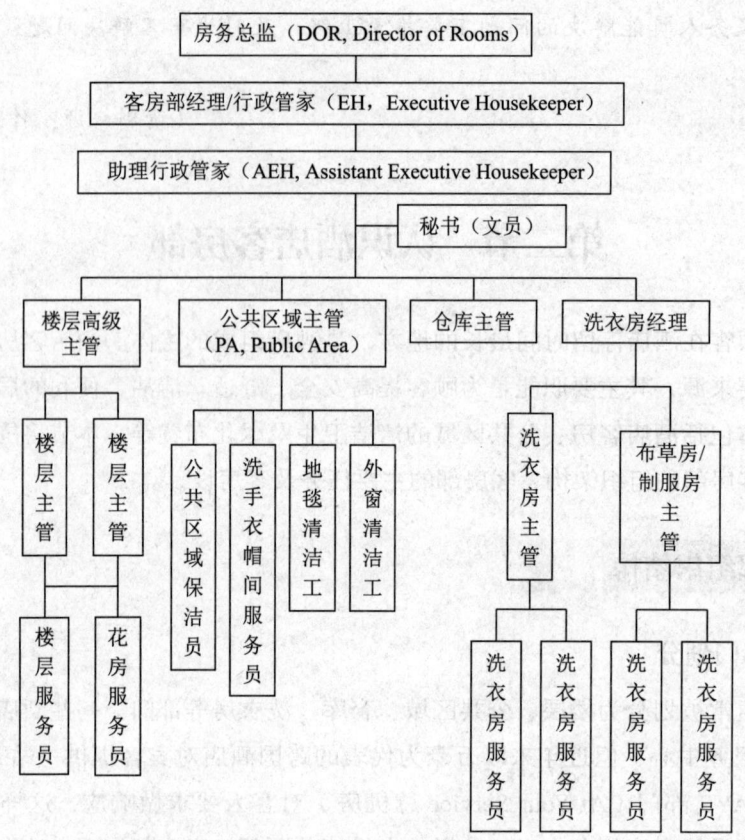

图 1-1 客房部组织结构图

（一）客房部经理办公室

客房部经理办公室包括行政管家、助理行政管家以及客房部文员，负责客房部的运营管理工作，包括客房运营管理制度、流程、规范的制定，客房运营文件和档案的整理、归档工作，与客房部内外各部门的沟通协作工作等。

（二）楼层

楼层服务部门负责所有楼层客房的清洁卫生工作、客用品的替换工作、客房设备的保养工作等。

（三）公共区域

公共区域清洁服务部门负责酒店大堂、餐厅、电梯、楼梯、花园、公共卫生间、花园、庭院、部门办公室等公共区域的清洁卫生工作。除客房和厨房外的其他区域都属于公共区域。

（四）洗衣房

洗衣房负责洗涤客用布草、客衣和员工制服。大部分位于中心城区的酒店，其洗衣房部门只负责客衣及工服的洗涤和缝补，需要耗费更多洗涤剂、有可能带来环境污染的布草洗涤业务被外包给位于城市郊区的专业洗涤厂。

（五）仓库

仓库负责接收、保管、发放客房部所需客用品、工作用具、酒水、小食，以及其他物品等。

三、客房设计

客房设计要考虑的主要因素有三个：客房类型、功能分区和房内设施安排。

1. 客房类型

客房的主要分类方法有：按房型分、按设计风格分、按用途分等。进行客房设计时要充分考虑客房类型。例如，同样面积的两间客房，一间放置一张大床，另一间放置双床，在房间类型上就被划分为大床房和双床房，这两种不同房型的客房设计就要考虑到1人或2人在房间内的活动需求，在设计上尽量让客人感觉到宽敞和舒适。

2. 功能分区

客房设计的另一个重要因素是功能分区。客房是客人在酒店逗留时间最长的地方，应具备休息、办公、娱乐等功能空间。为了满足客人的住宿需求，客房一般都须具备几个功能分区：睡眠空间、盥洗空间、贮存空间、书写空间以及起居空间。在进行客房设计时，应根据酒店的目标市场和档次，充分考虑功能和效益相结合的原则。

3. 房内设施安排

进行客房设计时应统筹房内设施安排。进行客房用品的配置设计和房内设施安排，这是让宾客感到舒适和方便的重点，客房内的每一件用品都应发挥它们的效用，不能出现浪费的现象。客房用品与功能分区密不可分，每个区域要有对应的客房用品，进而营造出一个良好的住宿环境。

 案例

某日晚9:00，接到客房中心的电话，被告知6楼有紧急事情要他前去处理。当以最快速度赶到6楼时，看到603、605等几个房间的客人进进出出。楼层领班简单地向客

房经理说了事情经过：客人一行原本今天预订了603、605等几间房，当他们一行进入房间时，603和605的标间却变成了大床间（预订的是两个单人床的标间）。

当天早上，前厅部通知客房部于第二日中午12：00前将603和605房间改成大床间，楼层当值主管，当值主管考虑第二天客人多，人手不够，于是在当天就将603和605房间改成了大床间，但改好后，并没通知到前厅。另外，前台于当日上午将客人一行将于当晚入住603和605通知了客房秘书，客房秘书并没有及时将这一情况告知当值主管，致使主管过早将这两个房间改成大床间，导致这一失误的发生。

【案例分析】

失误原因：信息传递不到位、工作安排不合理。主要错误有两点：一是主管将标间提前一天改为大床后没有通知前台，自己也没有了解这两间房当晚是否有客人入住；二是客房部秘书接到客人当晚将入住这两间房的通知后，没有及时通知当值主管。从案例中得到的经验是：客房部工作需要特别细心，楼层主管安排工作应有预见性，客房部秘书在前厅部和客房部的信息交流中起着非常重要的作用，应将每一条信息传递到位。

（资料来源：作者收集整理）

第三节 认识酒店餐饮部

一、酒店餐饮部是什么

酒店餐饮部是为宾客（包括住店宾客和访客）提供餐食及酒水服务的部门，是酒店非常重要的组成部分。除房务部门外，餐饮部门通常是酒店最重要的收入和利润创造的部门。在一些以餐饮见长的酒店，甚至会出现餐饮销售收入大于客房销售收入的现象。

酒店餐厅与社会餐厅有所区别。酒店餐厅是酒店为了更好地为宾客提供服务的配套设施，从食材采购，至烹饪制作、菜品呈现、餐厅服务、用餐环境，所有环节都要契合酒店品牌定位，遵循酒店品牌标准。

酒店餐饮部是直接对客服务的一线运营部门，酒店餐饮服务人员的言行举止、待客礼仪体现酒店待客之道和文化内涵，直接影响宾客对酒店的满意度。

二、餐饮部组织结构

1. 小型酒店餐饮部组织结构

小型酒店的餐厅数量少，类型较为单一，大多也只是经营中餐。所以其餐饮部的组织机构比较简单，如图1-2所示。

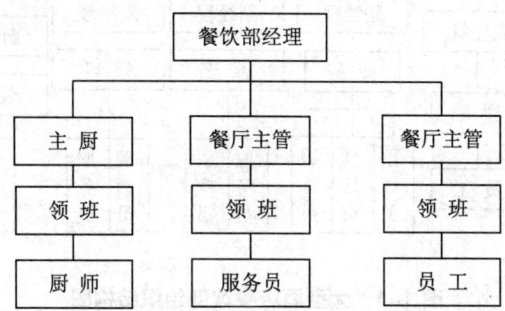

图1-2 小型酒店餐饮部组织结构图

2. 中型酒店餐饮部组织结构

中型酒店一般有200~500间客房，餐厅类型较为齐全，组织结构分工比较细致，见图1-3。

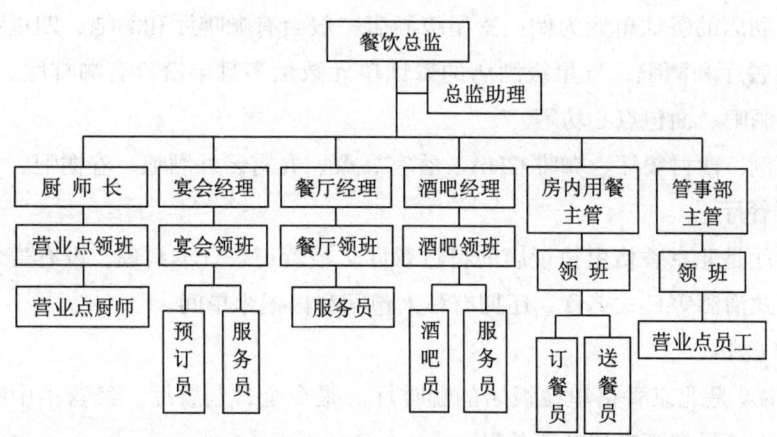

图1-3 中型酒店餐饮部组织结构图

3. 大型酒店餐饮部组织结构

大型酒店有5~8个餐厅，多的可达十几个，大型酒店餐饮部组织机构更为复杂，层次更多，分工更细，见图1-4。

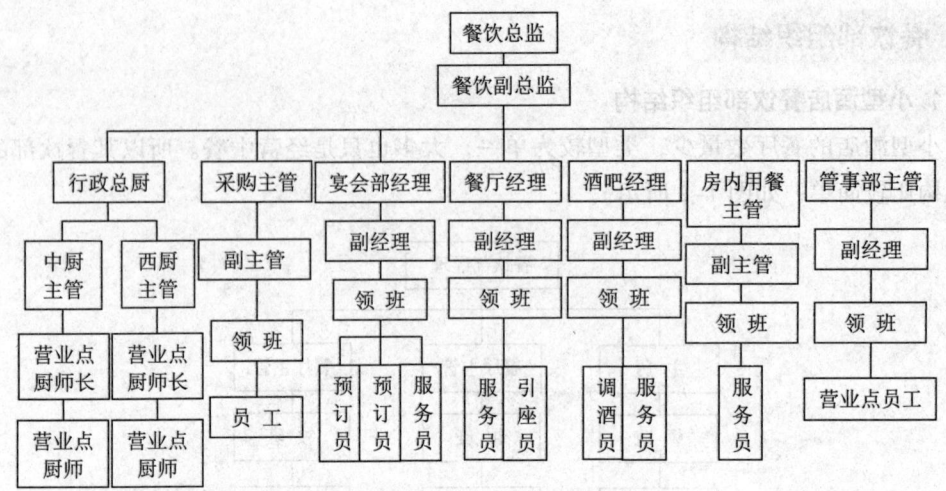

图 1-4 大型酒店餐饮部组织结构图

三、酒店餐饮部餐饮单元类型

酒店餐饮部餐饮单元的数量和种类根据酒店客房规模、酒店档次、酒店资源优势、市场定位、酒店经营战略等因素而定。

以星级酒店的餐饮单元为例：三星级酒店一般会有咖啡厅和酒吧；四星级酒店会有咖啡厅、中餐厅和酒吧；五星级酒店的餐饮单元数量多且丰富，有咖啡厅、各式餐厅、大堂酒廊、酒吧、面包点心坊等。

中外案例：西村餐厅、咖啡 CHA、香宫、聚、九霄云外酒吧、春榭吧、大堂酒廊。

1. 西村餐厅

西村餐厅是北京香格里拉饭店的特色餐厅，经营正宗日本料理，设有寿司台、铁板烧烤台、日式清酒等日式美食，还拥有私人包间和榻榻米单间。

2. 咖啡 CHA

咖啡 CHA 是北京香格里拉饭店的咖啡厅。是个全日制餐厅，经营早中晚的自助餐加零点，客人可尽赏酒店的花园美景。

3. 香宫

香宫是北京香格里拉饭店里的中餐厅，经营粤菜料理，提供粤菜和众多选择的厨师金牌菜、午茶、各种地方美食。

4. 聚（AZUR）

聚是北京香格里拉饭店的西餐厅，是非常有名气的一家法式餐厅，融合简约及现代风格，宾客可以在时尚惬意的环境中品味精致创新的法餐。

5. 九霄云外酒吧

九霄云外酒吧与大堂融为一体，拥有舒适惬意的环境。包含其中的特色茶吧以传统的茶艺为客人献上各种中西式精品茶。

6. 春榭吧

春榭吧是很独特的一个餐饮单元，设立在户外，每年4~10月开放，是以中式庭院为建筑形态的户外餐饮单元，经营中式的茶品和茶点。这里也是享受阳光和品味鸡尾酒的绝佳之处，更是喧哗都市中的世外桃源。

7. 大堂酒廊

大堂酒廊对于五星级酒店来说是一个门脸。一般客人在进入一家五星级酒店时，首先看到的就是这家酒店的大堂。大堂酒廊不仅经营酒水，还经营简餐，如三明治、甜点、汉堡和薯条等，同时还经营中式的茶点和酒水以及各种自制糕点。

思考与练习

（一）单选题

1. 宾客入住酒店，首先接触到的酒店服务部门是（　　）。

　　A. 前厅部　　　　　　B. 餐饮部　　　　　　C. 客房部　　　　　　D. 工程部

2. 下列哪一项并非宾客关系部的工作职责？（　　）

　　A. 为VIP宾客准备礼物　　　　　　B. 为宾客手写欢迎卡

　　C. 接送机　　　　　　　　　　　　D. 为过生日的宾客预订生日蛋糕

3. 下列哪个餐饮单元是五星级酒店特有的？（　　）

　　A. 大堂酒廊　　　　　B. 咖啡厅　　　　　　C. 酒吧　　　　　　　D. 中餐厅

4. 酒店餐饮部在酒店中的地位是（　　）。

　　A. 无足轻重　　　　　B. 酒店收入来源　　　C. 高于房务部　　　　D. 决定酒店运营成败

5. 在酒店组织结构中，客房部经理的直接上级是（　　）。

　　A. 总经理　　　　　　B. 房务总监　　　　　C. 驻店经理　　　　　D. 前厅部经理

（二）多选题

1. 前厅部组织机构的设置原则包括哪些？（　　）

　　A. 机构精简　　　　　B. 因人设岗　　　　　C. 分工明确　　　　　D. 宾客满意

2. 下列哪些是大堂设计的依据原则？（　　）

　　A. 建筑结构　　　　　B. 投资规模　　　　　C. 经营特色　　　　　D. 客房类型

3. 客房部经理的岗位职责包括哪些？（　　）

　　A. 全权负责前厅部的运行与管理

B. 督导下属的日常工作

C. 执行房务总监管理指令

D. 与前厅、餐饮、销售等部门沟通与协调

4. 酒店前台外观形状包括哪些？（　　）

A. 直线形　　　　　　B. S形　　　　　　C. L形　　　　　　D. 半圆形

5. 酒店前厅部的功能包括哪些？（　　）

A. 信息中心　　　　　B. 销售中心　　　　C. 餐饮中心　　　　D. 门面形象

（三）简答题

1. 请为一家主题酒店进行大堂设计。

2. 请为一家主题酒店进行客房设计。

3. 请为一家主题酒店进行餐厅设计。

教学模块一

酒店前厅运营管理

第二章 酒店前厅部预订管理

本章导读

顾客在未到达酒店前向酒店预先提出用房的具体要求称为"预订"（reservation）。团队客人的预订工作一般由销售部负责，部分散客会直接打电话或本人亲自到酒店前台预订客房，所以酒店前厅部也应熟谙预订管理业务。酒店根据客房的可供状态，决定是否能够满足顾客的预订要求。为提高收益，酒店会有意进行超额预订，以充分利用酒店客房，提高客房出租率。

学习目标

知识目标

1. 理解预订方式及分类。
2. 了解团队预订与散客预订的特点。
3. 理解超额预订计算方法。

能力目标

1. 掌握客房预订服务的流程。
2. 能处理不同渠道客人的预订需求。
3. 能处理顾客预订中的常见问题。

 引导案例

VIP 客人的预订需求

一天，某酒店前厅部接到来自耶路撒冷的客人的电话预订，一位颇有知名度的宗教人士预订一间豪华套房。前厅部服务人员小赵在处理这项预订要求时，判断该客人是 VIP 客人，于是填写了"VIP 接待表"，并在房内酒类布置一栏中选择了高档的酩悦香槟酒。

请问，小赵的做法有何不妥？

（资料来源：作者收集整理）

分析提示：

（1）VIP身份不能随便确定，应报请大堂副理或更高级别经理确定。

（2）宗教人士一般不饮酒。

第一节　预订方式及流程

一、预订方式与种类

（一）预订方式

顾客可以通过合同、电话、传真、网络、面谈等方式预订客房。大部分预订业务由销售部预订部门来处理，但对于直接致电给前厅部的前台或总机房，或者直接步入酒店与酒店前台服务人员进行面谈预订的客人，则由酒店前厅部帮助客人进行预订。

1. 合同预订

酒店与旅行社或商务公司通过签订订房合同，达到长期出租客房的目的。

2. 电话预订

顾客采用致电酒店前台、总机房或预订部的方式来预订客房。电话预订快捷、简便、沟通迅速，客人可以向服务人员询问酒店是否有满足其要求的客房，酒店也可以及时了解客人的订房要求、抵离店的日期以及其他的特殊要求等。

3. 传真预订

顾客采用发送传真的方式预订客房，多见于单位或团队订房。传真预订的特点是即发即收、内容详尽，并可传递发送者的签名、印鉴等，还可传递图表。

4. 网络预订

顾客通过网络预订客房是信息时代最为流行的订房方式。客人可以通过酒店官网直接向酒店订房，也可以通过OTA等平台预订酒店。客人可以在不同网络平台进行比价，享有充分选择的权利。

5. 面谈预订

面谈预订指客人与酒店的客房预订服务人员面对面地洽谈订房事宜。这样能使酒店有机会更详细地了解客人的需求，并能当面回答客人提出的任何问题。

（二）预订种类

分为非保证类预订（unguaranteed reservation）与保证类预订（guaranteed reservation）。非保证类预订是不付任何保证金以及没有任何其他的保障条件，可能取消或更改预订；保证类预订顾客需要向酒店或OTA平台给付保证金或者有公司为其做担保，使酒店与未来的住客之间建立了更牢固的关系。

非保证类预订包括临时预订、确认类预订等；保证类预订包括预付款担保、信用卡担保和合同担保等。

 知识分享

保证类预订的三种形式

预付款担保。客人通过缴纳一定的款项作为预付订金。预付订金的多少一般根据酒店规定和当时的具体情况而定，但一般不低于一天的房费。

信用卡担保。客人在订房时，承诺使用信用卡担保的方式，并将信用卡的种类、号码、有效期及持卡人的姓名告知酒店。如果预订未到，酒店可通过信用卡公司收取房费。

合同担保。酒店与有关单位签订订房合同。合同内容主要包括签约单位的地址、账号以及同意对因失约而未使用的订房承担付款责任的说明，合同还规定通知取消预订的最后期限，如签约单位未能在规定的期限通知取消预订，酒店可以向对方收取房费。

二、预订业务流程

预订工作按照一个系统、合理、条理化的程序进行，才能达到预期的效果，以下是预订业务的基本流程。

1. 顾客接触

顾客接触是指顾客通过电话、传真、面谈等方式，表达订房需求。以电话预订为例，与顾客接触和沟通的过程为：①接听电话；②问候通报；③聆听需求；④介绍房型和价格。

2. 接受预订

首先查看电脑Property Management System（PMS）系统（国际酒店常用OPERA软件），如有空房，立即填写"预订单"。预订单信息包括：客人姓名、抵离店日期及时间、房间类型、价格、结算方式、餐食标准（团队）及种类等内容。

3. 确认预订

将客人的预订要求与酒店未来时期客房的利用情况进行核查，决定能否接受预订。

如果可以接受，要对客人的预订加以确认，确认方式包括：口头确认（包括电话确认）、书面确认——向客人寄发"确认函"。

4. 拒绝预订

如果酒店无法接受客人的预订，应对预订加以婉拒（Turning down）。婉拒预订时，应主动提出一系列可供客人选择的建议。还可征得客人的同意，将客人登记在"等候客人名单（waiting list）"上。

对顾客书面表达的订房需求，也应立即礼貌复函，以表歉意，如表2-1。

表2-1　婉拒致歉信

```
_____先生/女士：
    由于本酒店_____年_____月_____日的客房已经订满，我们无法接受您的订房要求，深表歉意。
    感谢您对本店的关照，希望以后能有机会为您服务。
                                                    ××酒店预订处
                                                _____年_____月_____日
```

5. 候补预订

一旦有空房空出，如果其他客人取消预订或提前离店，就可立即通知等候客人。

6. 核对预订

在客人到店前（尤其在旅游旺季），预订人员通过书信或电话等方式与客人进行多次核对（reconfirming）。核对预订时，如果发现客人有取消或更改订房，则要及时修改预订记录，迅速做好更改预订后闲置客房的补充预订。对于大型团队客人，核对工作要更细致、次数更多。

7. 取消预订

受理顾客取消订房的请求时，不要表现出不愉快，但要询问顾客取消预订的原因，在酒店管理信息系统里注明取消日期、原因、取消人等，作为重要资料保存。如果在客人取消预订以前，预订部门已将客人的预订情况通知客房、餐饮等部门，则在客人取消预订后要将新消息通知以上部门。

8. 变更预订

预订的变更（Amendment）指客人在抵达之前临时改变预订的日期、人数、要求、期限、姓名和交通工具等。预订员应先查看有关预订控制记录，看看是否能够满足客人的变更要求。如果能够满足，则予以确认；如果不能满足，与客人协商解决。

 **案例**

某商务酒店近期发现与旅行社、网络订房公司和海外订房的 No show（预订而未到）房数增多，有时甚至达开房率的 20%，严重影响酒店预订销售工作和营收效益，且出现旅行社发来的预订传真时间不符和预订单所订的房型与房价不一致等情况。

【案例分析】

酒店对预订工作可做如下规范管理。所有未担保的预订将保留到当日 18:00（房费月结除外），如当日 18:00 后客人未抵店入住，此预订将作自动取消处理。预订 5 间以上的预订单，须公司的担保确认，保证类预订 No show 时，将收取至少一晚房费作为违约金。如预订 3 间，实际入住 2 间，酒店同样可以扣除未入住的 1 夜房费。传真预订须提供客人抵店时间和客人的手机号码或旅行社书面担保。传真预订注明的房型与房价不一致时，以及传真预订单晚于客人抵店入住时间视此传真预订单无效。

（资料来源：作者收集整理）

三、团队预订和散客预订

（一）团队预订

团队预订指团队客人的订房需求，由销售部的预订部门对接团队订房需求。一些酒店规定，凡每批预订人数超过 10 人者，即可按团体预订处理。团体客源的特点是：人数多、预订早、变更频、要求多。以旅行团队为例，以下预订信息是关键信息：抵离店日期、旅行社名称、团名、团员人数及领队、司陪人数、房间种类及数量、国籍、房价（合约价）、用餐安排、餐价（合约价）、付款方式、预订人、特别要求、应付订金（按合约处理）。团队预订单（Group Reservation Form）的填写都必须通过销售人员，再由销售人员下单给预订部输入电脑。预订员要看清楚团队是否符合要求，填写注意房数、入住日期、离店日期、国籍、房价、餐价及付款方式等资料是否与旅行社提供的信息相符；如不相符，是否具有审批权限的正、副总经理，销售部正、副总监或前厅部经理的签名核准，否则要拒收单。如果是预留房就填上"预留房"；如果是特别折扣就填上所享受的折扣优惠及批准人代码。

团队预订的流程如下：团队顾客产生订房意向（Request for Proposal）；发意向书（Tentative）；签订合同、确认团员名单（Definite）；团队抵店（Actual）。

在团队预订的流程中，存在着两个风险，第一个风险是在发意向书的环节，可能会发生团队丢失的情况；第二个风险是在签订合同、确认团员名单的环节，团队可能会取消预订。这两种团队丢失的情况是不一样的,第一种团队丢失是在签合同之前团队丢失了,丢失原因可能是团队客户被竞争对手抢走了;第二种团队丢失是在团队签了合同之后取消预订,这种情况下买方需要偿付保证金。

(二)散客预订

散客一词与团队客人相对应,指"自由零散旅游者"(Free individual tourist,缩写为FIT)。一些散客直接联系前厅部订房,前厅部服务人员应熟练掌握散客预订流程,具备处理散客预订的能力。

前厅部服务人员在处理散客预订信息时,应尤其关注以下关键信息:顾客抵离店时间、住宿天数、客房种类与数量。如果顾客申请的是非担保预订,服务人员必须向顾客说明酒店有关预订保留时间的规定,以免引起顾客的误解和纠纷。在处理顾客的电话或面谈预订时,应注重与顾客的沟通交流及关键信息的核实,向顾客重述重要内容,以保证预订信息的准确。

第二节 超额预订

一、概念

超额预订(Overbooking)指酒店在订房已满的情况下,再适当增加订房的数量以弥补少数客人临时取消预订而出现的客房闲置。超额预订的目的是充分利用酒店客房,提高客房出租率。

超额预订应有合适的度,以免出现因过度超额而使客人不能入住,或超额不足而使很多客房闲置,通常酒店接受超额预订的比例控制在10%~20%。酒店对于因超额预订而不能入住的客人,应该妥善处理。

二、超额预订的控制

超额预订受预订取消率、预订而未到客人比率、提高退房率及延期住店率等因素的影响。

根据国际酒店管理经验,酒店一般将超额预订率定在5%~15%为宜,但具体操作还是要根据各个酒店的具体情况和以往的预订历史而定。超额预订房数的计算可以参考以下的计算公式:

超额预订房数 = 临时取消预订房数 + 预计预订而未到客人房数 + 预计提前退房数 − 延期住店房数 =

酒店应当接受当日预订房数 × 预订取消率（r_1）+ 酒店应该接受当日预订房数 × 预订而未到率（r_2）+ 续住房数（C）× 提前退房率（f_1）− 预期离店房数（D）× 延期离店率（f_2）

其中：酒店应该接受当日预订房数 = 酒店客房总数（A）− 续住房数（C）+ 超额预订房数（X）

整理得到：

超额预订房数 $X = \dfrac{C \times f_1 - D \times f_2 + (A-C) \times (r_1 + r_2)}{1 - (r_1 + r_2)}$

$= \dfrac{\text{续住房数} \cdot \text{提前退房率} - \text{预期离店房数} \cdot \text{延期离店率} + (\text{酒店客房总数} - \text{续住房数})(\text{预订取消率} + \text{预订而未到率})}{1 - (\text{预订取消率} + \text{预订而未到率})}$

【习题】

某酒店有标准客房600间，未来10月2日续住房为200间，预期离店房数是100间，该酒店预订取消率通常为8%，预订而未到率为5%，提前退房率为4%，延期离店率为6%，试问，就10月2日而言，该酒店：

（1）应该接受多少超额订房？
（2）超额预订率多少为佳？
（3）总共应该接受多少订房？

参考答案：

（1）$X = \dfrac{200 \times 4\% - 100 \times 6\% + (600-200) \times (8\% + 5\%)}{1 - (8\% + 5\%)}$

$= 62$（间）

（2）$R = \dfrac{X}{A-C} \times 100\% = \dfrac{62}{600-200} \times 100\% = 15.5\%$

（3）$A - C + X = 600 - 200 + 62 = 462$（间）

三、超额预订过度的补救措施

超额预订过度，则出现无法为所有预订客人提供客房的局面，导致客人不满。酒店应采取以下补救措施。

（1）诚恳地向客人道歉，请求客人谅解。

（2）与本地同等级酒店加强协作，建立业务联系，将客人安排到同等级酒店住宿。

（3）如客人属连住情况，则店内一有空房，在客人愿意的情况下，把客人接回来，并对其表示欢迎。

（4）对提供了援助的酒店表示感谢。

四、超额预订过度且客人属于保证性预订的补救措施

对于超额预订过度且客人属于保证性预订的情况，酌情为客人提供以下帮助，表现酒店的诚意。

（1）支付其在其他酒店住宿期间的第一夜房费，或客人搬回酒店后可享受一天免费房的待遇。

（2）免费为客人提供一次长途电话费或传真费，以便客人能够将临时改变地址的情况通知有关方面。

（3）次日排房时，首先考虑此类客人的用房安排。

 案例

某度假酒店在旅游旺季实施超额预订，有时会出现已订房客人无法入住的情况。一天，酒店已将大部分客人安排妥当，唯有新到客人丁先生夫妇无法入住。丁先生于下午2点抵店，至前台办理入住手续，但前台查询发现没有空闲的干净客房可以安排给丁先生夫妇。唯一可安排的房间是当天预期离店房2305，但在丁先生抵店前，2305房间原住客王女士并未来前台办理离店手续，且在丁先生抵店后，酒店无法联系上王女士。后来终于联系上了，王女士表示要续住。大堂副理试图向刚刚到达的客人解释酒店超额预订情况，并保证将他安排在其他酒店，一旦本酒店有房间，再将其接回。但客人态度坚决，称："这是你们酒店的问题，与我无关，我哪儿也不去。"

【案例分析】

宾客向酒店订房，并不是每位客人都会做出保证性预订。即使酒店的订房率达到100%，也会有订房者虽有预订而不到、临时取消或者住店客人提前离店，而使酒店出现空房。因此，酒店为了追求较高的住房率，争取获得最大的经济效益，往往超额预订。超额预订处理得好会提高客房出租率，增加酒店的经济效益；但是如果超额过度，预订客人又都在规定的时限内抵达酒店，酒店因客满无法为所有预订客人提供客房，必然会引起客人的不满。酒店必须积极采取补救措施，千方百计调剂房间、开拓房源，最大限

度地满足客人的预订要求，妥善安排好客人住宿，以消除客人的不满，挽回不良影响，维护酒店的声誉。

（资料来源：作者收集整理）

思考与练习

（一）单选题

1. 下列哪种预订方式是当今主流的散客订房方式？（　　）
   A. 传真预订　　　　B. 网络预订　　　　C. 现场预订　　　　D. 发函预订
2. 超额预订的比例一般控制在（　　）。
   A.5%~10%　　　　B.10%~20%　　　　C.20%~30%　　　　D.30%~40%
3. 超额预订房数的计算公式中，不包括（　　）。
   A. 预订取消率　　　B. 住店宾客人数　　C. 预订而未到率　　D. 续住房数
4. 预订业务由酒店哪个部门负责？（　　）
   A. 前厅部　　　　　B. 客房部　　　　　C. 销售部　　　　　D. 财务部
5. 某酒店有标准客房 500 间，未来 12 月 5 日续住房为 200 间，预期离店房数为 100 间，该酒店预订取消率通常为 6%，预订而未到率为 5%，提前退房率为 3%，延期住店率为 6%，试问，就 12 月 5 日而言，该酒店应该大约接受多少间超额订房？（答案四舍五入，保留整数）（　　）
   A.35　　　　　　　B.36　　　　　　　C.37　　　　　　　D.38

（二）多选题

1. 保证类预订包括以下哪些？（　　）
   A. 预付款担保　　　B. 熟人担保　　　　C. 合同担保　　　　D. 信用卡担保
2. 超额预订过度的补救措施包括哪些？（　　）
   A. 诚恳地向客人道歉，请求客人谅解
   B. 将客人安排到同等级酒店住宿
   C. 一有空房，在客人愿意的情况下，把客人接回来，并对其表示欢迎
   D. 拒绝客人的入住要求
3. 非保证类预订包括哪些？（　　）
   A. 临时预订　　　　B. 电话预订　　　　C. 确认类预订　　　D. 网络预订
4. 国际酒店通用的几种收费方式包括欧洲式、美国式、修正美式，还有哪些？（　　）
   A. 全费用计价方式　B. 百慕大式　　　　C. 欧洲大陆式　　　D. 挂账式

5. 决定是否受理一项订房要求需要考虑的因素有哪些？（　　）
A. 预期抵店日期　　　B. 所需的客房类型　　C. 客人的年龄　　D. 所需的客房数量

（三）简答题
1. 请简述客房预订业务流程。
2. 超额预订过度应采取哪些补救措施？

（四）案例分析题

该不该让这位客人入住

10月2日傍晚17：00左右，北京A酒店的入住率已达到了92%，酒店尚有5间已预订出去的标准间，还有少数几间单人间和一套套房可供出租。

这时，从酒店大门走进一位客人，他径直来到总台，对接待员说："我是上海来的林先生，上海南北订房中心为我预订了一个标准间，房间准备好了吗？""请稍候。"接待员小胡立即在电脑中查询预订，奇怪的是没有显示该预订。小胡礼貌地问客人："请问林先生，您有南北订房中心的 voucher（客户凭证联）吗？""有啊。"林先生立即从公文包里拿出一张A4纸大小的文件递给小胡。小胡接过一看，果然是上海南北订房中心于9月15日为林先生在A酒店预订了一个标准间，10月2日、3日住两晚，房价按酒店与南北订房中心签订的协议价结算，但为何在电脑中查询不到预订记录呢？小胡正在疑惑的时候，细心的领班小徐又发现了一个问题：以往，每一次从上海南北订房中心过来的 voucher 上都有一个小甲虫标志，但这张上面却没有。因此，小徐开始怀疑这份订房单的真实性：是不是客人为了能在国庆期间以较低的房价订到房间而擅自伪造了一张订房单呢？但又不能仅凭一个小甲虫标志来判断客人所持 voucher 的真假，因为南北订房中心从来没有向酒店正式申明过以此小甲虫来作为该订房中心 voucher 的真伪识别符号。如果在平时，或与客人协商一个房价安排客人入住，可偏偏国庆节期间订房中心休假，而酒店又没有多余的标准间可供出租了。即使是剩下的单人间和套房，根据总经理的指示，在国庆节期间也要执行特别的价格政策，按门市价上浮20%出售，客人能接受这些房型和价格吗？

此时，天色已暗。小徐非常清楚，在这样一个节日里，眼前的这位客人很难再在别的酒店订到房间了。

试分析，该不该让这位客人入住？

第三章　酒店礼宾及前台服务管理

本章导读

礼宾和前台是前厅部对客服务的关键部门，与顾客之间具有多个关键的服务接触点，服务卓越或服务失误都容易给宾客留下深刻印象。酒店的接送机/站人员、门童、行李员、金钥匙等岗位都归属于酒店前厅的礼宾部。对客人的第一声问候和最后一声道别往往由礼宾部服务人员道出。前台为宾客办理入住登记和结账离店服务。前台接待人员需要具备专业技能、共情能力和销售技能，让宾客感受到酒店的专业、高效和温暖。

学习目标

知识目标

1. 了解金钥匙服务理念、申请条件和服务内容。
2. 理解礼宾部和前台的部门职责和服务内容。
3. 掌握礼宾部和前台各项服务的流程。

能力目标

1. 能协调资源满足宾客的合法要求。
2. 掌握前台接待流程。
3. 掌握前台销售技巧，能成功地进行升级销售。
4. 能对礼宾及前台服务流程进行管理。

 案例

从门童到金钥匙

吕敦敏是上海某五星级酒店礼宾部的一名员工。大学毕业后他便开始在酒店行业工作。十几年的时间里，他从门童做起，期间也经历了几家酒店，但始终没有脱离礼宾岗

位。如今他已是酒店的金钥匙。礼宾工作给吕敦敏带来成就感。一些工作在吕敦敏看来只是应尽工作职责，却得到了客人的感谢和酒店的奖励。

帮助客人找回戒指的经过是这样的。那天当他接到客房部电话，称有客人将戒指遗落在房间时，已是下午13:30左右。当时客人已经离开酒店有一段时间了。他放下电话后，一边去客房部取回并封存好客人的戒指，一边和前台联系，查找客人的联系方式。但多次拨打该客人的电话都显示无人接听。13:50分，吕敦敏通过监控录像查到了客人乘坐的出租车，其前往目的地为虹桥机场，但无法查到客人乘坐的航班号。吕敦敏便带着戒指立刻赶去机场，并在途中与机场取得了联系。当被告知客人乘坐的航班已经起飞后，吕敦敏回到酒店。他一方面给客人的手机留了信息，一方面与前台和客房部作了交代，一旦客人与酒店联系，务必说明情况并请客人放心。后来的经过是，当天晚上，客人从北京的酒店打来了电话。当被告知戒指得到妥善保管后，客人非常激动。第二天，吕敦敏将戒指快递到了这位澳大利亚客人在北京的酒店。

吕敦敏说："我热爱我的岗位。当我满头白发，仍然还能身着礼服，带着微笑，站在酒店大堂里为我的客人带去温暖时，就是我人生最大的满足。我以我自己能终生去做一名专业的礼宾服务人员而骄傲。因为我每天都在帮助别人，他们在我这里得到的是满意和惊喜，而我也在客人的满意和惊喜中找到了富有的人生。"

（资料来源：作者收集整理）

请思考：

（1）礼宾服务的最高宗旨是什么？

（2）结合该案例思考，怎样才能为顾客提供优质的礼宾服务？

第一节　礼宾服务

礼宾部（concierge）隶属于前厅部，是体现酒店服务水平和服务质量的重要部门。礼宾部员工是酒店大堂的一道风景线，站在酒店对客服务的第一线。

礼宾部在酒店前厅的运营中承担着重要职责，为客人提供细致、便捷、周到、热诚的对客服务。礼宾部下设门童、行李员、机场代表和委托代办等岗位，其主要的工作任务是迎送宾客、行李服务、车队服务、递送邮件和留言、委托代办、接待访客、物品的寄存和出租；公共区域找人；引领客人进客房，并向客人介绍服务项目和服务特色等；分送客用报纸、分送信件和留言；协助管理和指挥门厅入口处的车辆，确保畅通和安全；回答客人问询，为客人指引方向；传递有关通知单；为客人提供召唤出租车和泊车服务；

负责客人其他委托待办事项等。礼宾部还接受前厅部派遣,负责迎送酒店的重要客人。

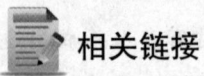 **相关链接**

客人身边的礼宾员

因为航班延误,李女士在抵达无锡时已经比原定时间晚了整整40分钟。虽然在出发前就已经和酒店机场接送车取得了联系,但李女士依旧担心着车辆是否能准时等待,毕竟自己带孩子出行,行李多,很不方便。没想到一下飞机走出航站楼,酒店的机场接机人员就在等候着,随后司机热情地接过她手中的行李放在车上,丝毫没耽搁就出发前往酒店了。

来到酒店后,酒店的礼宾员热情地接过行李,引领李女士和孩子进入酒店大堂,然后送上面巾和热水。注意到李女士和孩子可能因为舟车劳顿加上无锡天气转凉,都有些咳嗽,礼宾员关切地问候并提示他们注意温差,早晚加衣。将两人送到客房之后,还特意嘱咐餐厅为母子备好姜茶送到房间。

第二天,休息充足的李女士便带着孩子准备出去玩。走到酒店大堂时,礼宾员微笑着询问了两人的休息情况,知道两人的出行计划后,还热心地分享了简单的出行攻略,并说到如果有任何需要,打电话到酒店就可以,临走时还为李女士和孩子叫好了出租车……

(资料来源:作者收集整理)

一、迎送服务

(一)服务标准

迎送服务是礼宾最基本的工作内容。当着装鲜明整洁的礼宾员,面带微笑,彬彬有礼,站在酒店门口和大堂时,他们就是代表酒店在迎送来往的客人。而客人也能够从他们身上直接感受到酒店的服务水准。礼宾迎送服务的标准是:(1)礼宾员精神饱满、着装整洁、站姿标准;(2)主动、友好地问候客人;(3)热情询问客人是否需要行李或其他服务;(4)礼貌地欢迎或感谢客人光临酒店。

(二)服务流程

1. 迎送准备

礼宾员站在酒店正门代表酒店迎送客人。礼宾员需始终保持良好的仪表仪态和工作状态,随时准备迎接抵店的客人和送别离店的客人。在酒店客流较大的时候,礼宾员尤其要精神饱满、动作迅速、对客周到,使抵店的客人都有宾至如归的感觉,对酒店建立起良好的第一印象，使离店的客人都能感受到酒店的服务始终如一，对酒店留下美好的记忆。

2. 迎接

客人乘车来店时，礼宾员应及时引导车辆停靠在合适位置。车辆停稳后，为客人提供拉车门服务（拉车门护顶时注意客人的宗教信仰，区别对待；同时注意拉车门的次序，由后到前，由右到左），与客人保持目光交流，并热情问候，欢迎客人的光临。对步行进入酒店的客人，礼宾员应同样微笑向客人致意，礼貌问候，热诚欢迎客人的到来。

3. 引导

客人下车后，迅速帮助客人检查有无物品遗留车上，并礼貌询问有无行李。需要行李服务时，立刻用手势示意行李员，同时用标准的手势礼请客人进入酒店。对于行动不便的客人，礼宾员应给予帮助和特别照顾。同时，礼宾员还要迅速记录客人乘坐的车牌号，示意驾驶员停车位置。然后，站回原位，准备迎接下一位客人。

当客人离开酒店时，礼宾员应保持友善、真诚，热情地欢送客人，并给予必要的帮助。使用标准手势提示接客车辆停靠在指定地点，协助行李员将行李装车辆，清点好件数，请客人确认；然后为客人拉车门，请客人上车，真诚地感谢客人的光临并礼貌道别；关好车门后，示意驾驶员准备完毕，可以出发。车辆启动后，再次向客人微笑致意，挥手告别。遇到行动不便和需要帮助的客人，礼宾员要主动搀扶或提供热情的帮助。

VIP 客人是礼宾部的重要服务对象，也反映了酒店的最高服务水准。一般而言，酒店会根据自身的客源制定 VIP 客人的礼宾接待等级和接待标准，专人负责迎送；酒店会根据 VIP 客人的接待规格，提前做好迎送条幅等工作，并由酒店对应等级接待的负责人亲自迎送。

二、行李服务

（一）服务标准

行李服务是礼宾部主要的工作内容之一。行李服务中，要求行李员做到礼貌、快速、周到，保证客人的行李安全和使用方便，使客人能够轻松办理入住和退房以及离开酒店。其服务标准是：(1) 行李员站位合理，随时准备为客人提供行李服务，能够及时热情地向客人问好；(2) 规范礼貌地为客人提供拉车门服务；(3) 主动请客人确认行李件数和有无破损，帮客人搬运行李进入酒店；(4) 及时将客人的行李送入客房，根据客人的要求或在行李架上将行李放置好，并向客人致意；(5) 客人离店时，协助客人搬运行李，请客人确认好行李件数并协助放入车辆内，与客人礼貌道别。

（二）服务内容和流程

1. 散客行李服务

（1）问候客人：行李员发现有客人乘车到达酒店时，应迅速上前，礼貌地欢迎客人的光临，并询问是否需要行李服务；如客人是自行携带行李进入酒店时，也应及时向客人致意，并询问是否需要帮助。

（2）接受客人行李：经客人同意，帮客人将行李从车上取下（轻拿轻放），检查有无破损，并请客人确认行李件数及状况。为每件行李挂上酒店行李牌，手拉（提）或装好行李车，行李需有序合理摆放，并提醒客人带好随身及贵重物品。

（3）引领：使用正确的手势礼，引领客人到前台接待处办理入住手续。途中如遇客人提问，应礼貌地给予回答。

（4）办理入住手续：客人办理入住登记手续时，行李员应站在客人侧后方1.5米左右，站姿标准，并随时准备为客人服务。

（5）运送行李：引领客人去客房时，行李员行走在客人的右前方位置为宜，并与客人保持适当的距离，途中用标准的手势礼为客人引路。上下电梯时礼宾员需注意电梯服务礼仪。上电梯时，礼宾员先入电梯，为客人按住按钮，请客人上电梯；电梯到达客人所在楼层后，礼宾员按住电梯按钮，请客人先下电梯。运送小件行李时，行李员可以与客人同梯，行李车搬运行李时礼宾员需走行李通道。

（6）引领客人到客房：引领客人到达客房时，行李员应按客人要求摆放好行李，或将行李放置到行李架上，并再次请客人确认行李件数和状况。如有需要，礼貌地为客人介绍房间的主要设备设施。客人有任何问题，都应礼貌地给予回答和帮助。

（7）离开客房：行李员应面对客人退出客房，并与客人礼貌道别，轻轻关上客房门。

（8）做好记录：行李员返回行李处后，填写"散客行李进店搬运记录单"，内容包括客人姓名、房间号、进店时间、客人人数、行李件数等。

当客人离店需要行李服务时，行李员应按客人要求，准时搬运行李到指定地点，并请客人确认无误。如有需要，协助客人将行李搬运和装车，并再次请客人确认，然后与客人礼貌道别。如客人办理退房后需要行李寄存，行李员协助客人将行李放置到行李暂存处，系好行李牌（填写好房间号、客人姓名及预计离店时间等）。

2. 团队行李服务

团队行李服务中，涉及客人人数多、行李多且可能情况复杂，要求行李员做好充分的准备工作，服务中快速、细致、准确，装运谨慎小心，不忽略每一件行李和每一位客人，保质保量地完成任务。

（1）行李接收：当有团队行李到达酒店时，提前做好准备的行李员应及时到位，快速清点行李件数及破损状况，并请团队行李负责人确认；同时提醒和帮助检查客人是否有物品遗留在车上；然后将所有行李整齐有序摆放到行李车上，系好行李牌，并用网子罩住，以防丢失和错拿。

（2）行李分拣：行李员按照行李所在的房间，分拣好行李，系好行李牌。

（3）行李派送：将分拣好的行李，分别运送到客人所在楼层和客房。行李员到达客房前，应轻敲三下房门，并向客人问好；然后将行李放到行李架上或客人指定位置，待客人确认后再礼貌道别离开。如遇客人不在房间，行李员可以按房间号将行李摆放到房间的行李架上。行李派送中，发现有破损和无人认领的行李，行李员应迅速与团队负责人取得联系，及时妥善地予以解决。

（4）行李记录：行李员运送完团队所有的行李后，再次核对行李数量和客人房间，并填写好"团队行李登记表"。

当团队离店需要行李服务时，行李员应提前做好准备工作，主要包括备好行李车、确认离店客人名单、离店时间、行李件数等。同时，还要了解有无特殊的行李或需要特殊安排的行李；然后按照名单及客人要求，准时到指定地点收取行李，按房间做好登记；最后将所有行李放置到指定地点，请团队相关负责人确认，并协助客人将行李装车。团队行李结束后，行李员要做好本次行李服务的记录工作，特殊行李服务尤其要做好详细记录。

3. VIP 客人行李服务

VIP 客人的行李服务是礼宾接待计划中的重要组成部分，要求行李员的服务热情、快速、准确、高水准。

（1）准备工作：行李员应提前熟悉 VIP 客人的基本信息，包括称呼、预计抵达时间、接待规格、房间号等。临近客人抵达前的 20 分钟左右，应再次与前台确认相关情况有无变化；提前备好行李车和客人的行李牌。

（2）迎接客人：由酒店优秀的行李员负责为 VIP 客人提供服务，特别重要的行李由大堂副理或礼宾主管亲自主持运送。客人车辆到达后，行李员应礼貌问候客人，并快速检查行李有无破损，是否干净，保证行李进入客人房间时有序整洁。客人如需接机或接站，行李员应提前到达，做好行李核实和装车并请客人确认。

（3）行李派送：由专人负责并优先将行李从专用通道送入 VIP 客人的房间，保证行李提前到达房间或客人到达房间后，行李随之到达。行李员进入 VIP 客人房间时，应热情有礼，按照客人的要求将行李放到指定位置，主动告诉客人行李件数和状况，如客人需要，可礼貌地介绍房间的设备设施。

（4）记录：行李员回到礼宾台后，做好 VIP 客人行李服务记录，包括客人的姓名、房间、抵店时间、行李件数和状况、员工姓名等。

VIP 客人离店时，行李员应提前了解贵宾的离店时间、人数和接待规格，提前五分钟到达楼层等候,准时收取行李。贵宾到达大堂时,请客人确认行李,并按贵宾要求装入车辆。最后,做好 VIP 客人离店行李服务的记录工作。

4. 行李存取服务

客人住店期间或离店后,都有可能需要酒店代为存储行李。为客人提供存行李服务时,要求礼宾员做到认真核对行李和客人信息,按程序交接行李,保证客人行李的安全和无损。

(1)确认客人身份:对前来暂存行李的客人,礼宾员应主动地问候,并礼貌地请客人出示房卡,确认其身份及入住信息。

(2)收取行李:接收客人行李时,礼宾员应首先核实寄存数量和行李状况,特别是有无贵重物品和危险品;然后与客人确认寄存时间,填写寄存卡。客人签字确认后,将行李提取联交给客人,提醒客人保管好,凭此联提取行李。对于需他人代领的情况,礼宾员应温馨提示客人,按酒店规定需提供此联和代领人的有效证件;最后将寄存联在客人的行李上系好,并向客人简要说明在酒店寄存行李的注意事项。

(3)行李保管:行李员根据寄存时间长短将客人的行李摆放到行李房的合适位置,合理安排空间。同一位客人或团队的行李放到一起,必要时用罩子分离,以免错拿,并做好登记工作。

(4)行李提取:行李员应热情接待前来提取行李的客人,问清客人的房间号、行李件数和基本特征,请客人出示行李提取联,并与寄存联核对;核对无误后,将行李交给客人。如有需要,协助客人搬运装车。最后将行李提取联和寄存联一起存档备查。如遇他人代领行李,应按寄存时的提示,验收行李提取联和代领人的有效证件;如遇客人丢失提取联的情况,需请客人做出说明并提供足以证明身份的证件方可提取,并将相关材料一起存档。

【课堂思考】

1. 如果遇到酒店内客人行李无人认领或丢失的情况,该如何处理?
2. 如果客人将行李遗落在机场,酒店该如何帮助客人?

案例

一辆高级车辆向酒店驶来,停在酒店门前。迎宾员小李看清车上有三位欧洲客人,两位男士坐在车后,一位女士坐在前排副驾驶位上。小李上前一步,以麻利规范的动作,为客人打开后门,做好护顶,并向客人致意问候。关好后门,小李迅速走到前门准备以同样的礼仪迎接那位女士下车。那位女士满脸不快,使小李不知所措。

【案例分析】

在西方国家流行着这样一句俗语:"女士优先。"在社交场合或公共场所,男子应经常为女士着想,照顾、帮助女士。诸如:人们在上车时,总要让女士先行;下车时,则要为女士先打开车门。进出车门时,主动帮助开门、关门等。西方人有一种形象的说法:"除女士的小手提包外,男士可帮助女士做任何事情。"迎宾员小李未能按照国际上通行的做法先打开女宾的车门,致使那位外国女宾不悦。

(资料来源:作者收集整理)

三、车队服务

(一)服务标准

车队服务是酒店礼宾服务的常规内容之一,便利了客人住店期间的交通。车队服务要求安全、细致、准确、热情。其服务标准是:(1)礼宾员应热情友好接待用车的客人;(2)安排用车细致周到、翔实准确;(3)接(送)机(站)应提前做好各项准备工作,全程服务。

(二)服务流程

1. 安排用车

(1)礼宾部应热情礼貌地接待需要用车的客人。每天提前整理好次日需要用车的客人名单,填写订车单(房号、客人姓名、用车时间、目的地、车队接单司机姓名、经手人等信息);对于临时需要用车的客人,同样应热情接待,可以根据酒店车队用车情况给予安排,若已无车,协助客人叫出租车。

(2)当客人要求预约出租车时,礼宾员应礼貌地接待,并分情况处理。如果客人是提前较长时间预约出租车,礼宾员应填写预约单,并记好客人的预约时间,准时为客人叫来车辆;如客人为临时用车,应马上处理,立即为客人叫出租车。如遇难以按时或马上打到出租车的情况,应及时与客人沟通情况,让客人知情。

接客人的车辆停稳后,礼宾员应按规范为客人拉开车门,请客人上车。

2. 接机接站

(1)确认接机(站)名单和时间:礼宾员接到接机(站)任务后,应首先确认客人名单及相关资料,特别是接机(站)的时间和地点,并准备好接机(站)牌。

(2)接机(站):礼宾员应着装整洁、精神饱满,准时前往机场或车站迎接客人。接机(站)牌应举过头顶,方便客人发现。接到客人后,礼貌问候并帮助客人搬运行李。然后引领客人至车辆前,为客人拉车门,请客人上车;同时通知前台接机(站)情况,便于前台做好接待的准备工作。

（3）途中服务:从车站或机场到酒店的途中,礼宾员可以根据情况请客人休息或给客人介绍酒店的基本情况、餐饮、设备设施、休闲娱乐项目等,以及客人感兴趣的酒店和本地的旅游、文化等信息。

（4）抵达酒店:到达酒店后,提供行李服务,并礼貌地引领客人到达前台。

（5）记录:接机(站)任务完成后,做好本次接机(站)的情况记录。

对于需要送机(站)的客人,礼宾员应根据客人的需要,提前安排或联系好车辆,并为客人提供行李服务。送机(站)的礼宾车准时出发,按线路行驶。行驶中认真回答客人的各种问题,不打扰客人,并请客人填写意见表。到达目的地后,为客人开车门,帮客人取下行李,并请客人确认,然后与客人礼貌道别。

四、金钥匙服务

在酒店大堂,有时我们会看到这样的礼宾人员,他们身着考究的深色西装或燕尾服,衣领别着十字形金钥匙;他们见多识广、经验丰富、谦虚热情、彬彬有礼;他们为客人提供各种委托代办服务,帮助客人解决问题,充分满足客人的需求。

"金钥匙"是礼宾服务的一种高级形式。"国际金钥匙组织"是一个国际性的服务专业性组织,于1929年在法国成立。"金钥匙"是一个国际的服务品牌,拥有先进的服务理念和标准,具有极高的国际声誉和知名度。"金钥匙"既是服务的专家和榜样,也是一个服务的网络。作为个性化、极致化服务的代表,只要不违反道德和法律,客人的任何委托代办事项,金钥匙都要尽力办到,满足客人的需求,永远不说"不"。他们的服务哲学是"尽管不是无所不能,但一定要竭尽所能。在客人的惊喜中,找到富有乐趣的人生"。所以,金钥匙带给客人的服务往往超出他们的期待,是"满意"+"惊喜"的服务。他们也因此成为酒店服务水平和质量的重要标志,不仅大大提升了宾客入住酒店的体验感,丰富了客人对酒店服务的认知,而且会为酒店赢得极好的声誉和美誉,成为客人再次光临酒店和成为忠诚客人的重要因素。

酒店的"金钥匙",对礼宾部的工作意义重大。他们承担着礼宾部重要的岗位职责,发挥着重要的作用,是前厅部礼宾服务的形象代表。"金钥匙"组织对于会员的申请具有严格的条件和程序,需要具备相应的任职资格、素质条件才能申请。

（一）金钥匙成员申请的基本条件

国际酒店金钥匙协会(Les Clefs d'Or,英文简称 U.I.C.H.)为全球性具金钥匙资格的礼宾员组织,要成为金钥匙礼宾员需具备基本的任职条件,并经过多重推荐及考核。

（1）在高星级酒店工作的委托代办负责人。

（2）23岁以上，品貌端正。

（3）酒店工作五年以上，三年以上大堂和委托代办工作经验。

（4）两位中国正式的金钥匙会员的推荐信以及所在酒店的推荐信。

（5）掌握一门以上的外语。

（6）具有"中国酒店金钥匙组织"会员资格培训的经历并获得证书。

（二）酒店金钥匙的基本素质和能力要求

（1）具有优秀的思想素质，热爱祖国，遵纪守法，具有高度的组织纪律性和良好的职业操守。

（2）爱岗敬业，具有高度的责任心和极强的优质服务意识。

（3）有良好的奉献精神和积极的进取精神。

（4）有健康的体魄和心理。

（5）有良好的沟通表达能力和组织协调能力。

（6）有较强的应变能力和解决问题的能力。

（7）熟练掌握礼宾工作的内容和程序。

（8）熟练掌握外语、信息处理等常用技能。

（9）熟悉和掌握酒店和本地的各种相关信息，随时为客人提供服务。

（三）金钥匙的主要服务内容

（1）迎客服务：金钥匙代表酒店在门口迎接客人，特别是酒店尊贵的客人和VIP客人。他们代表酒店热情欢迎客人的光临，亲自引领客人办理入住手续，提供开车门、行李等服务。

（2）送客服务：金钥匙要主动问询VIP客人的退房时间、车辆和行李等安排，以及是否有需要酒店协助办理的事宜，为客人做好退房前的各项准备工作。规范地为客人提供行李、车辆服务，礼貌地与客人道别，使客人带着愉快的心情离开酒店。

（3）问讯服务：酒店的客人来自天南海北，有着不同的文化背景和个性特征，他们的问题和需求也有诸多差异。"金钥匙"不仅要热情地接待每一位客人，还要像百科全书一样，做到百事通，有问必答。因此，金钥匙要全面深入地了解酒店内及所在地的各种信息，包括酒店所有的设备设施和项目，特别是餐饮、健身中心、娱乐设施和项目、购物、特色服务等；本地的诸如交通、景点、娱乐、购物、历史、文化等尤其要特别熟悉，随时能为客人设计旅游线路、提供景点的基本信息，高中低端餐厅、商场以及娱乐场所、酒吧、咖啡馆等信息，修补物品如手表、眼镜、行李箱、鞋的维修处信息，快递信息以及码头、车站、机场、延期签证等信息。另外，随着网络的发达和普及，很多信息客人可以通过网络查询获取。这种情况下，对于客人的提问，金钥匙还要能给出比百度、Google 或者 App 更有见地的回答，才能更加体现金钥匙服务的水平和温度，获得客人的欣赏。

（4）委托代办：客人的委托代办事宜可以说是各种各样、五花八门，包括订票、快递、托管、代修、代购、订餐、安排线路、签证延期办理等，从日常委托代办到特殊代办服务，无所不包。永远"Can Do"的金钥匙，需要有很强的沟通协调能力和解决问题的能力，做到有求必应。他们既要无所不知，知道去哪里吃东西、跳舞和游玩，还要能帮客人订到抢手的演出票，知道哪里可以修小众品牌的手表及价格，哪里有奢华的会所，怎样在次日清晨让客人吃到异地的新鲜、特色水果，深更半夜去哪里买礼物，甚至能救人一命……对金钥匙来说，就算要把活金鱼寄到地球另一边，他们也会尽量去达成。所以，金钥匙要见多识广并具有较好的关系网络和能力，帮助客人解决各种问题，甚至是需要广泛的社会联系和资源才能达成的事宜。

金钥匙活跃在酒店的大堂，是酒店一道美丽的风景线。他们以客人的满意和惊喜作为工作的目标和追求，他们兢兢业业，为客人提供高标准的个性化服务。一位出色的金钥匙曾说过："我常要做的一件事，就是在大堂与客人主动聊天，通过聊天来了解有什么可以帮助他们的。"所以，细致、周到、热情和永远不说"NO"成就了高水准的金钥匙服务。

相关链接

礼宾司的英文是 Concierge。该词的起源有两种说法。一种说法是来源于拉丁文，语意为"保管""管理"或是仆人；而另一种说法似乎更有历史的传承感，即古代法语"Comtedes cierge"的衍生，意为蜡烛伯爵（保管蜡烛的人），是古时遍布在那些荒无人烟的边境地区，照顾过往的旅行商队的古老职业。中世纪流传到欧洲、在一些皇室贵族政客的宫廷和城堡里，"Concierge"变成了"钥匙的保管人"，在酒店行业他们又被称为礼宾司。而佩戴着金钥匙标志的礼宾员更是意味着，他是礼宾员中的佼佼者。

1953 年，代表酒店礼宾至高荣誉的金钥匙徽章正式确立。

金钥匙的标志形成于 1929 年，法国 Grand Hotel 的 11 位礼宾司建立了金钥匙协会。该协会的建立，不仅提高了对客人的服务效率，还建立起了城市内的联系网络。后来欧洲其他国家也相继建立起类似协会。第二次世界大战后，这一欧洲酒店间的联络协会发展成为遍及全球的行业网络。只有成员酒店的总礼宾，才有资格在衣领上别上一对金钥匙襟章。从此，能够被国际酒店金钥匙组织吸纳为正式成员，也变成了世界上所有酒店礼宾员的共同梦想。自 1929 年至今，国际金钥匙组织是全球唯一拥有 90 年历史的网络化、个性化、专业化、国际化的品牌服务组织。

中国是国际金钥匙组织的第 31 个成员国。1999 年 2 月，中国国家旅游局正式批准成立中国酒店金钥匙组织。目前在中国，金钥匙已经发展成为遍布 290 个城市，2400 多家高星级饭店及高档物业，拥有 4000 多名金钥匙会员的品牌服务网络。

（资料来源：作者收集整理）

礼宾服务是酒店前厅服务的重要组成部分，在很大程度上体现了酒店的服务水准和质量，直接影响客人对酒店的印象和评价。礼宾部与客人打交道的机会很多，除了上述讲到的为客人提供的主要服务内容外，还有一些服务需要我们给予关注，如引领客人进客房、带领客人参观房间、为客人指路、访客留言、物品租借、物品递送转交、雨伞服务等。礼宾员在进行这些工作时，也应本着热情友好的态度，细致周到地为客人服务，特别是要关注服务的细节，在细节中提升客人的住店体验。优质礼宾服务的黄金七法则为 SERVICE：S（Smile）/微笑——对每一位客人提供微笑服务；E（Excellent）/出色——将礼宾工作的每一程序、每次微小的服务工作做得很出色；R（Ready）/准备——随时准备好为客人服务；V（Viewing）/看待——将每一位客人都看作是需要提供优质服务的贵宾；I（Invite）/邀请——在每一次服务结束时，对客人表达出诚意和敬意；C（Create）/创造——创造出热情服务的氛围，提升客人的体验；E（Eye）/眼光——以热情友好的眼光和客人进行交流，了解客人需求，提供主动而周到的服务。

礼宾工作的效果除了有高素质的礼宾员和强大的礼宾团队作为支撑外，还需要有酒店详尽的住客数据系统给予支持。客人的常规档案、消费档案，特别是个人习惯和喜好风格，是礼宾工作员工非常有价值的一手工作资料。有了对客人的充分了解，礼宾部在服务中才会更加得心应手，满足客人需求，得到客人的认可。

相关链接

人机协作，"解放"礼宾员。在机器人服务的某五星级大酒店，曾发生这样一个"人机协作"的案例——礼宾员同时接待两位客人，一个着急拿寄存的行李赶飞机、一个女士则询问去泳池的路线。都是贵宾，都不愿意多等一分钟。酒店员工做了一个很聪明的选择，让机器人带女士去游泳馆，他自己去取行李。同一时间，同时满足两位住客的需求，保证了客户满意度。

生活方式的不断改变，使得人们对于酒店住宿的需求变得日益多元化。其中，智能化、差异化的入住体验，是很多客人期待的。目前一些酒店开始在前厅引入服务机器人，替代一线员工的部分工作。他们不仅能够帮助酒店降本增收，而且吸引了客人的目光，提升了客人的满足感。

有关研究表明，超过三分之一的客人表示对前台以及酒店其他员工的拖延服务感到失望，而机器人的引入恰好能良好地解决这个问题。除了引路功能之外，机器人还能帮助酒店员工完成简单且重复性极高的送外卖、客需品及外借物品等工作，全程无须人工介入。既能即时满足住客需求，又能为之提供安静不打扰的服务，提升服务品质。机器人独特的密码设置功能更是确保了其运送房卡、身份证、发票、流水单等物品的安全性。酒店机器人还能满足住客的即时购物需求，只需扫描二维码，住客就能在手机小程序内下单。下单后，机器人能自从智能货柜处得到物品，自动送至客房门口，并打电话让住客取货，全程无须人为介入。这样，至少减少了礼宾员接听电话、送物品至客房两个动作。这在很大程度上"解放"了基层员工的双手，使得员工能够集中更多精力为住客提供个性化的服务。

第二节 前台接待管理

前台接待服务人员的主要工作任务包括为宾客办理入住登记和结账离店，服务人员需要熟练掌握工作流程，准确、高效地帮助顾客入住和离店，减少宾客等待的时间。前台接待人员还应掌握与顾客沟通的艺术，掌握客人的心理状态，运用恰当的语言对客服务。

一、入住登记（Checking-in）

入住登记的流程如下：

（1）向客人问好，对客人表示欢迎。用最真诚的笑容和礼貌用语为客人留下一个美好的第一印象。

（2）确认客人有无预订。有预订的客人和无预订的客人是不一样的操作，没有预订的客人需要为其创建预订单。

1）预订客人。对于预订客人，应这样问候：欢迎您，××先生（女士），我们正等候您的光临！

2）非预订客人（Walk-in Guest/Chance Customer）。在有空房的情况下，尽量满足客人的住宿要求，并注意向客人推介酒店提供的包价项目以及餐厅、酒吧、游泳池、桑拿等其他服务项目。如果客满，可帮助其在同等级的其他酒店联系客房。

（3）登记验证，安排房间（Registering）。根据客人的要求，为客人安排客房，与此同时，查验客人的身份证明（身份证、护照等），并对其进行扫描。打印预订确认信（Confirmation letter），请客人签名。客人签名十分重要，这是厘清双方责任和义务的一个法定文件。

（4）收取押金。为防止不良客人的逃账行为或损坏酒店的设施设备，同时也为了方便客人在酒店消费，为客人提供一次性结账服务，酒店通常要求客人在办理入住登记手续时，预付房金或押金，或进行信用卡预授权，通常为房费总额的两倍。既给酒店提供经济利益保障，又为客人减少麻烦。

（5）询问客人是需要寄存贵重物品。前台为客人提供贵重物品寄存服务，需填写《贵重物品寄存登记表》，并请客人确认签名，将客人贵重物品存入保险箱。

（6）将欢迎卡和房卡交给客人。欢迎卡（也称为 Hotel Passport）的主要作用如下：

1）向客人表示欢迎。酒店的欢迎卡上一般会有酒店的欢迎语，例如："欢迎您光临我们×××酒店，祝您入住愉快！"主要的目的就是向客人表示欢迎。

2）表明客人的身份。将酒店的欢迎卡交给客人，体现了酒店对客人的重视程度，可以通过欢迎卡确认客人的身份。

3）起到一定的促销作用。欢迎卡上印酒店服务项目，以便向客人推销酒店的服务。

4）起到向导作用。在欢迎卡上印本酒店在城市中的位置及地址、电话等酒店信息，客人外出时可作为向导卡使用。

5）起声明作用。在欢迎卡上印"请将贵重物品存入酒店贵重物品保险箱，否则，酒店概不负责"等类似酒店声明或客人须知之类，明确酒店与客人之间的权利和义务。

（7）指示客房或电梯方向，或招呼行李员为客人服务。在将欢迎卡和房卡交给客人后，要向客人指示客房或电梯方向，或招呼行李员为客人服务，同时祝愿客人入住愉快。

（8）将客人的入住信息通知客房部，使客房部人员提前准备欢迎客人入住客房。

（9）制作客人账单。

对于使用转账方法结账的客人，一般需制作两份账单：

A 单记录应由签约单位支付的款项（如房费和餐费等）；B 单记录客人需自付的款项。

团队客人也需要两份账单：

团队主账单和分账单：主账单用来记录与全团有关的费用，这部分费用由组团单位或接待单位支付；分账单用来记录需由个人支付的款项。

二、结账离店（Checking-out）

结账离店是前台为客人提供服务的最后一个环节，除了客人的账单不能出错外，还要给客人留下美好的回忆。结账离店的流程有：

（1）确认宾客姓名是否正确，并随时称呼宾客。

（2）主动收取房间钥匙，并询问宾客是否发生其他消费。

（3）宾客结账同时，前台接待人员要及时与之联系，清查宾客房间酒水使用情况。一些酒店将客房小酒吧的酒水免费提供给客人使用，这种情况下不需要清查。

（4）打印出账单，交付宾客检查，经其认可在账单上签字，并确认付款方式。

（5）宾客提前付清账目，但晚些离店时，接待人员要在电脑中注明延迟离店，以便提醒其他部门及人员注意。

（6）在宾客结账时，要查看电脑中所注明的特殊注意事项。

（7）确认一切手续，在最短时间内完成结账手续。

（8）微笑有礼貌地为宾客迅速、准确地办理离店手续，并表示欢迎宾客再次光临酒店，祝其旅途愉快。

案例

一位外国客人第一次来到中国的某家酒店入住，前台接待员小刘早已通过预订单知道这位先生的姓名，迅速地称呼他以表尊重，这位客人先是一惊，而后对服务人员说自己是第一次来到中国，本来觉得十分陌生，但是当服务员面带笑容地叫出他的名字时，他觉得十分亲切，作客他乡的陌生感顿时消失。一开始，这位外国客人还担心语言不通，但当听到小刘流利的英语，非常高兴，缩短了彼此之间的距离，气氛变得活跃起来。于是，外宾更加广泛地询问了当地的生活环境、城市景观和风土人情，小刘都一一回答，在交谈中得知过两天是外宾的生日，而这位外宾又十分喜欢中国的十二生肖，小刘将这些都记录下来。两天后，当客人从外面回来时，发现客房有他的生肖的玩偶，服务人员又送来了鲜花和贺卡，十分感动，称赞酒店的服务超出了他的预期，给他留下了极其深刻的印象，从那以后，每次这位客人到中国来时都会入住这家酒店。

【案例分析】

案例中的小刘准确地把握了客人的心理状态，抓住客人的需求，细心记下，用心准备。在与客人的交流中得知客人的生日，抓住了这条信息，从而成功地策划了一次为外国客人赠送生肖玩偶、生日贺卡和鲜花的优质服务和公关活动，把与外国客人的感情交流推向了更深的层次。因此，善于捕捉客人有关信息的职业敏感，也是酒店管理者和服务人员应该具备的关键素质。

（资料来源：作者收集整理）

三、前台接待为顾客带来愉悦体验

前台热情周到的对客服务能够极大地提升顾客的满意度和忠诚度。前台接待人员熟练掌握入住登记和结账离店的工作流程只是对客服务的基础，更重要的是能在与顾客的交流中，为顾客带来愉悦体验。

（一）记住顾客的面容和名字

得到社会的尊重是人类的基本社会心理需求。如果前台服务人员可以记住顾客的面容，并且在每次遇到顾客时都能准确地说出他的名字（一般称呼为某先生/女士），那么顾客会认为自己受到了重视，下次入住时首先考虑这家酒店，服务人员尽力记住客人的房号、姓名和特征，借助敏锐的观察力和良好的记忆力，提供细心周到的服务，当客人入住体验佳，且愿意向朋友推荐时，也是为酒店免费做了宣传。服务人员记住顾客的名字并非易事，除了服务人员自身努力之外，酒店还应该对员工进行专项培训。

（二）给客人留下良好的印象

前台服务人员给客人留下良好印象的关键是干净的仪容仪表、令人舒适的沟通方式和良好的移情能力。干净、职业的仪容仪表体现服务人员的职业素质，服务人员在发型、着装、站姿、手势等方面都要符合职业标准和品牌规范；令人舒适的沟通方式要求前台服务人员在与客人沟通时使用礼貌用语，并有察言观色的本领，恰当地用客人觉得舒适的说话方式与客人沟通；良好的移情能力能设身处地为顾客着想，与客人形成情感的共鸣。

案例

一天，张先生和一位同伴来到了某酒店的前台接待处，接待他们的是酒店的前台接待员 Nancy。张先生向 Nancy 表明他们来找入住在本酒店的客人李某并出示了李某的名片，他说原本和李先生约好在其房间见面，但是已过约定时间却不见李先生，连电话也一直处于无法接听的状态，因此他们想询问李先生的房间号码直接去房间。Nancy 对张先生表明了歉意并说酒店有规定必须对在店客人的入住信息保密，无法告知房间号码，希望张先生可以谅解。但是张先生说他们是特地赶飞机来赴约的，李先生不应在此时失去联系，因为担心李先生出现其他突发状况所以还是想亲自到房间确认一下，而且如果李先生在酒店内发生意外他们会追究酒店的责任。

Nancy考虑了一下接过了张先生拿的名片，在酒店的系统中搜索了李先生的名字并查到了其房间号码。Nancy没有告诉张先生房间号码，而是拿起前台的电话拨通了房间的电话，但是始终无人接听。电话挂断后Nancy对张先生说李先生现在不在房间内，酒店不方便透露客人的房间号码，劝张先生通过其他途径和李先生取得联系，或者可以在前台留言，待李先生回到酒店后会及时转达。但张先生和其同伴并不同意，并坚持要去房间，Nancy无奈只好做了一张临时房卡叫同事Leo帮忙去李先生的房间查看情况，此时张先生的同伴见势要和Leo一起去，但被Nancy和Leo一同及时拦下了。

Leo通过员工通道的电梯到了房间，证实李先生此时并不在房间内。Leo回到了前台和张先生一行说明了情况，张先生只得留下其联系方式后继续在酒店大堂等待。Nancy则在电脑系统中添加了留言内容和事件过程，以便李先生到达前台时同伴可以及时了解此事并向李先生传达。

第二天早上，李先生来到了前台，Nancy的同事Chris看到了留言提醒并告知李先生昨日下午张先生和其同伴来酒店找他并留下了联系方式。接着，Chris向李先生表示抱歉并解释酒店不可以向其他人透露在店客人的信息，所以并没有让张先生一行上房间等待。李先生则表示了对酒店方的理解和信任，并说他会自己联系张先生。

【案例分析】

在本案例中Nancy不该向张先生一行透露李先生是否住在本酒店，更不该帮助他们查询房间号码并在前台拨打房间电话，因为这很有可能暴露入住客人房间号码。正确的做法是先记住李先生的名字，然后向张先生说明酒店有规定不可以向其他人透露本店客人的任何信息，并且无论此人是否住在本店，酒店内部都会启动寻人流程确保客人的人身安全，恳请张先生谅解。待张先生一行离开前台后，Nancy可以查询李先生是否住店客人，如确为在店客人可以向房间拨打电话告知客人有访客在大堂等待，在无人接听的情况下要及时上报当班主管，主管视情况决定是否需要联系酒店的防损部一起进行查房，若客人不在房间内应尽可能联系客人告知情况并在酒店信息系统中做出备注提醒。在对待一些来访者不断纠缠的情况下，前台员工坚持原则的态度非常重要，若犹豫不决或者选择退让反而会将事情变得复杂。

如果发现张先生和其同伴一直在酒店大堂等待或者情绪不稳定，应通知防损部的同事注意，防损部的同事会通知中控室将监控画面对准张先生一行和李先生房间所在的走廊进行重点监控。

（资料来源：作者收集整理）

第三节　前台销售管理

一、前台销售的一般工作要求

首先要看前台在什么情况下可以进行销售，有的客人是电话预订，有些是网络预订，当客人到达前台时，可以针对不同的情况对客人进行升级销售，从普通客房升级为高级客房，使酒店获得更多的收入。前台销售的一般工作要求如下：

（一）销售准备阶段

在进行销售之前，前台服务人员的准备除了仪容仪表、工作环境方面的准备之外，最为重要的是对销售对象和销售产品的了解。

前台服务人员要做到仪表仪态端正，有优雅风度和姿态，前台工作环境有条理，服务区域干净整齐。除此之外，前台服务人员还要熟知酒店各种类型客房的面积、朝向、房内设施、客房特点，以及客房包价产品或服务的构成、包价产品在性价比方面的优势等，了解酒店所有餐厅、酒吧、娱乐场所等营业场所及公共区域的营业时间与地点。同时，前台服务人员通过对顾客预订单和客史档案详细信息的查询，提前了解客人的喜好和需求。只有前台服务人员对以上信息有了充分的了解，才能够准确地对客人进行销售，达成良好的销售效果。

（二）对客服务态度

对客服务态度的基本要求如下：

（1）要善于用眼神和客人交流，表现出服务人员的热情。
（2）要面部常带微笑，对客人表示真挚的欢迎。
（3）要礼貌用语问候每位客人。
（4）举止行为要恰当、自然、诚恳。
（5）回答问题要简单、明了、恰当，不要夸张宣传。
（6）不要贬低客人，要耐心地解答客人的问题。

二、前台销售的艺术

（一）把握客人的特点

在与顾客的沟通交流中，了解顾客需要什么，对顾客消费行为倾向做一个基本的判断。某一类别的客人往往有共同的消费行为及心理特点。商务客人、旅游客人、新婚夫妇、知名人士、高薪阶层、带小孩的父母、年老的客人、有残疾的客人……，不同类型的客人有不同的需求。残疾客人需求一间配备有无障碍卫生间的客房，带小孩的父母则需要一间套房或连通房。把握住客人的特点有针对性地进行销售，高度匹配产品/服务与顾客需求，则能使销售达事半功倍之效。

（二）销售客房的价值，而非销售价格

（1）紧密结合宾客需求，介绍客房设施及服务的优点，使宾客感觉物有所值。

（2）销售的关键在于熟谙酒店产品和对宾客需求的精准把握。

（三）提供选择菜单，从高到低报价

将合适的房间销售给合适的客人。首先确定一个客人可接受的价格范围（根据客人的身份、来访目的等特点判断），在这个范围内，从高到低报价，将客人接受的最高房价的客房销售给客人，提高酒店经济效益。

（四）选择适当的报价方式

对于不同种类的客房，可采取不同的报价方式。

（1）"冲击式"报价：先报房价，再介绍房间服务设施与项目，适用于价格较低的房间。

（2）"鱼尾式"报价：先介绍房间服务设施与项目、房间特点，再报房价，适用于中档客房。

（3）"夹心式"报价（三明治式报价）：将房价在所提供服务的项目中间进行报价，适用于中、高档客房。

（五）注意语言艺术

说话不仅要有礼貌，而且要有艺术性。例如，"您运气真好，我们恰好还有一间明亮的单人房！"这种说法就会令客人感到开心，但是如果说"单人房就剩这一间了，您要不要？"就会让客人觉得这是剩下的客房。

（六）利益打动法

如果对顾客说："您只要多付50元，就可享受包价优惠，除房费外，还包括早餐和午餐。"这样不仅能使酒店增加收入，还能使客人享受到更多的优惠和更丰富、更愉快的入住体验。

三、前台销售的技巧

（一）针对"优柔寡断"客人的销售技巧

（1）了解动机（度假、商务、娱乐等）。

1）针对商务型客人。商务型客人比较关心商务设施以及周边的交通及辅助设施。我们可以重点向对方这样介绍："在我们的商务房，您可以享受免费宽带、免费的国内长途，独立的写字台专门提供给您办公之用。"并且可以向客人详细说明周边的环境以及交通路线并着重推荐会员卡。

2）针对旅游型客人。可从酒店的地理位置等因素来吸引对方，如介绍酒店附近有知名景点，餐饮、娱乐设施，购物便利，离交通枢纽火车站、机场很近等，为客人提供旅游咨询服务。

（2）在推销同时介绍酒店周围的环境，以增加感染力和诱惑力。例如，"我们酒店闹中取静，虽然位于市中心，但是环境十分静谧，透过房间的落地窗，全城美丽的景色尽收眼底"，这样简单的一句话就给了客人很多信息，酒店位于市中心很好的位置，肯定交通便利，但周围的环境却十分静谧不必担心喧闹。

（3）熟悉酒店的各项服务内容，附加的小利益往往起到较好的促销作用。

（4）需要多一些耐心和努力。

（二）针对"价格敏感"客人的销售技巧

（1）总台员工在报价时一定要注意积极描述住宿条件。

（2）提供给客人一个选择价格的范围，运用灵活的语言描述各种房型的设施优点。主打"超值"，即物有所值、物超所值。

（3）熟悉本酒店所提供的特殊价格政策，认真了解价格敏感型客人的背景和要求，采取不同的销售手段，给予相应的折扣，争取客人住店。

 案例

巧妙推销豪华套房

某天，北京某酒店前厅部的客房预订员小王接到一位美国客人从上海打来的长途电话，想预订两间标准双人客房（120美元/晚），三天以后开始住店。小王马上翻阅了一下订房记录表，回答客人说由于三天以后酒店要接待一个大型国际会议，标准间客房已经全部订满了。小王继续用关心的口吻说："您是否可以推迟两天来，或者您选择去其他酒店入住？"美国客人说："你们酒店比较有名气，还是希望你给想想办法。"小王感到应该尽量勿使客人失望，于是接着用商量的口气说："感谢您对我们酒店的信任，我们非常希望能够接待像您这样尊贵的客人，请不要着急，我很乐意为您效劳。我建议您和朋友还是按原来的时间来北京，先住我们酒店的豪华套房，每套收费给您一个会员价220美元/套。豪华套房位于酒店最好的楼层，在房间内您可以看到美丽的景色，室内有精美的装饰，提供的服务也是上乘的，包括免费接送机、免费洗熨衣等服务，相信您入住后一定会满意的。"

小王说到这里故意停顿了一下，以便等客人的回话，对方沉默了一段时间，似乎犹豫不决，小王于是开口说："我料想您并不会单纯地计较房费的高低，而是在考虑这种套房是否物有所值，请问您什么时候乘哪班车来北京？我们可以派车到车站来接，到店后我陪您和您的朋友一行亲眼去参观一下套房，您再决定也不迟。"美国客人听小王这么一说，倒感觉有些盛情难却了，最终答应先预订两天豪华套房。

【案例分析】

前台服务员推销时，一方面要通过热情的服务来体现，另一方面则有赖于主动、积极的促销，需要销售人员掌握顾客心理，善于使用语言技巧。

案例中的小王在促销时注重"利益诱导原则"，将客人的思路引导到注重房间的价值，而非价格上。小王的一番话使客人感觉到自己受到尊重，在这种情况下，客人很难拒绝这个不错的选择，从而实现了酒店的升级销售。

（资料来源：作者收集整理）

思考与练习

（一）单选题

1. 以下对于宾客投诉的认识，哪一项是错误的？（   ）

A. 宾客投诉有利于酒店发现自身问题

B. 宾客投诉会破坏酒店声誉

C. 宾客投诉处理得好，会为酒店赢得忠诚顾客

D. 宾客投诉有利于提升酒店服务质量

2. 万豪集团倡导的处理宾客投诉的步骤，首字母缩写为（　　）。

A. LEARN　　　　B. LATTE　　　　C. CARE　　　　D. SPG

3. 以下哪一项不属于宾客结账离店的流程？（　　）

A. 收取房间钥匙，询问宾客是否发生其他消费

B. 前台与客房部联系，客房服务人员查房

C. 帮宾客打包个人物品

D. 为团队客人制作两份账单——团队主账单和分账单

4. 在什么情况下，酒店不用收取住店客人的押金？（　　）

A. 即将与客人所在公司签订长期合同

B. 顾客的芝麻信用分达标，且酒店参与飞猪信用住计划

C. 步入（walk-in）客人

D. 酒店管理人员的亲戚住店

5. 下列哪一种报价适用于价格较低的房间？（　　）

A. "冲击式"报价　　　　　　　　B. "鱼尾式"报价

C. "夹心式"报价　　　　　　　　D. "直接性"报价

（二）多选题

1. 酒店金钥匙（礼宾部主管）需要掌握哪些业务知识和技能？（　　）

A. 通晓多种语言

B. 熟悉本地主要旅游景点

C. 掌握医务技能

D. 熟悉本地交通情况

2. 王先生携太太连续五年在结婚纪念日入住某五星级酒店，酒店可以在哪些方面为王先生夫妇提供超出其期望的入住体验？（　　）

A. 从客史档案里熟知王先生夫妇的喜好，设计惊喜环节

B. 提前布置客房，营造浪漫氛围

C. 在酒店顶层的旋转餐厅为王先生夫妇预留位置

D. 将王先生及太太在酒店的珍贵照片做成电子相册，配上感人的音乐或文字

3. 前台销售的艺术包括下列哪些？（　　）

A. 利益打动

B. 将价格压到最低

C. 选择适当的报价方式

D. 客人犹豫不决时,多提建议,必要时带领客人进客房参观

4. 欢迎卡有哪些作用?(　　　)

A. 向客人表示欢迎,表明客人的身份　　B. 有一定促销作用

C. 起向导作用　　　　　　　　　　　D. 起声明作用

5. 门童为客人拉关车门时的原则有哪些?(　　　)

A. 先女宾后男宾　　B. 先外宾后内宾　　C. 先老人后小孩　　D. 先晚辈后长辈

(三)简答题

1. 礼宾部的主要工作职责是什么?

2. 如何提供优质的礼宾服务?

3. 前台接待流程包括哪些步骤?

4. 前台销售方法有哪些?针对不同类型的客人应该采取什么样的销售方法?

第四章 酒店总机服务与行政楼层管理

本章导读

总机是酒店内外信息沟通联络的枢纽，也是对客服务的第一线。总机话务员在电话里倾听客人需求并做出及时反应。行政楼层是酒店展示优质服务的重要窗口，入住行政楼层的客人大多是酒店的VIP客人，需要服务人员掌握前台接待、餐饮服务、对客沟通等多种技能。

学习本章的内容，可以掌握基本的总机服务要求与技能，掌握基本的行政楼层服务要求，并加深对酒店前厅部系列综合服务整体性的理解。本章主要阐述酒店总机服务和行政楼层服务的岗位职责、工作任务和要求，对相关知识做了介绍。初学者的学习重点在于总机服务和行政楼层服务的工作内容、程序和服务要求，而对于前厅部的管理者，如何提升总机服务和行政楼层服务的效果和效率是其思考的重点。

学习目标

知识目标
1. 理解和掌握总机服务岗位职责、工作任务和要求。
2. 理解行政楼层服务特点和工作要求。

能力目标
1. 掌握总机服务工作要求，能够妥善处理各种突发情况。
2. 能观察行政楼层顾客需求并为其提供优质服务。

 引导案例

张先生到北京出差。由于航班延误，张先生到达酒店的时候已经是深夜了。因为第二天上午10点要参加一个重要的会议，所以入住当晚，张先生便打电话给前台要求第二天早上8点整叫早。前台立刻通知了总机。第二天早上7：50左右，正好有个电话转入张先生房间，于是话务员先为其转接了电话。5分钟后，正好是8点整，话务员打电话给张先生，房间电话占线。10分钟后，话务员再次拨打张先生房间的电话，依然占线。于是总机断定张先生已经醒了，就没再继续打电话叫早。事情后来的结果是，因为窗帘很遮光，疲劳的张先生接完电话后并没有看时间，而是以为时间尚早便继续睡了。张先生没能按时醒来，耽误了要参加的重要会议，总机也遭到了投诉。

请分析：

1. 你认为这次叫醒服务的问题出在哪里？
2. 总机应该如何处理，才能避免出现这样的失误？

第一节　总机服务

总机房是酒店前厅部的重要组成部分。电话作为常见的通信设备，也是客人普遍使用的沟通联络方式。所以，一家酒店如果总机系统性能完善、服务周到，不仅可以很好地展现酒店的服务质量和实力，更可以高效地为客人服务，给客人留下专业和可以信任的好印象。

一、酒店总机的业务范围

酒店总机主要承担的工作内容有：电话咨询、转接和信息的传达，长途电话；为客人提供叫醒服务（Wake up Call）；提供"请勿打扰"（DND）电话服务；提供电话找人服务；受理电话投诉；接受电话留言服务；办理国际、国内长途电话事项；临时联络中心，播放或消除紧急通知和说明；播放背景音乐等。但因为酒店管理模式的差异，总机承担的业务也不尽相同，例如，有的酒店总机还承担着订房、订餐、客房中心的信息服务等，为宾客提供一站式总机服务。

二、酒店总机的组织结构和岗位职责

大型酒店的总机一般设置主管、领班和话务员岗位；中小型酒店一般设置领班和话务员岗位。

（一）总机主管

酒店总机的主管全面负责酒店总机部门的工作。首先，要统筹安排本部门的各项工作，包括制定工作条例、员工行为规范、工作计划等，向前厅部经理汇报工作；确保总机系统正常运行，精通总机范围内的所有业务知识，对话务员进行业务和职业道德素养培训，确保为客人提供高质量的话务服务；同时，总机主管还要做好部门的日常工作监控，包括员工考勤和评估、房态变化、班次调度、话务统计和报告、处理客人投诉，关注酒店 VIP 客人的相关服务等，并要协调总机与酒店其他部门之间的关系，保持彼此间的沟通顺畅，为酒店前厅的运营做好基础保障工作。

（二）总机领班

酒店总机的领班直接对总机主管负责，熟悉总机的各项业务，执行主管分派的各项任务。主管不在时，能替代主管进行工作。领班的职责一般为：协助主管制订工作计划，提供相关的记录、报表和统计分析、总结等；协助主管督导话务员按规程进行工作；与话务员一起完成总机的日常工作，帮助安排当班话务员的具体工作、调度等；处理话务员的疑难问题及客人投诉；掌握酒店的信息，并及时传达本部门的话务员；协助内部员工培训；协调总机内部和外部关系、了解员工状况，并及时与主管汇报和沟通。

（三）总机话务员

酒店的总机话务员是对客服务的一线员工。他们在电话转接、问讯、留言、叫醒和免打扰等各项业务中，直接为客人提供服务。其主要工作职责为：能够认真做好交接班工作，每天阅读交接班记录；按工作程序迅速、准确地转接每一个内外线电话；熟悉有关问讯的知识，熟记酒店的各种信息及客人常问问题，对客人的询问要热情、有礼、迅速地应答；自觉遵守通信保密制度；准确地为客人提供叫醒服务；掌握店内组织机构，熟记常用电话和酒店所有内线电话号码，熟悉店内主要负责人和各部经理的姓名和声音；熟悉市内常用电话号码；掌握总机房各项设备的功能，操作时懂得充分利用各功能键，爱护总机房内的设备，保证通信设备整洁，维护其正常工作；负责酒店音响使用，熟悉背景音乐和应急广播的操作；熟练操作电脑，熟练使用中英文应答和岗位专业英语；每天制作电话统计表等。

三、总机话务员的素质要求

总机话务人员虽然不与客人面对面，但每天要处理大量的电话业务，通过声音与客人完成交流。客人往往会因为一个电话中话务人员的某句话、某个措辞、某种语气等，形成对酒店的认知和评价。因此，酒店对总机工作人员的素质要求相对较高，既要专业知识和技能，还在语言沟通、服务意识等方面有较高的要求。

（一）总机话务员素质要求

总机话务员应坚守岗位、忠于职守、声音甜美、态度亲切、礼貌应答、平等待客、耐心细致、讲求效率；遇到日常工作以外的情况或突发事件，不要擅自处理，应及时上报主管，通知有关部门领导，并做好记录；掌握网络设备的功能、操作使用程序和注意事项，严格遵守操作程序；自觉遵守各项规章制度和员工守则，不得利用工作之便与客人拉关系，不得在电话中与客人谈与工作无关的话题，不得泄露秘密、违反有关法规和外事纪律等。

（二）总机话务工作流程

（1）按时到岗，进行交接班。查看上一班次工作记录，特别关注叫醒服务、留言服务和其他特殊情况的进展。

（2）了解当天天气情况、VIP客人情况。

（3）开展正常的话务工作，特别是完成本班次该完成的叫醒等重要服务。

（4）交接班。将本班次的通信情况、叫醒情况和VIP客人的情况认真填写到"交接班记录"上并签名。

（三）总机话务基本礼仪

话务工作通过声音沟通来完成，具有明显的特殊性，这就要求幕后的话务员能够将优质的服务质量通过训练有素的声音和服务礼仪表现出来。

（1）保持话务畅通，总机铃响三声内及时应答，为客人提供服务。

（2）发音清晰、标准，声音悦耳，语速、语调适宜。

（3）礼貌应答，文明用语。

（4）话务员接听电话时，首先应问候客人并自报家门，礼貌询问客人的需求。如遇客人投诉或情绪激动，也应始终保持友好平和的语气。

（5）话务员遇到一时无法解答的问题时，应礼貌地请客人稍候，立刻查询或将电话转交相关管理人员处理。如仍无法解答，回复客人时应诚挚致歉。

（6）电话结束前，真诚感谢客人致电；确定客人挂断电话后，方可轻轻挂断电话。

 **相关链接**

日本某酒店的总机，他们的工作人员每天上班不是立刻去接转电话，而是先到机房开嗓子，练习发声，每天如此。他们把双手压在腹部，看着门上的海报，逐字将日文五十音、接听电话的基本用语及比较难念的词汇清晰地念完一轮，才可以正式上线。这

样的练声大约需要3分钟。该酒店总机负责人说,我们要求话务员每天提前5分钟到岗。上线前发声练习是他30年前入社就有的传统,就像早上起床必须先刷牙洗脸一样,目的是叫醒嗓子。原因很简单,员工每天刚上班时,嗓子还没清醒,导致声音有时会不太能发出来,但不会注意到这些,话务员也不能将此作为理由。一旦接起电话,话务员说出口的第一个字就要清晰甜美、传递热情;对于音量、声音的情绪和音调的高低,也都必须控制得恰到好处,否则就是失礼。

(资料来源:作者收集整理)

四、总机工作内容和服务流程

总机在为客人提供相关的各项服务时,无论是常规服务还是特殊情况,都既要注意工作时的认真、负责、热情、周到,还要注意各项服务的基本程序,才能保证为客人提供优质的服务。

(一)应答服务

应答外线和内线电话,是总机的常规工作,主要包括电话转接、留言、问讯等,基本流程和要求为:在铃响三声内接听电话;使用规范用语与客人沟通,声音甜美,吐字清晰,态度亲切自然,认真听取客人的需求。要求转接迅速、准确,确保客人通信安全,转接时播放悦耳的音乐;留言服务需重复客人的信息资料,确保全面、准确。

对于常见查询问题,话务员应立刻给予回答。对于不能当时应答的问题,话务员应在认真聆听和确认客人的问题后,礼貌地请客人稍候,查询后再回复;对于一时无法回复的问题,话务员应请客人留下联系方式,一经解决,立刻回复;如问题最终无法解答,话务员在回复客人时,讲明情况并诚挚道歉。这类问题同样做好记录,作为客人感兴趣的问题,之后再收集资料、整理备用。

(二)叫醒服务

叫醒服务既是总机的一项常规工作,也是总机非常重要的一项工作。从引导案例中我们可以看出,总机的"优质服务"不是一个简单的口号,而是通过一点一滴的服务细节才能实现。

叫醒服务的基本流程和要求为:

(1)接到客人的叫醒服务预订后,话务员应首先将客人的姓名、房间号、叫醒时间、是否需要二次叫醒以及经手人、来电时间等信息记录好,并复述请客人确认。如果是团队客人叫醒服务,更要认真确认所有的客人和房间号。

(2)准确地将叫醒信息输入机器,并认真核对。

（3）实施叫醒服务时，还须提前再次核对，保证准时叫醒客人；叫醒时，应礼貌亲切向客人问好，提示叫醒时间已到。对于团队叫醒，要确保所有客人没有遗漏。对于未按时叫醒或无人接听等异常情况，话务员应立刻通知客房服务员作人工补叫或通知相关部门查看情况。

（4）叫醒服务完成后，话务员还要将本次叫醒工作的过程记录备案。

叫醒服务中，如果客人预订叫醒的时间为白天或夜间很晚才预订叫醒服务，话务员应周到地征求客人的意见，该时间段内是否接听转进的电话。若客人表示不接听，则为其房间设置为电话勿打扰状态。

通过上述叫醒服务的程序和注意事项，不难看出，引导案例中叫醒服务失败的原因就在于，话务员没有按流程进行完整的叫醒服务，而是下意识地认为客人接了电话经醒了。工作中没有得到确认的事情不能凭自己的想象，而是一定要按照工作流程来做，不能想当然。在没有确认客人已经醒来的情况下，意味着叫醒服务没有完成，应继续按预计划执行。此案例中，话务员遇到了同时有转接电话的情形。这种情况下，最好的方式是先给客人房间打叫醒电话，提示客人叫醒时间已到，再将其他电话转入。这样就可以避免失误，不会耽误客人的事情。

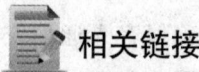

相关链接

人工叫醒基本语言：早上/下午/晚上好，××先生/女士，这是为您提供的叫醒服务。现在是早上/下午/晚上××点钟。今天的天气××，气温××摄氏度，祝您度过愉快的一天！

Good morning/afternoon/evening. Mr./Ms.××. This is your wake-up call. It is ×× O'clock. Today is ××. The temperature is ×× centigrade. We wish you have a good day!

（三）"请勿打扰"电话服务

当客人提出了"请勿打扰"电话设置要求时，话务员首先应礼貌地向客人询问并确认相关的各种信息，包括客人的姓名和房间号、"请勿打扰"电话设置的起止时间、在此期间是否需要留言服务、如何回复来电客人等，并准确记录；然后将客人的房间设置为"请勿打扰"状态；填写好接到预订免打扰电话的时间和经手人，并通知所有当班话务员。

总机在为免打扰房间转接电话时，须严格按客人的要求礼貌地回复来电客人，建议其留言或等房间电话免打扰结束后再致电，同时做好记录和交班。

客人免打扰设置时间结束后，总机应及时为客人房间电话解锁，并做好记录。

（四）特殊（紧急）情况处理

客人入住酒店，对人身和财产的安全需求是第一位的。酒店的安全和紧急状况通报及临时联络中心一般设在总机室。所以，总机话务员对于特殊情况，特别是安全和紧急的状况处理一定要非常熟悉，能够头脑冷静地按流程工作，快速、有效地使问题得到最佳的处理，最大限度地降低和避免客人和酒店的损失。

1. 火警警报和电话

总机话务员听到火警警报器响时，应立即查看信号灯指示位置，记录响铃区域，了解情况并通知值班经理、工程部和保安部到事故现场查看；接到火警电话时，应立即弄清楚火灾的发生地点和火情，并第一时间通知到相关负责人及部门，并坚守岗位、做好后续临时联络中心的工作。

2. 电梯警铃

话务员听到电梯警铃声响起时，总机话务员应立即接听回应，问询清楚情况；同时安抚客人的情绪，请客人不必担心，酒店电梯都有专人负责，做定期的保养和维护，会立即处理；然后立即通知工程部和值班经理、部门经理进行处理；事后做好过程记录备案。

3. 其他突发情况

酒店的日常运营中，有时还会遇到其他一些突发情况，如客人求助、突然停电、地震、恐吓电话等。遇到这些突发情况，总机话务员也要能熟练地进行处理，为酒店的正常运营提供保障。如果突然接到客人的求助电话，应询问清楚情况和所需信息，并立即报告或通知前厅部、客房部等相关部门予以帮助和解决；如遇到突然停电、地震等紧急突发情况，总机要熟练应用通报广播词，清晰准确地向客人通报事情的状况、酒店的处理措施和注意事项，并代表酒店向客人致歉、安抚客人的情绪，感谢客人的配合；如接到恐吓电话，话务员应保持镇静，详细记录来电号码、时间、内容、来电声音特征等，立刻通知保安部和相关负责人，并坚守岗位，快速、准确无误地传递信息和指挥命令，同时注意保密。对于各种突发情况，话务员务必保持冷静，按程序处理。事后，总机均需要做好整个事件的过程的详细记录和备案工作。

【课堂思考】

1. 酒店总机应答服务中，如果遇到来电方无声音电话，该如何处理？
2. 酒店总机话务员接到住店客人投诉电话时，应按什么样的程序进行处理？

第二节 行政楼层管理

一、行政楼层服务的特点

"行政楼层"（Executive Floor）是高星级酒店为高档商务客人，提供优质服务而专门设立的楼层，一般位于酒店的最好楼层，相当于酒店中的小酒店，即"店中之店"，通常隶属于前厅部。随着时代发展，行政楼层的客源也在不断丰富，一些观光型客人也选择行政楼层，看中的是行政楼层提供的贴心服务。

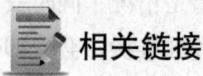 相关链接

女子商务楼层的出现

随着女性工作者的逐渐增多，女性商务客人也在增多，有些酒店也开设有女子商务楼层。美国阿尔伯克基希尔顿旅馆早在1974年就开辟了一个妇女专用楼层，是美国最早设有这种特殊服务的旅馆。日本著名的王子酒店集团在长崎的酒店就保留第14层楼的客房专供女性宾客或女性国际商务旅游者使用。女子商务楼层更加注重房间的装饰布置，会增加一些女性用品和零食等。

（资料来源：作者收集整理）

在很多酒店里，行政楼层又被称为"豪华层"，入住行政楼层的宾客不仅可以得到在行政楼层办理入住登记和结账离店的便利，同时还可以享受行政酒廊、免费会议室等增值服务。

（一）入住手续、退房手续办理简便快捷

入住普通客房的客人可能会遇到前台办理入住排长队的情况，而行政楼层的客人，不必在大堂总台办理住宿登记手续。行政楼层设有独立的前台，客人乘电梯抵达行政楼层，由接待员带到行政楼层的接待处或行政酒廊休息，服务人员端出早已准备好的欢迎茶，客人可以悠闲。入住过一次以上的客人，接待员的登记单和钥匙都会提前准备好，客人只需要签字确认即可。接待行政楼层客人的流程如下：

1. 客人到店前的准备

VIP客人指非常重要的客人，行政楼层服务人员要提前了解VIP的喜好、生活习惯和行程安排等，能够叫出客人的姓名和头衔，给客人一种被酒店充分重视的感觉；并且仔细检查所要入住房间各项设备是否齐全和正常，对房间进行重点清洁，提前对房间空气进行净化处理，及时更换各类印刷品、易耗品及相关贵宾用品，提前准备好欢迎茶水和小方巾。

2. 高级别VIP客人到店时和住宿期间

在客人抵达房间前打开房门，由楼层和管家（bulter）在楼层电梯口提前列队欢迎，然后引领到房间门口，并送上欢迎茶水。客人每次外出管家都在门口等候客人并引领客人至电梯口，然后要对房间进行小整理；同时还要观察VIP生活习惯、爱好等，及时调整服务方法，灵活提供服务项目，并及时补充易耗品，对房间做好跟踪服务；建立客史档案。领班须每天检查房间设备、设施及卫生情况，发现问题及时解决；中班在客人用餐、外出时更换用品，再次清洁房间开夜床，配鲜花、小点心等。

3. 客人离店时

在VIP退房时，领班和管家在电梯口等候，为客人开电梯，然后仔细检查房间有无遗留物品，如及时报送至大堂副理处。客人不需要在前台办理离店手续，在酒店行政楼层办理快捷结账离店即可。高级别VIP客人可由管家代为办理。

（二）行政酒廊、会议室等增值服务

1. 行政酒廊

行政酒廊是行政楼层公用的休息区，为客人提供早餐、下午茶、Happy Hour时段，只对入住行政楼层的客人开放。客人可以在这些时段内自助早餐、下午茶、鸡尾酒和小食，行政酒廊全天都提供咖啡、茶和软饮料。客人可以在这里用一些简餐，还可以等待办理入住手续（Checking-in）和离店手续（Checking-out），及从事其他休闲活动等。

2. 会议室

行政楼层还有一些小会议室供客人使用，通常行政楼层客人每日可以免费使用私人会议室两小时。

3. 商务中心

商务中心提供传真、直拨电话、留言电话、文字处理及打印复印等服务，这其中有些是限次免费。

4. 其他服务

免费使用宽带上网，每日中英文报纸，免费接送机/站服务，有些酒店还制作刺绣宾客个人姓氏的睡袍，限额的免费洗衣、熨衣服务。退房时间也可以免费延长至16：00。

相关链接

这些附加服务往往是最吸引客人的地方。例如,可以延迟退房这项服务对于入住行政楼层的客人是非常有吸引力的项目,因为超出酒店的退房时间一般都需要支付半天的房费,如果是下午六点以后,要支付一天的房费,因此很多客人会选择直接入住行政楼层。另外,免费洗衣、熨衣服务,也是十分吸引客人的一项服务。入住行政楼层的大多是商务人士,客人的西服放在行李箱内会产生褶皱,但是客人可能晚上就需要会见客户,所以几小时后就急需使用,酒店考虑到这一细节,提供免费洗衣、熨衣服务,只要客人有需要,只需和接待员说一声,接待员就马上通知客房部去把客人的衣服拿去洗衣房熨一下,再用衣罩罩起来,提着送回房间。如果客人临时在几个小时内就要拿到干洗衣物,酒店一般要收取50%~100%的加急费,而对于行政楼层的客人来说是免费的。

(资料来源:作者收集整理)

(三)价格的基础是价值

行政楼层的房价虽然高一些,房价一般高出普通房价20%-50%,但行政房内使用的客用品、布草一般都比普通楼层的要好,个别酒店的洗浴备品也会和普通客房有区别,有些客房内还配备有复印机、打印机、传真机。商务客人选择住在行政楼层,并不只是为了享受这里独有的设施,他们更看重的是这里比普通客房更多、更细致、更人性化的服务。

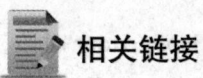

相关链接

行政楼层对客人喜好的了解程度甚至超过了其家人。某酒店的一名客人只使用特殊品牌的面巾纸,为了照顾她的需求,每次在她入住期间都为其在洗浴间准备这种特殊的面巾纸。某家媒体的老总入住酒店行政楼层时,虽然酒店没有订阅该老总属下的杂志,但是在他入住期间,随处可见其属下的杂志。行政楼层的服务人员细致地记下客人的每一个需求,客人多要一个苹果这种小需求都会一字不落地记录下来,因此行政楼层的客人对酒店的服务会感到十分惊喜和满意,由于众多的习惯被酒店记录下来,客人在这里觉得十分方便,因此一般不会更换酒店入住,回头客较多。

(资料来源:作者收集整理)

二、行政楼层员工的素质要求

行政楼层作为酒店中一个非常重要且高档的楼层,对服务人员的要求很高,以确保为客人提供贴心、细致、便利的服务。

（一）气质高雅，工作耐心细致，诚实可靠，礼貌待人

行政楼层作为酒店中非常重要的楼层，接待 VIP 客人，因此要求服务人员具有良好的外表形象，工作细致，耐心地为客人处理各种事情，办事令客人放心、舒心。

（二）知识面宽，有大学学历，英语流利

行政楼层的客人都是商务人士，有很多是外宾，需要服务人员具有较高的学识，能够用英语与客人流利地交谈，了解客人的需求，了解文化差异，准确把握客人的心理。

（三）有多年服务或管理经验，掌握服务技巧

一般在行政楼层服务的员工要具备两年以上前台服务经验，熟练掌握行政楼层各项服务程序和工作标准，熟悉前台操作系统，能够准确地叫出顾客的名字和顾客打招呼。

 案例

小李刚调到行政楼层服务，经过培训后觉得自己已经掌握了服务流程，充满信心地上班去，一个上午的接待工作也十分顺利。到了中午，来办理入住的 VIP 客人突然多了起来，小李接到一位客人王先生的电话，王先生表示自己不能来了，要取消预订。就在此时又来了一位客人办理入住，小李连声答应礼貌回应王先生后，王先生挂了电话，她便开始为新来的客人办理入住。之后小李忘记了王先生来电的事情，还是将王先生的房费从卡中扣除，事后王先生打来电话投诉此事，小李才想起来好像中午是接到了王先生的电话。小李意识到了自己的错误，向经理道歉并保证下次不会再犯，但是经理仍然对她做出了处罚，小李委屈极了。

【案例分析】

行政楼层的 VIP 客人是酒店中十分重要的客人，因为他们大多数人在酒店的消费很高，经常入住酒店，是酒店的重要客源。面对这类客人，行政楼层服务人员需要具备良好的专业素质，做到工作认真细致，待客热情大方。酒店对行政楼层服务人员的素质和水平有更高的期待，对其要求也严格，案例中酒店对小李的处罚是期待她引以为戒，以后在服务行政楼层 VIP 客人时遵照工作流程，更加细心、谨慎。

（资料来源：作者收集整理）

（四）有较强的合作精神和协调能力

在行政楼层为客人服务的过程中，需要各个环节顺利交接，以确保客人享受一系列顺畅的服务，给客人带来良好的入住体验，这要求服务人员有较强的合作能力和协调能力，能够反应迅速，妥善快速地处理好各种突发事件。

（五）善于与宾客交往，掌握处理客人投诉的技巧和艺术

行政楼层服务人员知识面较宽，能够和客人在很多话题上建立交流，赢得宾客的尊重和好感。在处理客人投诉时，行政楼层经理和服务人员在应用酒店标准的投诉处理流程和技巧的同时，还能更为敏锐地了解客人主要诉求，更好地引导客人的情绪，更为快速地协调资源，为客人切实地解决问题。

思考与练习

（一）单选题

1. 下面哪一项不属于对总机房员工的素质要求？（　　）

　A. 工作态度认真　　B. 外形美丽　　C. 口齿清晰　　D. 熟悉电脑操作

2. 客人来电，话务员必须在（　　）声内接起。

　A. 1　　　　　　　B. 2　　　　　　C. 3　　　　　　D. 4

3. 总机房话务员要避免让顾客在线等待超过（　　）秒。

　A. 10　　　　　　 B. 20　　　　　 C. 25　　　　　 D. 30

4. 行政楼层是高星级酒店为了接待高档商务客人等高消费客人，为他们提供特殊的优质服务而专门设立的楼层，通常属于哪个部门？（　　）

　A. 客房部　　　　 B. 前厅部　　　 C. 销售部　　　 D. 餐饮部

5. 客人需要的秘书性服务是由前厅部的（　　）部门提供的。

　A. 礼宾部　　　　 B. 总机房　　　 C. 商务中心　　 D. 宾客关系部

（二）多选题

1. 前厅部话务员接到火警电话时，应该（　　）。

　A. 立即亲自去现场查看

　B. 了解清楚火情及具体地点

　C. 通知 ERT（Emergency Responsible Team）去现场查看

　D. 如确认着火，组织扑救的同时，通知 CMT（Crisis Management Team）

2. 客人入住酒店行政楼层客房，可以享受哪些待遇？（　　）

　A. 在行政楼层办理入住登记手续

B. 在行政楼层办理结账离店手续

C. 享用行政酒廊下午茶

D. 免费 SPA

3. 行政楼层在 VIP 到店前应做哪些准备？（　　　）

A. 了解 VIP 喜好、生活习惯和行程安排

B. 更换房间壁纸

C. 提前对房间空气进行净化处理

D. 准备好欢迎茶水和毛巾

4. 酒店总机包含以下哪些服务内容？（　　　）

A. 叫醒服务　　　　B. 电话转接服务　　　C. 打印服务　　　D. 免打扰服务

5. 前台销售的一般要求是下列哪些？（　　　）

A. 仪表仪态端正　　　　　　　　　　B. 熟悉酒店各类客房

C. 不要夸张宣传　　　　　　　　　　D. 英语六级

（三）简答题

1. 总机的服务内容有哪些？
2. 怎样成为一名优秀的酒店总机话务员？
3. 行政楼层 VIP 客人接待流程有哪些？

（四）案例分析题

1. 案例一：酒店总机夜班实习的难忘经历

孙翔是北京某大学酒店管理专业的应届毕业生，来酒店实习已经一个多月了。由于声音甜美、语言流利、性格温和，她被分配到了酒店总机话务员的岗位。酒店的总机工作需要倒班，24 小时提供对客服务，所以工作起来很辛苦，但孙翔觉得一切都还顺利，收获也很多。到岗的第一天，尽管已经很清楚总机话务员的职责，孙翔还是认真地阅读了本部门的管理文件，做到心中有数。她还要求自己在短时间内大量识记了酒店和本地的常用电话号码，还细心熟悉了酒店内部相关部门负责人的声音特征，每天认真记录，做好交接班。一个月下来，除了练就能够礼貌而流畅地应答各种电话，孙翔还在一次次真实的电话服务中，慢慢体会出按流程工作的重要性。流程不仅确保了工作不出现失误，还会使工作的效果得到提升。接下来的实习时间里，孙翔心里给自己确定的目标是，进一步提高自己与客人沟通时的语言和服务能力，特别是遇到事情比较复杂的时候或者是接到客人投诉电话的时候。正当孙翔为自己的实习课程能够顺利进行感到高兴的时候，一件让她意想不到的事情发生了。

那天，正好赶上孙翔的夜班。当时已经是夜里零点多了，酒店 1403 房间的蔡女士打来电话。原来，当时才回到房间的蔡女士发现电话的留言灯一直在闪，来电询问是

否有留言。这还是孙翔第一次遇到留言服务方面的来电，她立刻礼貌地请客人稍等，并很快在系统里查到了蔡女士确实有一条留言没有收听。于是她将如何收听留言的方法告诉了客人，然后等客人挂了电话后才轻轻挂断电话。但不到一分钟的时间，孙翔再次接到客人的电话，原来蔡女士在收听留言的时候，不小心手里的东西正好掉落到了电话机上，切断了留言，语音没有听全。孙翔立刻安慰客人，并告知客人她会马上检查留言系统。检查时她发现系统里显示该条留言已收听。若要再次提取该留言，只能回到语音信箱里查找，而且可能会需要点时间。虽然这样的操作孙翔以前从来没有做过，但她还是沉着地请客人稍候，她查找完毕再给客人回电话。深夜里，听着孙翔柔和礼貌的声音，虽然很想立刻就能休息的蔡女士，欣然接受，提醒孙翔尽快回复后，挂断了电话。

几分钟过去了。孙翔反复操作还是没能找到蔡女士的留言，虽然她感觉系统不复杂，自己应该能找到，但她还是开始有些着急了。为了不让客人久等，她立刻想到应该告知客人，请客人先休息，自己再想办法。于是，她拨通了客人的电话："您好，蔡女士，实在抱歉，虽然我反复尝试，一时还是未能找到您的留言。请您给我点时间，我再试试或者与相关技术人员联系一下，您看可以吗？"听到客人那边犹疑地"嗯"了一声后没再说话，孙翔立刻明白了客人的意思，她继续说："我会尽快找到，现在已经是深夜，我担心耽误您的休息。不知道您是否特别着急这条留言，如果几分钟或半小时内找到，您看是否需要我立即致电您。如果需要的时间较长，明早您看几点致电您合适？"蔡女士看了看时间，告诉孙翔，如果半小时内找到，立刻打电话给她，如果超过半小时，就明早六点再联系她。

挂断电话后的孙翔，再次仔细研究系统，把所有留言又认真核对了一遍。突然，她注意到系统里之前一直没有留意的"已删除留言"项。她赶紧打开，还真的看到了很多留言信息。孙翔立刻核对蔡女士的留言时间，终于筛选出那条留言。这时，距离上次挂断电话过去还不到10分钟。孙翔很高兴地拨通了蔡女士的电话，客人也确定了正是这条留言。孙翔说："蔡女士，这次实在是给您添麻烦了，我是一名实习生，耽误了您的时间，非常抱歉！"蔡女士听了，哈哈一笑，对孙翔说："没关系的，我还要谢谢你啊！虽然你现在可能还不是一位优秀的话务员，但作为一名实习生，你很优秀，我很满意你的服务！"事后，孙翔在自己的实习笔记上记录了这次经历："虽然得到了客人的夸奖，但自己确实对业务还有缺漏，没能做到百分百熟悉，留言服务的技能还没完全掌握；而且这次事情发生得比较急，又值深夜，自己还是表现得不够沉稳，反复致电让客人等待……"

请分析：

（1）案例中的孙翔是如何获得客人的好感和信任的？

（2）总机话务员如何才能提供优质的对客服务？

2.案例二：行政楼层服务流程

某酒店行政楼层某天入住了一位客人王先生，是酒店的VIP客人，并且办有储值卡，入住当天他对接待员说："明天我有位朋友李先生也来行政楼层入住，到时候让他用我的VIP卡开一间房间即可。"随后将朋友的信息告诉了接待员。然而第二天客人的朋友李先生来行政楼层前台时，却被告知需要王先生亲自来前台确认，才能用王先生的卡为朋友开房，否则无法办理，而此时王先生还没有回到酒店，他的朋友李先生又在行政酒廊等了很长时间，王先生从外面匆匆忙忙地回来，一脸的不高兴，还对服务人员说："我昨天不是跟你们说过了吗？还需要我来确认什么？"最后确认这位先生是王先生说的那位朋友，赶快为他们办理入住并赔礼道歉。

请分析：

你认为本案例的行政楼层服务流程中出现了哪些问题？应如何妥善处理？

第五章 酒店前厅部宾客关系管理

本章导读

高档酒店的前厅部专设宾客关系管理部门,建立、维护及发展与宾客之间的关系。宾客关系管理部门的工作重点是酒店的 VIP 客人/会员客人。大多数知名酒店集团都有自己独具特色的会员制体系,因此也成立了相应的宾客关系管理部门。酒店为每位客人建立客史档案,客人的每一次入住、每一项需求都在客史档案中进行动态更新,积极倾听顾客的声音,妥善处理顾客的投诉,在 VIP 客人抵达前、住店中及离开后提供全过程无微不至的服务,使顾客对酒店留下美好印象。

学习目标

知识目标
1. 理解客史档案管理对于酒店经营的意义。
2. 掌握客史档案的类别。
3. 掌握宾客投诉处理的要领。

能力目标
1. 能够观察客人喜好,为客人提供个性化服务。
2. 能够妥善地处理宾客投诉。

第一节 客史档案

客史档案是酒店重要的资产,记录客人基本信息、住宿及用餐偏好、每次入住消费情况等信息。酒店在与客人的每一次接触中都注意收集其信息,目的是提供更符合客人心意,甚至是超出客人期望的服务。酒店要注意对客史档案的管理,确保客史档案的安全性,确保客史档案仅为顾客提供优质服务使用,不能向外泄露顾客个人信息。

一、建立和管理客史档案的意义

（一）为宾客提供更贴心的服务

为宾客提供贴心服务的前提是充分地了解客人的喜好。建立、丰富及不断完善客史档案，可以准确地了解到每位顾客潜在的和真实的需求，想客人之所想，将服务工作与客人需求紧密结合，使客人拥有美好的入住体验。

（二）吸引回头客

为每一位初次入住酒店的客人建立客史档案，留下客人的联系方式，通过为客人推送节庆促销信息、酒店新产品及服务信息，在客人过生日的时候送上生日祝福等举动，建立与顾客之间的情感联系，从而使顾客成为酒店的回头客。

（三）培养忠诚顾客

酒店维系忠诚顾客所付出的经济成本远远小于开拓新客户的成本，这也是各大酒店集团积极开展忠诚顾客计划的原因。用客史档案记录客人每一个喜好，例如，喜欢住什么楼层，吃什么样的食物，几点钟去健身，健身时是否爱看每日财经播报等。客人喜欢入住了解自己的酒店，客人在享受贴心服务的同时，也降低了与酒店的沟通成本。

（四）提高酒店经济效益

忠诚客人的多次入住为酒店提供稳定的经济收益。客人满意于酒店的服务，信任酒店产品和服务的品质，会乐于购买酒店的包价产品和升级服务。由顾客满意所带来的潜在业务收益可能超越酒店的期望，例如，某公司负责人在一次愉快的入住后可能决定将公司年会安排在此处举办。

 相关链接

酒店常用 OPERA 系统建立客史档案，它其实不是一个软件，而是针对一系列接待业服务形态的软件集合，其中 Opera PMS 是其核心部分，由于酒店前台是酒店业最早实现信息化的部分，所以 Opera PMS 也特指酒店的前台操作系统，这是一个纯英文系统，适用于酒店预订部、前厅部、财务部、客房部、销售部，几乎可以覆盖酒店的每个部门。

Opera PMS 是目前国际上最通用的酒店前台操作系统，它能满足不同规模酒店以及酒店集团的需求，为酒店管理层和员工提供全方位系统工具，以便其快捷高效地处理客户资料、顾客预订、入住退房、客房分配、房内设施管理以及账户账单管理等日常工作。同时，其强大的外接接口系统可以与POS（Point Of Sales）机、PSB公安系统、BMP支付卡系统、VingCard门锁系统等相连接。

Opera PMS系统的主要功能包括：

1. 客户资料管理。Opera PMS提供客户资料记录功能，全面记录统计包括个人客户、公司、联系人、旅行社、团队、订房中心以及零售商等各方面的资料，这些资料是整个Opera PMS工作的基础。可以帮助酒店改善服务质量，提供个性化服务；帮助酒店分析客源市场及利润来源并制定具有竞争力的市场营销策略。

2. 客房预订功能。Opera PMS提供了强大的预订功能，可以进行建立、查询、更新客人预订和团队订房等操作，并提供了确认订房、等候名单、房间分配、押金收取、房间共享、团队客房控制以及预留等功能。

3. 前台服务功能。前台服务功能主要用于为预抵店者和住店客人提供服务。该模块功能极其强大，可以处理个人客户、公司、旅行社，以及无预订客户的入住服务，还设有房间分配、客户留言、叫醒服务以及部门间内部沟通跟进服务等功能。其应用大大缩短了办理入住的时间，使客人的满意度得到提高，同时便捷的操作也获得前台员工的满意。

4. 收银服务功能。Opera PMS的收银服务功能包括：客人账单录入、转账分账、押金管理、费用结算、退房及账单打印等功能。该功能简单、易懂、高效，可以减少账目错误，保证交易安全。

5. 房间管理功能。Opera PMS中的房间管理功能，能宏观掌握房态的整体情况，有效监督实时房态信息，包括可用房、脏房、住客房、维修房等，这些信息将帮助酒店把房态冲突的可能性降到最低，有效地提高出租率和收入，同时可以有效地安排客房的清洁工作。

此外，Opera PMS系统还包括应收账款、佣金管理、报表、后台接口、功能设置等功能。

（资料来源：网络搜集整理）

二、客史档案的类别

（一）常规档案

常规档案包括宾客的姓名、性别、国籍、出生日期及地点、身份证号、护照签发日期和地点、护照签证号、职业、头衔、工作单位、单位地址及电话、家庭地址及电话等信息。酒店除了按照国家相关法规通过PSB（Public Security Bureau）系统向公安局报送客人信息之外，对于客人信息要尽到保密之责。常规档案中记录的所有信息都是为了方便酒店与客人沟通，为客人提供更好的服务。

（二）习俗爱好档案

习俗爱好档案包括客人的文化背景、宗教信仰、生活习惯、个人爱好等。例如，喜欢什么颜色或何类、何种食品，喜欢什么时间清理房间，对房间布置有何具体特殊要求。习俗爱好档案客房服务人员在日常清洁工作中应细心发现、详细记录。在清扫客房的时候可以发现客人喜欢喝什么酒水，如一位客人酷爱可乐，每次入住酒店时都会把小冰箱的可乐一扫而空，那么在给客人配备小冰箱饮品时可以多配一些不同品种的可乐。

顾客消费需求特点、行为特征、个人嗜好等信息。阅读习惯、娱乐喜好，饮食习惯、爱好等，尽力为客人提供符合甚至超越客人期望的服务。

（三）反馈意见档案

许多酒店的客房内会放有纸质的宾客意见卡，顾客可以写上对酒店的意见和建议；或者采用网络问卷的方式，了解客人对本次入住的体验。

宾客意见卡或调查问卷主要收集客人在以下方面的反馈意见：

（1）了解客人对酒店产品和服务的态度。

（2）客人对酒店的哪些产品和服务非常满意。

（3）客人对酒店的哪些产品和服务还不太满意。

对于很多客人反馈的共性问题，酒店应思考客人还不太满意的产品和服务的提升空间，制定改进策略并采取行动，让客人在下次入住时更满意。

第二节　赢得忠诚顾客

一、建立良好宾客关系

高档酒店在前厅部设置宾客关系管理部门，由宾客关系主任（GRO, Guest Relation Officer）负责建立、保持和提升与宾客的关系。宾客关系主任地位往往高于前厅其他主任，是大堂副理和值班经理的后备人选。

（一）宾客关系主任主要职责

（1）协助值班经理执行和完成值班经理的所有工作。

（2）协助值班经理欢迎贵宾以及安排团队会议临时性的特别要求。

(3)欢迎并带领 VIP 客人入住客房。

(4)负责带领有关客人参观饭店。

(5)处理客人投诉。

(6)征求客人意见,做好记录,可作为饭店日报或周报的内容。

(7)留意、巡查饭店公共场所的秩序。

(8)与饭店其他部门进行合作沟通,发展饭店与客人的良好关系。

(9)在值班经理缺席情况下,行使值班经理的职权。

(10)完成值班经理指派的其他任务。

(二)宾客关系主任接待 VIP 宾客的工作流程

(1)VIP 宾客到达前,确定客房已按 VIP 等级和客人要求配置完毕,例如,配置礼品、蛋糕、鲜花、手写欢迎信等。

(2)VIP 客人到达时,迎送客人至客房,解释酒店及客房设施,重要的、高级别的 VIP 客人由前厅部经理甚至是总经理亲自出面接待。

(3)VIP 客人入住后,与客人保持良好关系,为客人提供帮助,处理 VIP 客人的特殊要求。

(4)VIP 客人结账离店时,进行告别,询问客人入住感受,邀请客人下次光临。

二、提供超出宾客期望的服务体验

(一)服务的层次

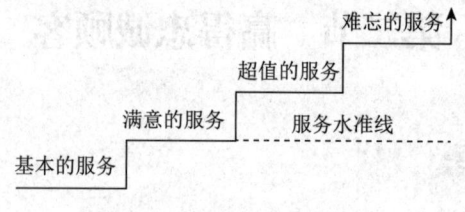

图 5-1 服务层次示意

服务层次由浅及深,由低向高,酒店只有为宾客提供超出其期望的服务,宾客才能深刻地记住酒店的服务。如图 5-1 所示。酒店服务的第一个层次是为宾客提供基本的服务,包括:向客人问好,为客人办理入住登记和结账离店,向客人介绍酒店的设施和服务等。第二个服务层次是为客人提供满意的服务,酒店提供的各项服务都要在同档次品牌酒店的服务水准线之上。第三个层次是为客人提供超值的服务,让客人感受到超出价格的服务价值;第四个层次是为客人提供难忘的服务,关键点在于对顾客需求的关注达到极致，在细节之处以情动人。

案例

有一对老夫妇，每年在结婚纪念日入住R酒店，连续来了九年。但是在第十年，只有老太太一个人孤零零地来了，酒店服务人员便问老太太，为什么先生没有陪同。老太太很悲伤地告诉服务人员，她的先生已经过世了。为了让老太太走出悲伤的情绪，酒店服务人员收集了十年间这对夫妇入住酒店的照片、视频等资料，制作了一段视频送给这位老太太，并配上一段温暖人心的文字，告诉老太太，尽管老先生已经过世，但是这些美好的回忆永远存在，老先生希望老太太带着这些美好的回忆继续走下去，去发现生命中更多的美好。这段视频让老太太释怀了，并从中得到了心理的支持和能量。

【案例分析】

酒店为顾客提供难忘的服务，最重要的是要用真情打动顾客，首先这对夫妇每年在结婚纪念日入住酒店，酒店留意了这个重要信息，并在他们入住期间为其拍摄照片、视频等，留下一些难忘的回忆，本身就体现了酒店的细心，如果这对夫妇在第十年一起出现，酒店仍然可以为其制作一段回忆视频，给客人带来感动。要想让客人成为忠诚的客人，就要想办法为他们提供难忘的服务。

（资料来源：作者收集整理）

（二）超预期服务

真正的好服务，是要超出客人的期望，同样，要想赢得好的口碑，超预期服务也是必不可少的。要提供超预期服务，首先要了解顾客真正的需求是什么，由细致周到的人对客服务，服务及时，出现问题也要及时解决，由此给客人带来超出他预期的服务，达到非常满意的程度，那么客人就会选择再次入住。

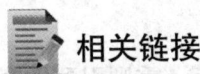相关链接

丽思卡尔顿酒店主张为顾客提供惊叹体验（A wow experience，wow 是一种惊叹，一种超出期望之外的惊叹），让顾客得到最高层次的舒适服务，顾客的这种惊叹体验正是来源于酒店的服务。丽思卡尔顿酒店强调员工是淑女和绅士，酒店为消费者提供服务可以被理解为一群淑女和绅士在服务于另外一群淑女和绅士。客人和员工的身份是平等的，员工被充分地给予尊重，这种服务信条既尊重了员工，又尊重了客人。员工只有被

尊重，才能发自内心地为客人服务。丽思卡尔顿酒店提倡快乐服务，首先强调的就是员工本人应该是快乐的，员工的微笑应该是真诚的，发自内心的。只有让员工感受到为顾客服务是快乐的，这种积极情绪传递给顾客，客人才能感受到酒店的服务是真诚的。

（资料来源：作者收集整理）

第三节 处理宾客投诉

一、宾客投诉

（一）定义

宾客投诉是顾客对酒店所提供的产品和服务的负面的信息反馈，具体指顾客对酒店设施或服务质量不满意，而向酒店提出异议、要求解决问题及赔偿损失等行为。

在当今自媒体发达的时代，酒店如果对宾客投诉处理不当，忽视宾客提出的问题，则很有可能使宾客投诉通过微媒大V等自媒体传播路径，演变成为损害酒店品牌的负面舆情。相反，酒店对宾客投诉处理不当，则依然可以与顾客保持良好的关系。

（二）处理宾客投诉的意义

1. 保留老顾客，维护与顾客的关系

对酒店而言，留住一个老顾客的成本要比发展一个新顾客的成本低。酒店的会员计划实质上就是一个顾客保持计划，在利益和情感上绑定老顾客。宾客投诉是宾客向酒店表示不满的信号，但同时它也是酒店向顾客展示真诚意愿和行动能力的机会，酒店可以利用这个机会使不满意的顾客转变为满意的顾客，还可以收集宾客投诉信息进行产品整改、服务提升以及预防此类投诉再出现，维护与顾客的良好关系，为酒店创收带来更多机会。

2. 避免给酒店带来更多损失

如果酒店对于宾客投诉没有处理或处理不当，轻则让顾客更加不满，重则引致顾客的报复行为，例如：顾客在第三方平台上给酒店差评，在社交平台发表关于酒店服务的负面评论，将不好的体验告诉亲戚朋友；更严重的，顾客运用法律手段起诉酒店。酒店妥善地处理好宾客投诉，在第一时间安抚好宾客的情绪，有效地为宾客解决问题，则可以避免品牌声誉、经济收入等方面的损失。

二、正确认识宾客的投诉行为

（一）认识误区

酒店管理人员应避免对宾客投诉形成以下认识误区。

（1）认为没有投诉就是宾客满意。顾客没有投诉不代表顾客是满意的。一些顾客对酒店设施或服务或许满意，但出于怕麻烦等心理，也可能选择不投诉。如果酒店将顾客不投诉等同于顾客满意，而不去反省酒店设施和服务存在的问题，就会错过改进和提升服务质量的机会。

（2）认为宾客意见调查的作用不大。这种认识误区本质上是对宾客意见的不重视。通过宾客意见调查，能够使酒店知道顾客对哪些设施和服务满意，对哪些设施和服务不满意，以及满意或不满意的程度如何，从而尽力去提升顾客还不太满意的方面。

（二）妥善处理宾客投诉的价值

（1）有利于发现酒店经营管理活动的不足。宾客的意见是财富，宾客投诉反映的是宾客对于酒店产品和服务的不满，体现的是酒店经营管理中的错误和疏忽，可以让酒店有针对性地对自身设施、服务及管理方面的薄弱环节进行整改。

（2）有利于提高服务质量。投诉是管理工作质量和效果的晴雨表，是提高基层管理质量的推动力。投诉反映了顾客的需求，能够使酒店在满足顾客需求方面做出更多努力，提高对客服务质量。

（3）有利于培养忠诚宾客，提高顾客忠诚度。对于顾客来说，如果他的某次投诉得到妥善处理，他会相信这家酒店有解决问题的意愿和能力，如果酒店在解决问题的过程中还能提供超出顾客期待的解决方案，则顾客会对酒店形成好感，进而转化为忠诚宾客。

三、宾客投诉原因及心理

（一）投诉原因分析

（1）对酒店服务质量的不满。其中包括对服务人员服务态度的投诉、对酒店服务效率低下的投诉、对服务方法欠妥的投诉。例如，酒店服务人员对顾客态度轻慢、不理睬，服务人员工作失误，前台办理入住时间过长，账单记错等，导致客人对酒店服务质量不满意。

（2）对酒店设施设备的投诉。酒店的设施设备不能满足客人的需求，如客人需要吹风机而酒店却不能提供，或者酒店的设施设备坏了，影响客人使用，如客房的灯坏了，空调温度无法调整，酒店旋转门坏了等，客人无法正常使用酒店的设施设备对酒店投诉。

（3）因超预订带来的投诉。超额预订在预订客人到店的情况下，会出现一部分客人无法入住的情况。当已订房客人的入住需求不能得到满足时，可能会投诉酒店。

（4）安全问题投诉。当客人的财产安全、人身安全遭到侵犯时，便会对酒店进行投诉。

（5）其他投诉。由不可抗力导致酒店无法提供正常的服务，或者酒店周边物业施工的噪音干扰，尽管这些因素并不由酒店控制，也可能遭到客人的投诉。

（二）宾客投诉的心理分析

（1）寻求尊重的心理。宾客期望酒店服务人员对其投诉予以充分的重视，对其意见给予充分的尊重。假如酒店服务及管理人员不重视宾客投诉，采取轻慢或敷衍的态度，宾客会觉得自己被冒犯，没有得到应有的尊重。

（2）寻求发泄的心理。客人有可能将工作压力或工作中受挫带来的负面情绪转嫁于酒店服务人员，对酒店设施和服务非常挑剔，借投诉宣泄情绪。

（3）寻求自我表现的心理。有的宾客投诉心理是期望得到酒店的重视，展现自己的专业能力，表现出自己不同于普通客人的身份，对服务品质有更高的要求。

（4）寻求补偿的心理。有的宾客投诉是希望得到免费的房间，赠送礼品等经济利益上的补偿。

四、宾客投诉处理对策

（一）宾客情绪引导

酒店服务及管理人员要对宾客的投诉耐心倾听、弄清真相、以同理之心设身处地为宾客着想，以诚恳的态度向宾客道歉，这些措施都是为了平息宾客的怒火，使情绪过于激动的宾客回复到更为理性的情绪状态。

相关链接

万豪集团倡导的处理宾客投诉的五步骤：LEARN

L，listen，倾听：倾听事件经过及宾客要求。

E，empathize，共鸣：对宾客反映的情况表示理解，站在宾客的立场去想他为什么会恼火和投诉。

A，apologize，道歉：诚恳地为酒店给宾客带来不愉快的经历道歉。

R，react，反应：及时行动，给宾客一个有效的解决方案。

N，notify，通知：通知负责跟进的经理及团队成员，监督问题解决经过，并向宾客回复事件处理结果。

（二）坚持投诉处理的基本原则

（1）真心诚意地帮助宾客解决问题。只有用真心去打动顾客，才有助于消除顾客心中的怒火，让顾客平静下来，配合酒店处理问题。

（2）绝不与宾客争辩。无论这件事情错在哪方，都不要与顾客争辩谁对谁错，不可与宾客争吵，主动向宾客道歉。

（3）维护酒店应有的利益。不能为了讨好客人，而使酒店应有的利益受损，对于无理取闹的客人，必要时可以报警或者诉诸法律。

（三）投诉处理的其他注意事项

（1）对于宾客投诉事宜一时不能处理好，酒店应及时告知宾客事情进展情况。

（2）处理宾客投诉时，应注意不能随便向宾客表态，而要进行调查分析。

（3）如果投诉宾客已离店，酒店也应将处理结果及时反馈给宾客。有一些顾客在入住期间并没有投诉，离店后通过电话、邮件等方式向酒店投诉，这类投诉也需要酒店认真对待，将处理的结果通过各种方式及时反馈给宾客，并做好回访。

（4）对于在公共场合大吵大闹的投诉者，首先应将宾客引至办公室，然后按程序处理。公共场合人群密集，来往的宾客较多，如果宾客在公共场合大吵大闹容易引起其他宾客围观，造成不好的影响。

（5）若宾客投诉提出的要求超出自己的权限范围，服务人员不要擅自答应或承诺宾客任何事情，而应该交给当时的值班经理处理。

 案例

某酒店在春节期间接到一个澳大利亚的旅行团，同时在酒店入住的还有其他很多的外宾，这些外宾都很喜欢酒店的游泳池。有一天晚上，泳池的人很多，一位外宾不慎摔倒，手腕扭伤。酒店在接到客人的投诉时，当晚的值班经理反应迅速，带着外宾去医院就医，全程陪同，同时通知酒店的保险公司团队和律师及时向酒店集团总经理通报。得到酒店集团的处理意见后，值班经理全程为客人垫付医药费，后续还做了一些跟进。这位客人对于处理结果十分满意，非常感谢酒店为他做的一切。

【案例分析】

此案例中值班经理反应迅速。外宾手腕扭伤是由于客人自己在泳池不慎摔倒，并不是酒店本身设施和服务的问题，客人心中也知道这一点。所以，值班经理全程陪同就医，并由酒店为客人垫付医药费，让客人非常感动。酒店服务及管理人员在工作中遇到客人的投诉和反馈十分正常，如果将投诉视为客人给予酒店的礼物，以积极的态度去应对宾客投诉，就能在投诉处理过程中强化与宾客的情感联结。

（资料来源：作者收集整理）

案例

某天，前厅部经理 Sandy 在酒店合作的某网络订房平台上例行浏览最近一天评价时，发现了一条 0 分的评论（总分为 5 分），评论内容写道："太无语了，在网上订了房间，提前付了房费，最后却不让住，还说无法退款！我和我妻子抱着 1 岁多的孩子在夜里 1 点多还在满大街找酒店！这算什么事啊，本来挺开心的自驾游就这么毁了，真是店大欺客！"为了了解事情的起因、经过，Sandy 立即在酒店内展开了调查，并很快找到了当天前台值晚班的 Amy。

根据 Amy 的描述，在昨天晚上差不多 12 点一对夫妇抱着小孩来前台办理入住，她依照惯例和他们问好并询问有无预订，夫妇说已经在某第三方平台上订过房间并付款，她找到了订房信息，然后要求夫妇两人提供有效证件进行入住登记，但是夫妇俩只拿出了二人的身份证，她便向他们追问小孩子的有效证件，夫妇俩一时间有些诧异问："孩子这么小，住个酒店还需要证件吗？我们没带，怎么办？"Amy 建议他们带着小孩子到附近的派出所开具临时身份证明并告诉了他们最近派出所的地址。30 分钟过后，夫妇悻悻地回到酒店前台对 Amy 说因为某些原因他们并没能拿到派出所给出的带有公章的身份证明，要明天早上再去办理，并请求她今天先让他们入住，小孩子已经折腾累了。但是 Amy 并没有答应，解释说公安部门有规定无论年龄大小凡入住酒店的客人必须进行身份核对并如实登记，否则无法入住酒店，她很同情夫妇二人现在的状况并感到非常抱歉，但是她现在也无能为力。接着夫妇俩又问，他们已经通过第三方平台付了酒店房款现在无法办理入住能不能退款，Amy 对他们说因为是在第三方平台上缴纳的房款，所以他们还需根据第三方的付款规则向其索要退款。夫妇二人听后虽然非常恼火但也没有办法，只能离开了酒店。

【问题探讨】

1. 前台员工 Amy 坚持向这对夫妇要 1 岁大的小孩的有效证件真的有必要吗？是否有些不近人情？为什么？
2. 如果你是前厅部经理 Sandy，接下来你会怎么处理这件事呢？

【案例分析】

Amy 的做法在原则上是没有问题的。根据公安部《旅馆业治安管理办法》的规定，酒店在接待旅客办理入住时必须进行面部核实并按规定项目如实进行登记。这一规定对于小孩子也不例外，因为这正是公安部门防止拐卖儿童行为、打击违法犯罪的重要手段之一。如果有违反相关规定的，依照《中华人民共和国治安管理处罚条例》有关条款的规定，处罚有关人员；发生重大事故、造成严重后果构成犯罪的，依法追究刑事责任。而 Amy 的坚持恰恰就是对自己工作职责和小孩子人身安全负责的表现。

Sandy 在与 Amy 了解完事情的大致经过后，到酒店预订部查到了这对夫妇预订时留下的联系人蔡先生的电话，她希望可以和当事人蔡先生取得联系。Sandy 拨通了蔡先生的电话后，说明了她的身份并耐心倾听了蔡先生的不满，在蔡先生发泄情绪之后，Sandy 代表酒店向蔡先生当晚的遭遇表示了遗憾和歉意，并希望蔡先生可以接受酒店方给予蔡先生一家三口免费自助餐体验券作为补偿，同时也非常希望蔡先生一家可以再次选择本酒店下榻。蔡先生听完 Sandy 的诚心解释后也释怀了很多，并答应会带着家人再次入住酒店。不久后，蔡先生也主动删除了在平台上发布的对于酒店的低分评论。

【经验总结】

首先，酒店前台人员在为客人办理入住时往往是第一次与客人正面接触，给客人留下热情舒适的印象固然重要，但同时也不要忘记需要遵守的规定和原则，有一些底线是万万不可打破的。前台人员的服务态度要做到不卑不亢，遇到客人不符合规定或者不合理的请求时要勇于拒绝。

其次，酒店方可以在向客人发送的订房核实信息回复中添加提醒，如"如您带小孩住店同样需要提供其有效身份证件才可以办理入住"这样的字样，在客人到达酒店前做好相应的准备。

最后，作为前厅经理有责任和义务实时关注客人对酒店的各方面评价，如发现负面评价要及时了解事件经过并进入补救流程，切勿忽视问题、逃避责任或者迟迟不做回复。在与客人接触时，要先当客人情绪发泄的出口，然后感同身受地对客人的情绪进行安抚，只有客人将不满的情绪释放之后才能有机会进行进一步的调解。

思考与练习

（一）单选题

1. 哪一个服务层次是最高级别的服务层次？（　　）

　A. 难忘的服务　　　　B. 满意的服务　　　　C. 基本的服务　　　D. 超值的服务

2. 下列说法正确的是（　　）。

　A. 如果服务人员不能解决客人提出的咨询或要求，应找相关负责人解决

　B. 应主动给生病的客人拿药吃

　C. 酒店发生偷盗事件，应立即向公安机关报告

　D. 通常情况下，宾客关系主任直接向驻店经理汇报工作

3. 下列哪一项不是处理客人投诉的目标？（　　）

　A. 使"不满意"的客人转变为"满意"的客人

　B. 使大事化小，小事化了

　C. 使酒店提高顾客忠诚度

　D. 使客人明白是他不对

4. 下列哪项说法不正确？（　　）

　A. 切不可在客人面前推卸责任　　　　　B. 尽量给客人确定的答复

　C. 若没错，则坚持自己是对的　　　　　D. 对投诉的过程进行跟进

5. 下列哪项并非是与客人的沟通技巧？（　　）

　A. 重视对客人的心理服务　　　　　　　B. 对待客人，要善解人意

　C. 与客人熟络之后，服务可以"朋友化"　D. 反话正说，不和客人说不

（二）多选题

1. 客史档案的类别有哪些？（　　）

　A. 常规档案　　　　B. 习俗爱好档案　　　C. 反馈意见档案　　D. 隐私档案

2. 处理投诉时应该注意哪些问题？（　　）

　A. 真心诚意地帮助宾客解决问题

　B. 如果宾客投诉事宜一时不能处理好，酒店应让宾客知道事情进展情况

　C. 维护酒店应有的利益

　D. 首先要思考错误在哪一方

3. 顾客习俗爱好档案包括以下哪些内容？（　　）

　A. 顾客消费需求特点　　　　　　　　　B. 顾客行为特征

　C. 顾客个人嗜好　　　　　　　　　　　D. 顾客对茶叶、咖啡、酒类的偏好

4. 妥善处理客人投诉的意义包括哪些？（　　）

A. 帮助酒店管理者发现酒店服务与管理中存在的问题

B. 为酒店提供一个改善宾客关系的机会

C. 有利于酒店的市场营销

D. 有利于酒店提高管理水平

5. 客史档案管理中有哪些需要注意的问题？（　　　）

A. 树立全店的档案意识

B. 建立科学的客户信息制度

C. 形成信息化管理

D. 利用客史档案开展经营服务的常规化

（三）论述题

某酒店的健身房是外包出去的，健身房的服务和设施大多不是酒店管辖，但是一旦客人对健身房有什么不满意的地方，都会到前台投诉，针对这类投诉，前台该如何处理？

（四）实训题

分小组对酒店处理宾客投诉的过程进行角色扮演，小组间交叉评价处理策略是否适当。

综合实践任务

一、任务说明

以北京市内的四星级以上酒店为调研对象，调研酒店前厅部服务质量。学生可以采取观察、访谈、问卷、网评文本分析等多种调研方法，通过观察大堂礼宾、前台等部门员工的服务过程中存在的问题，访谈酒店前厅部各部门的一线服务人员及管理人员，发放调查问卷，以及在携程等OTA网站收集酒店顾客评价信息，评价该酒店前厅部服务质量水平，总结前厅部运营管理经验及不足，并提出经验推广或服务质量提升方面的建议。

二、撰写报告

根据上述任务，撰写实践调研报告，报告应至少包括以下几个部分。

1. 调研主题。
2. 调研时间及地点、调研对象及内容。
3. 调研过程中发现前厅部服务及运营管理存在的问题。
4. 酒店前厅部服务经验或服务质量存在问题的分析。
5. 提高酒店前厅部服务质量的建议。

三、报告要求

1. 以小组3~4人为单位，撰写实践调研报告，实践报告内容基于前厅运营管理课程学习内容。
2. 调研报告应运用相关理论对酒店前厅部存在问题进行分析和探讨。
3. 报告字数不少于2000字。

四、评分标准

1. 60分以下：内容偏离主题，观点错误，逻辑混乱，文字错误较多，缺乏支撑。
2. 60~70分：观点无明显错误；能运用所学知识进行分析，逻辑上无明显漏洞，文字上无明显语法错误或错别字，有必要的支撑。
3. 71~80分：满足上一档要求，并且思路清晰、文字顺畅，能运用所学知识分析问题，资料充分。
4. 81~90分：满足上一档要求，并且反映出严密的逻辑思维能力，分析有一定的深度和逻辑性。
5. 91~100分：满足上一档要求，并且分析有独到之处。

实践调研报告评分标准

序号	项目	标准得分	实际得分
1	调研资料的充分性	30	
2	分析的专业性与深入性	30	
3	分析的独特性与新颖性	15	
4	管理建议的可行性	15	
5	报告结构、层次、文字表达的规范性	10	
合计		100	

教学模块二

酒店客房运营管理

第六章　酒店客房部卫生管理

本章导读

客房的清洁卫生服务质量是顾客对于酒店的基本要求。从微博大V对于部分品牌酒店清洁卫生服务质量的爆料可以看到，这个看似最基础的环节也恰恰是酒店最薄弱的环节。在很多酒店将清洁服务外包给第三方后，酒店应如何保障清洁卫生服务质量，这是每一位客房部管理人员都应该深思的问题。

酒店的文化主题和氛围的营造都以酒店能保障客房清洁卫生为前提，如果酒店不能为客人提供舒适、清洁、安全和卫生的客房，则所有的文化附加物和营销推广都会失色。因此，客房部运营管理的重中之重是以严格的操作流程、业务规范和持续的员工培训，保障酒店客房清洁服务在过程及结果上都符合品牌标准。

学习目标

知识目标
1. 了解客房清洁卫生服务流程。
2. 理解客房计划卫生的相关内容及其管理。

能力目标
1. 理解客房清洁卫生标准。
2. 掌握控制客房清洁卫生质量的方法。

 案例

2018年11月14日晚，微博网友"花总丢了金箍棒"发布视频《杯子的秘密》，曝光14家五星级连锁酒店服务员用客人浴巾擦拭杯具、马桶的视频，引发舆论对高端酒店的卫生乱象的质疑。多家高端酒店公开致歉后，事情并未平息，曝光者"花总"个人信息在24小时内两度被泄露。对此现象，有网友称："酒店不去解决问题，反而去解决

发现问题的人"。

请分析：

五星级连锁酒店有严格的清洁卫生标准，为什么服务人员会违反酒店的卫生标准？这背后隐藏着哪些管理问题？

第一节 客房清洁工作

客房清洁工作是客房部每天的常规工作。干净整洁的房间，能够使客人心情愉悦，也是客人对酒店服务的基本期待。因此，酒店必须制定清扫服务流程及标准，客房服务人员严格地按照清扫服务流程和标准的要求打扫客房，给客人一个卫生、安全的住宿空间。

根据酒店规章制度以及客人要求，结合实际情况，清洁客房工作主要分为两种：每日工作以及间隔性工作。每日工作主要包括床铺的整理、除尘、擦拭等，间隔性工作则包括维修、更换床品、翻转床垫等。

一、客房清洁前的工作

在展开客房清洁工作之前，客房服务人员还需要做一系列的准备工作，以便顺利而快捷地完成客房清洁工作。

（一）检查着装仪表

酒店的任何一位员工在上岗之前必须整理自己的仪容仪表，严格遵守酒店的规章，穿着工装、佩戴工牌等。客房服务员在签到之前应自行检查或交叉检查各自的仪容仪表，在部门内，客房部经理或主管也应对服务员的仪容仪表进行二次检查。

（二）签到

客房工作地点分布较大，经理要根据当日的房态以及出勤情况做好工作安排，因此客房服务员应当在指定地点进行签到，了解自己的工作事项、工作重点以及上级的工作指示。

（三）钥匙签领

酒店内的所有钥匙都应妥善保管，因此客房服务人员要根据自己当日的工作安排领取对应的客房钥匙和"客房服务员工作报表"。领用钥匙时应注明领用时间。客房服务员工作时，必须随身携带工作钥匙，严禁乱丢乱放。工作结束后，服务员要亲自交回工作钥匙，并注明归还时间。

二、掌握客房的房态

作为客房服务员，在每天对客房进行清洁前，必须认真、仔细地了解和熟悉每间房的现实状态。了解房态的目的是确定客房清扫的顺序和对客房的清扫程度，避免随意敲门，惊扰客人。只有准确地了解房态，才能准确、有序地进行房间的清洁工作。

通常，客房的房态有以下几种，见表6-1。

表6-1　客房房态名词表

英文	房态	中文	备注
Occupied	OCC 或 O	住客房	正在租用、住宿中的客房
Do Not Disturb	DND	请勿打扰房	该房间客人不愿被服务或被其他人员打扰
MUR	Make Up Room	请即打扫房	该客房的住客因会客或其他原因，需要服务员"立即"清扫客房
S/O	Sleep Out	外宿房	表示该客房已被租用，但住客昨夜未归。为了防止客人逃账等意外情况的发生，应将此种客房状况及时通知前台
L/B	Light Baggage	轻便行李房	该客房的住客行李数量很少。为了防止客人逃账等意外情况的发生，应及时通知前台
N/B	No Baggage	无行李房	该客房的住客无行李。同样应及时把这一情况通知总台，以防发生客人逃账的情况
VIP	Very Important Person	贵宾房	该客房的住客是酒店的重要客人。在酒店的接待服务过程中应优先于其他客人，给予特别关照
LSG	Long Staying Guest	长住房	长期由客人包租的客房，又称为"长包房"（一般情况下，为住宿时间超过30天以上）
E 或 EB	Extra Bed	加床房	该客房内有加床服务
C/O	Check Out	走客房	客人已经办理完离店手续的房间
E/D	Expected Departure	准备退房	该房住客应在当天中午12：00以前退房，但现在还未退的客人。这种客房应在客人退房前先进行简单的整理，等客人退房后再作彻底性的清洁
VC	Vacant Clean	已清扫客房	该客房已清扫完毕，可以重新出租。也有的酒店称之为"OK房"
VD	Vacant Dirty	未清扫客房	该房住客已退房结账，但房间的卫生服务员尚未进行清洁
V	Vacant	空房	指昨日暂时无人租用，现处于干净、待租状态的房间

续表

英文	房态	中文	备注
HU	House Use	酒店自用房	酒店内部自己使用的客房。一般情况下，为酒店的高级职员用房
OOO	Out Of order	维修房	待修房，表示该客房因设施、设备发生故障，暂时不能出租

三、确定清扫顺序

客房的清扫顺序不是一成不变的，应视实际情况而定。因此，服务员在了解自己所负责清扫的客房状态后，应根据客房的轻重缓急、客人情况和领班及前台的特别交代，决定客房的清扫顺序。同时，清扫房间顺序也因酒店的淡旺季有所区分。

（一）淡季时的清扫顺序

（1）前台或总机指示要尽快打扫的房间。
（2）门上挂有"请打扫房间（please make up room）"牌的房间。
（3）走客房（Check-out）。
（4）VIP房。
（5）其他住客房。
（6）空房。

（二）旺季时的清扫顺序

旺季时，酒店用房紧张，清扫顺序与淡季应有所区分：
（1）空房。空房清扫时间较短，打扫完毕之后，前台即可马上出租。
（2）前台或总机指示要尽快打扫的房间。
（3）走客房（Check-out），旺季时应该优先于客人挂"请打扫房间"牌的房间，以便前台能及时出租，打扫走客房还可以及时发现房间内是否有丢失物品或损坏物件，以便前台和客人沟通赔偿问题，若发现有客人遗留物品，及时归还给客人。
（4）门上挂有"请打扫房间（please make up room）"牌的房间。
（5）VIP房其他住客房间。
（6）其他住客房间。

四、客房清扫作业的标准时间

打扫一间客房需要花费的时间往往取决于很多因素，如服务员的体力和技能、客房的硬件设施设备或客房状态等。一般而言，不同类型的客房所需的清扫时间如下：

（1）双人间：25~30分钟。

（2）单人间：20~25分钟。

（3）套房：50~60分钟。

每个服务员每天的工作定额量一般都在10间以上。酒店会根据客房情况和清扫服务人员的熟练程度等因素，制定出合理的工作定额。当服务人员完成定额后，超工作量部分有计件提成。

【课堂练习】

某酒店一共有250间客房，客房出租率为90%，人均小时工资为10美元，已知平均完成一间客房需要的时间为30分钟。

请回答以下问题：

1. 这家酒店需要多少客房服务员来完成客房清扫工作？
2. 酒店每天需要花费多少人力开支呢？

五、客房清扫的一般原则

掌握客房清扫的一些原则和方法，不仅能够避免重复整理，提高工作效率，还可以防止意外事故的发生。

（一）从上到下

在对洗手间和房间进行抹尘时，应从上至下进行。

（二）从里到外

地毯吸尘和擦拭卫生间地面时，应从里向外清扫。

（三）环形清理

在清洁房间时，应按顺时针或逆时针方向进行环形清扫，以避免卫生死角或重复清扫，提高工作效率。

（四）先铺后抹

清扫客房时应先铺床，后抹家具物品，避免铺床扬起的灰尘重新落在家具物品上。

（五）干湿分开

在擦拭不同的家具物品时，要注意分别使用干、湿抹布。在清洁灯具、电器时要使用干布，以免发生触电事故。

（六）先卧室后卫生间

住客房清扫一般先卧室后卫生间，因为住客有可能回来，先将卧室整理好使客人有休息之处。

六、客房清扫的注意事项

客房是客人暂时租借的"私人场所"，在对客房进行清扫时要遵守相应的程序，还需注意以下问题。

（一）以不打扰客人为原则

进入房间之前，首先观察门外的情况，注意房门是否有挂牌，如若挂有"请勿打扰"牌、"DND"灯，则不应打扰客人，立即道歉并马上离开房间，然后向上级反映，听候指示。

打扫客房应尽量选择客人不在房间时进行，以免打扰客人的休息或工作。

如敲门后发现客人在房间：

（1）礼貌问候客人，询问客人是否可以清理房间，征得客人同意后方可开始打扫。若未获客人允许，则应立即离开，待客人外出后再继续打扫；

（2）操作要轻、快，程序要熟练，不能与客人长谈。

（3）打扫中遇到客人有访客应询问是否继续清扫工作。

（4）清洁完毕，向客人致歉并询问是否有其他需要。退出房间轻轻关门。

如客人不在房间：

（1）查看客人是否有待洗衣物，并仔细核对洗衣单，确认无误后送洗衣房。

（2）客人的文件、书报等不要随便合上，不要移动位置，更不准翻看。

（3）不要触摸客人的手提电脑、钱包、手机以及手表、照相机等贵重物品。女客人的化妆品即使是用完了，也不得将空瓶或纸盒扔掉。整理住客房的一个基本原则是除放在垃圾桶内的垃圾，即使是扔在地上的废旧物品，也只能替客人做简单整理，千万不要自行处理。

（4）擦拭衣柜、行李架时，注意不要将客人的衣物弄乱、弄脏，也不要挪动客人的行李，一般只要擦去大面积的灰尘即可。

（5）客人放在椅子上或床上的衣服，外衣可以将其挂入衣柜内，客人的内衣、睡衣则不得轻易翻动或挪动，尤其是女士的衣物。

（6）若发现房内有大量现金或贵重物品，服务员应及时通知领班或主管。大堂副理也会在保安人员及客房领班、主管的陪同下将房门反锁，等客人回来后由大堂副理开启房门并请客人清点现金物品，提醒客人使用保险箱。

（7）对于客人所设定的空调温度、家具摆设等，应尊重客人需求不必重新调整到酒店规定温度或位置。

 案例

DND 房间的清扫

某五星级酒店客房部早会结束以后，客房服务人员小赵得知今日由她负责22楼层的客房服务，她于9点领用工具后抵达22楼开始对客房进行打扫，并注意到客房2208套房的DND灯亮起，表明该套房客人此刻不希望被打扰。于是小赵记录好房间DND状态，绕过了2208套房开始打扫其他房间。中午12点，小赵完成2206房间清洁任务以后查看2208房仍然是DND状态，当下继续记录房间状态，便去吃饭。下午4点，小赵发现2208套房的DND灯一直没有关闭，也没有遇见客人出门或回来，同时询问客房部协调员发现该房间今日也没有呼叫服务。下午5点，小赵如实将2208套房情况告知客房部经理，客房部经理如实记录。下午6点，小赵完成22楼层所有工作并交接好后下班。

客房部经理六点半开始对DND房间进行逐一排查，2208套房仍然未有回应，当下向前台和礼宾部确认是否见过2208套房客人，礼宾部告知今日为2208客人预订过车辆。晚上8点，前台接到2208套房客人的电话，投诉酒店未对他的房间进行清洁，客房部经理当下抽调一名客房服务员随他前往2208套房向客人道歉，安抚客人情绪同时解释未及时对房间进行清洁的原因，并将洗浴用品升级。经过一番沟通，客人意识到是自己出门时不小心开启了DND灯造成客房服务员无法打扫的局面，接受了酒店的道歉。

请分析：

1. 在上述案例中，针对DND房间，客房服务员小赵、客房部经理哪些地方做得非常好？还有哪些地方有待改进？

2. 上述情况不是个例，为了避免这种情况，酒店可以采取什么措施？

（二）敲门时，首先应表明身份

进入客房之前，客房服务员应当侧身45°站在门前（方便客人观察），通报"客房服务员"或"Housekeeping"，同时要注意，用食指或中指第二骨节敲门三下或按门铃（每一下之间的间隔时间为3~5秒），不可用手拍门或用钥匙直接开门，敲门声要大小适中，敲门后不可立即开门或连续敲门，若房内有客人回应，服务员应征求客人的意

见，如客人拒绝此刻清扫客房，服务员应道歉并询问方便打扫的时间，做好记录后离开客房。

（三）不应在客房内做清扫之外的其他事情

客房在一定程度上算是客人的"私人场所"，客房服务员在做好清洁工作后应马上离开，不得在客房内吸烟、吃东西、看杂志书籍等，尤其是客人的书刊或其他物品。

（四）不得使用客房内的设施

服务员不应使用客房内的厕所，不应使用或接听客人的电话。除了检查和维修之外，不应使用客房内的电视、多媒体音响等设备，更不应躺或坐在床上或沙发上休息。

（五）清扫客房用的抹布应分开使用

客房清扫使用的抹布必须是专用的，干湿分开；清洁马桶用的抹布与其他抹布分开。根据不同的用途，应选用不同颜色、规格的抹布，以防止抹布的交叉使用。用过的抹布要由洗衣房洗涤消毒，以保证清洁的高质量。

（六）不允许将撤换下来的脏布草当作抹布使用

清扫卫生间时一定要注意卫生，绝对不能为了方便而把毛巾、脚巾、浴巾或枕巾、床单等撤换下来的脏布草当作抹布使用，用以擦拭浴缸、马桶、洗脸池甚至客房内的水杯，也不能将擦洗浴缸、马桶或洗脸池的不同抹布混用。

（七）不能随便处理房内"垃圾"

清理房内垃圾时，要将垃圾、废物倒在指定地点，清洁完毕后将卫生工具在固定位置放好，不得乱堆乱放。

对于报纸、杂志、纸条等客人的小物件，必须确认好是客人丢弃不用的，不可私自当作垃圾自行处理，如不能进行确认，则应向上级请示后进行处理。

案例

奶粉失踪了

810&812 房间住着张女士一家四口，其中一位是小宝宝，第二天早晨客人到外面游览。晚上 10 点，张女士回到房间后就很着急地打电话给客房部协调员，说她的奶粉不见了，是不是服务员拿走了，赶紧找到送回来，小宝宝饿了，止不住地哭。协调员忙问清楚奶粉的形状、放置位置等信息特征并马上告知值班服务员到楼层寻找，同时询问上一班次服务员。得知服务员未见过该奶粉且只处理了垃圾桶里的垃圾，未动过其余物品。查询无果后，协调员立即上报客房部经理出面协调，经理一面了解情况一面安抚张女士（此时的张女士坚持认为是客房服务员拿走了奶粉，因为只有客房服务员进过她的房间进行清扫工作），并询问张女士在寻找到奶粉之前是否需要牛奶或者蜂蜜水。

经过询问服务员、垃圾检查、遗留物检查、监控录像检查等，均未发现奶粉踪迹，客房部经理当即联系值班大堂副理，说明情况并前往810客房向张女士致歉，同时让礼宾部购买类似奶粉送到客房。

第二天客房部早会中，客房部经理向所有客房服务员再次强调客房垃圾处理的步骤与程序，并将此事记录在客房档案报告中。

【案例分析】

虽然最终没有找到奶粉，酒店及时处理了该情况，但客人坚持认为是服务员私自处理了她的个人物品，类似的情况在酒店的实际运营中时常发生。

清洁整理房间和清理垃圾是客房服务每天例行的工作。所有服务工作都要按照严格的服务操作程序和规范，保证服务质量和消除隐患。在清扫房间时，服务人员对客人的一切东西只能稍加整理，不能擅自主张将客人的东西或自己认为无用的东西进行处理，不能按自己的想法判断客人的物品是否重要，因为无法判断一件物品对客人的重要性，任何一件物品对不同的人来讲意义都是不同的。客房内无论是什么东西，哪怕是张小纸片，只要是客人的东西，都要保存好，不能随意处理，否则不仅会引起投诉，还会给客人带来很大的麻烦，甚至给客人的生活带来不便和痛苦，给酒店造成不好的影响。

（八）电镀部位要完全擦干

在打扫卫生间时，服务员必须要用干抹布（绝不能用湿布）将卫生间洁具上，特别是电镀部位的水迹擦干，否则，电镀部位很快就会失去光泽，甚至留下深色的斑块，严重的还会生锈。

（九）客房内物品按照酒店标准摆放，商标应正对客人

按照酒店规定正确补充客房内的物品，并注意物品的商标一定要面向客人，如卫生间内的洗发水、沐浴露的正面一定要朝外，客人一眼就能看到其商标。

（十）注意做好房间检查工作

服务员在打扫客房时，特别要做好房间的检查工作，主要注意以下几点：

（1）若是走客房，则立即查看是否有遗留物。如发现有遗留物，应立即填写遗留物单，记录发现地点和时间、物品特征，向客房部报告，并妥善保管好遗留物。

（2）检查客房设施设备是否正常。若发现客房内设施设备受损，则应拍照取证并立即向客房部和前台汇报，以便和客人沟通赔偿问题，同时应马上通知工程部同事进行维修。

（3）注意房间状态。仔细留意该房前晚有无人住，房内是否有行李，或什么东西损失了等；房客人数很重要，加床要加收租金，不可遗漏；留意并警戒故意逃账的客人，提防以假行李充阔而骗住骗食。

（十一）损坏客人物品的处理方法

进行客房清扫工作时，应仔细谨慎，不应随意挪动客人的物品。如若不小心损坏了客人的物品，应立即向主管反映，并在主管陪同下，主动向客人赔礼道歉，如客人要求赔偿，根据实际情况进行相应的赔偿。

（十二）不应在14点之前打客房内的电话要求清扫客房

客房清扫应以不打扰客人为原则下进行，客人的午休时间一般是14点以前，在此时间段打电话极有可能会影响到客人的休息，对于客人来说，午休比客房清扫更为重要。

 案例

客房清扫真的只是清扫客房吗？

顾先生是深圳某五星级酒店的长住客人，将在酒店2705房入住三周，入住的第三天，他在房间里收到了一张留言卡：尊敬的顾先生您好，非常感谢您选择入住深圳××酒店，我注意到中午12点到下午1点是您的午休时间，下午2点出门。为了不打扰到您，我们将在14点半后，17点之前打扫您的房间，同时注意到您的西装外套较多，已为您多提供了四个外套衣架存于衣柜中。如您还有其他的服务需要，随时拨打客房部电话，客房服务员小宋。

三周后顾先生离开酒店，并参与了酒店的邮件问卷调查，在问卷最后，表达了对客房部的感谢，且表示下次还会选择该酒店并愿意推荐给身边的朋友。

【延伸思考】

客房清扫不仅仅是对客房进行简单的清扫工作，更仔细、更贴心的观察和服务，可以增加客人对酒店的满意度，为酒店留住客人。

那么在酒店客房部工作中，除了上述留言卡，我们还有没有其他方法来提升客人对客房服务的满意度呢？

第二节 客房计划卫生

 引导案例

2019年1月21日，一名刚从内地抵港准备购物的女子，早上10时行经尖沙咀弥敦道118号美丽华酒店时，被一扇突然从16楼坠下的玻璃窗击中，鲜血直流，头部重创倒地昏迷，最终伤重不治身亡！事发时美丽华酒店的一名女清洁工在16楼酒店客房进行清洁，想推开一扇玻璃窗时，玻璃窗却突然松脱跌落，击中下方的2名路人（其中之一为伤重身亡女子，另一位则是其同行的男友，虽受轻伤，但受惊过度，需在急症室接受治疗。）

（资料来源：作者收集整理）

请分析：

上述案例，给酒店管理者以什么警示？

客房计划卫生是指在日常的清洁卫生的基础上，拟订一个周期性清洁计划，采取定期循环的方式，将客房中平时不宜清扫或者清扫不到、不彻底的地方全部打扫一遍。

客房日常工作量比较大，不可能实现每一间客房的彻底清扫，且客房内的一些设施设备不需要进行每日清扫，故针对这类设施设备，客房可拟定计划卫生，周期性地对该类设施设备进行清洁和保养，这样做不仅保证了清洁卫生的质量标准，还避免了人力资源上的浪费，同时缓解了时间紧张的情况。

一、计划卫生的项目

一般来说，计划卫生的项目会从以下方面来进行安排：

（1）日常卫生工作难以触及的区域和卫生死角，如人体触及不到的墙壁四周、天花板、房顶吊灯以及护墙板、卫生间地漏除尘等。

（2）费时费工区域，如玻璃、窗、窗帘轨、电视机外壳散热孔除尘等。

（3）需要移动大型家具设备方可进行清扫的区域，如床底、电冰箱、组合柜、控制柜底除尘等。

（4）金属用具的保养，包括水龙头、房号牌、门把手除尘除锈等。

（5）客用棉织品的清洗，如床裙、床罩、床垫、毛毯、窗帘的定期清洗等。

（6）软面饰材的清洁保养，如地毯、墙布的定期清洗。

二、计划卫生的周期

根据酒店对清洁和保养的要求、设施设备的实际状况以及当下酒店的生意情况，来确定计划卫生的项目及其周期。

一般来说，计划卫生分为每日、每周、月度、季度、半年、全年。

每日计划卫生由主管制订计划卫生表，由领班协助落实并分配到个人进行计划实施跟踪，并根据计划定期检查。

每月计划卫生有部门主管安排，由领班协助落实并分配到个人，并进行逐项检查。每天进行抽查，月末进行评比。

每季度和半年的计划卫生由部门主管安排，由领班协助落实并分配到个人，并进行逐项检查。全年的计划卫生由部门经理安排，由主管协助落实并分配到领班，并进行逐项检查。

某酒店的月度楼层计划卫生项目、标准及清洁周期安排见表6-2。

表6-2　XX酒店月度客房计划卫生明细表

周期	项目	标准	注意事项	完成日期	签字
1—3日	查到期酒水及食品	酒水应提前三个月更换			
	电热水壶	内外无污渍、无水垢、无灰尘、无脱落	清洁前先断电		
	装修残留物清理				
4—7日	房间天花板、空调风口	无蛛网、无污渍、无灰尘、无脱落	高空作业，应注意安全		
	浴室天花板、排气扇				
8—9日	电视机、电源线	无污渍、无灰尘	注意断电、防水，移动时应相互协作		
	台灯、落地灯、灯罩				
10—11日	电话机	消毒，无污渍、无异味	戴手套，注意不可太潮湿		
	遥控器				
	门把手				
	电源开关				

续表

周期	项目	标准	注意事项	完成日期	签字
12—14日	窗户玻璃、窗框、窗轨	无污渍、无灰尘，玻璃光亮无印迹	高空作业，应注意安全		
15—18日	行李柜、电视柜、床头柜后面的脚线	无灰尘、无杂物	挪动床时需要相互协作，以免工伤		
	地毯边角、床底吸尘				
19—20日	浴室花洒头缝隙清洁	无灰尘、无锈迹	需卸下挡板清洁		
	浴室日光灯挡板				
21日	脸盆溢水口、活塞	无污渍、无毛发	随时保持		
22—26日	马桶内外及水箱	洁净、无水锈、无污迹、无异味	水盖轻拿轻放		
	浴室墙面、地面瓷砖				
	地漏		地漏冲水		
27—28日	不锈钢器件抛光	无灰尘	先除尘后上油		
29—30日	墙纸、墙面污渍清洁	无污迹	若无法清洁，请工程部进行维修		
	家具脚去污				

三、计划卫生的组织方式

常见的计划卫生组织方式主要有三种：

（一）单间房间式大扫除

该方式通常安排在不影响出租率和打扫的空房或轮休房，要求每个服务员每天针对一间客房进行大扫除。

一个服务员每天的工作定额是15间客房，每日对一间房间进行大扫除，15天以后该服务员就能完成所负责的15间客房的计划卫生。

（二）单个项目式大扫除

服务员在进行每日客房清扫工作时，对客房部列出的计划卫生项目进行大扫除，每天完成所有客房内的一个计划卫生项目，若干天后最终也可以完成房间的大扫除任务。

（三）突击式大扫除

这一计划卫生常见于两种情况：一是酒店有重要贵宾下榻，需要客房对该入住的房间进行彻底的大扫除；二是当酒店旺季来临时，客房出租率很高，客房的工作量激增，客房部人手紧张，为了定期完成计划卫生，保证客房的清洁质量，可临时向酒店提出借调其他部门人员进行客房的计划卫生。

（四）季度或年度大扫除

这一计划卫生常常安排在酒店的淡季进行，在不影响酒店出租率的情况下，与其他部门配合，分批次封锁楼层，对房间进行彻底的维修保养和大扫除。这一方式所需时间较长，同时也需要和其他部门沟通好相关问题，如和前台沟通封锁楼层问题以及和工程部沟通检查维修问题等。

四、计划卫生的管理

（一）计划卫生的安排

客房管理人员应制订好周期性的计划卫生表，并发放给客房服务员，并就该表对服务员的计划卫生任务进行督促，以便按时完成整个客房部的计划卫生任务。

（二）计划卫生的检查

服务员按照实际的进度对计划卫生表进行填写，客房管理人员可根据服务员的表格进行检查，以保证计划卫生的落实和卫生质量。见表6-3。

表6-3 某酒店计划卫生的项目和清洁周期表

每天	3天	5天
1.清洁地毯，墙纸污迹 2.清洁冰箱，扫灯罩尘 3.（空房）放水	1.地漏喷药（长住逢五） 2.用玻璃清洁剂清洁阳台，房间和卫生间镜子 3.用鸡毛掸清洁壁画	1.清洁卫生间抽风机（咪）机罩 2.清洁（水洗）吸尘机真空器保护罩 3.员工卫生间虹吸水箱、磨洗地面
10天	15天	20天
1.空房马桶水箱虹吸 2.清洁走廊出风口 3.清洁卫生间抽风主机网	1.清洁热水器、洗杯机 2.冰箱除霜 3.酒精球清洁电话 4.清洁空调出风口，百叶窗	1.清洁房间回风过滤网 2.用擦铜水擦铜家具、烟灰筒、房间指示牌
25天	30天	一季度
1.清洁制冰机 2.清洁阳台地板和阳台内侧喷塑面 3.墙纸吸尘、遮光帘吸尘	1.翻床垫 2.抹拭消防水龙带和喷水枪及胶管 3.清洁被套（一二月至次年三月，每十五天洗一次，四月至十一月一季度洗一次）	1.干洗地毯、沙发、床头板 2.干（湿）洗毛毯 3.吸尘机加油（保养班负责完成）

续表

半年	一年	
清洁窗纱、灯罩、床罩△保护垫△	1. 清洁遮光布△ 2. 红木家具打蜡 3. 湿洗地毯（2、3项由保养班负责完成）	注：有△项目有财产主管具体计划，组织财管班完成，注意与楼层主管在实际工作中协调

（三）计划卫生的安全问题

计划卫生工作有不少是需要高空作业的，如擦拭玻璃窗、天花板、衣柜顶部等，因此客房管理人员应重视并提醒服务员注意安全问题，在作业时准备好安全带、人形梯等安全工具，以免发生工伤事故。

第三节 客房消毒和灭虫工作

引导案例

亡羊补牢，为时未晚

××酒店，该酒店的客房部经理刚处理好1606客人投诉洗浴间出现小蟑螂事件，同时统计发现当月客房部服务质量报告中，关于客房中发现蟑螂的投诉案例较往月的多，但酒店客房的消杀计划是按时进行的，客房部经理将该情况上报给客房部总监。了解情况后，客房部总监立即联系消杀供应商，进行紧急会议，针对当前虫害问题，寻求解决方案，降低客房部关于虫害方面的投诉，提升服务质量。经过讨论后，客房部总监重新对现有客房消杀计划进行调整，3个月后客房虫害投诉案例有所下降。

【案例分析】

酒店的客人具有广泛的社会性，大多来自不同的地方，可能会有携带疾病，酒店消毒和灭虫害，不仅是客房清洁标准的要求，同时也是预防各种疾病、保证宾客和员工健康的重要措施。酒店不仅要制定并执行严格的消毒清洁标准和消杀虫害的标准程序与计划，还要因"时"制宜，做出及时的调整，减少对酒店造成的损失。

一、客房消毒工作

（一）客房消毒的要求

1. 房间

房间应定期进行预防性消毒，包括每天的通风换气、日光照射以及每星期进行一次紫外线或其他化学消毒剂灭菌和灭虫害，以保持房间的卫生，预防传染病的传播。

2. 卫生间

卫生间必须做到天天彻底清扫，定期消毒，经常保持整洁：

①每换一位客人就必须进行严格消毒。

②每周对地面喷洒杀虫剂一次，尤其注意对地漏处的喷洒。

3. 杯具、酒具

①走客房的杯具必须统一撤换，且进行严格的洗涤消毒。

②住客房用过的杯具每日都必须撤换，统一把杯具撤到工作间进行洗涤消毒。

③楼层应配备有消毒设备用具。

4. 客房工作人员

①严格实行上下班换工作服制度。

②清洁卫生间时戴好胶皮手套。

③每天上下班用肥皂清洁双手，并用消毒剂对双手进行消毒。

④定期检查身体，防止疾病传染。

（二）常用的消毒方法

酒店常见的消毒方法主要有物理消毒法和化学药剂消毒法两类：

1. 物理消毒法

（1）高温消毒

①煮沸消毒法：100℃的沸水中，15~30分钟。适用于瓷器，但不适用于玻璃器皿。

②蒸汽消毒法：蒸汽箱，15分钟。适用于各种茶水具、酒具及餐具的消毒。

（2）干热消毒法

①干烤法：消毒柜，温度调至120℃，干烤30分钟。

②紫外线消毒法：30瓦紫外线灯管，灯距地面2.5米左右，照射2小时。适用卫生间的空气消毒。

2. 化学药剂消毒法

化学药剂消毒法可以利用化学药剂清除、杀灭和灭活致病微生物，具体可分为浸泡消毒法（一般适用于杯具消毒）、擦拭消毒法（一般适用于设施设备及家具的消毒）和喷洒消毒法。酒店应选择环保型，且对人体无害的化学药剂，这样既可以达到消毒的目的，又可以避免对人体和环境造成伤害。

二、客房防治虫害工作

防治虫害是关系到客人和酒店员工身体健康的大事，是客房部不容忽视的一项工作。当下大多数酒店选择与专业的防治虫害公司合作，将酒店防治虫害工作外包给他们。了解相关防治虫害的知识，有助于我们发现虫害问题并及时采取防治行动，保证客房的卫生质量。

（一）酒店常见虫害类

酒店内常见的虫害类主要有三种：（1）昆虫类，如苍蝇、蟑螂、蚊子等；（2）啮齿类，如老鼠等；（3）菌类，如霉菌等。

（二）虫害的诱因和类别

（1）酒店内出现通风不佳、环境潮湿、垃圾生根、残羹剩饭乱倒等现象。

（2）先天或外界的一些因素也可能造成虫害，如南方的梅雨季节容易滋生霉菌。

（三）常见虫害的防治方法

当酒店出现虫害问题时，应立即找到发生虫害的起因并进行控制、治理，并联系专业的防治虫害公司进行清理。

在酒店客房日常经营中，提前做好防治措施能够减少虫害的发生。以下是针对常见虫害提出的一些防治方法。

1. 苍蝇

苍蝇活动范围广，食性杂，往返于污物与食物之间，不仅造成食物污染，还会传播疾病，如腹泻、胃肠炎、伤寒、疟疾、霍乱等。苍蝇飞入室内，还会扰乱客人的心情，影响客人的休息。主要防治方法如下。

①经常开启的窗户要安装纱窗。

②及时处理残余的食物。

③垃圾桶要盖严且经常彻底清理。

④经常喷洒杀虫剂。

⑤夏秋季要特别注意垃圾房、垃圾桶和酒店外围环境卫生，定期清洁消毒，消灭或破坏苍蝇的生存环境。

2. 蚊子

蚊子喜欢停留在阴暗、潮湿、不通风、无烟熏的地方，床下、框后也是其藏匿之所，它们不仅叮人吸血，扰人休息，还可以传播丝虫病、流行性乙型脑炎等疾病。主要防治方法如下。

①保持室内外环境清洁，消灭蚊子滋生的死角。

②安装纱门纱窗。

③定期喷洒杀虫剂。

④在室内外合适地点安置灭蚊灯。

3. 蟑螂

蟑螂通常是躲在盒子、食品或行李中进入客房的。喜欢温湿环境，如卫生间、厨房、水管附近等。它们不仅散发臭味，还会带来食物中毒和其他一些疾病。主要防治方法如下。

①保持环境清洁，收藏好食物，死角要定期打扫。

②向有蟑螂出没的地方喷洒专门的杀虫剂。

③请有经验的专家指导或委托专业公司布放药品、诱饵。

4. 老鼠

老鼠一般喜欢以松土、垃圾、废纸等建巢，会偷吃和污染食物，散布疾病，如食物中毒、流行性出血热及鼠疫等。主要防治方法如下：

①堵塞所有可供其出入的洞口。

②及时清除所有可供其做巢的废料、垃圾等。

③保持环境卫生，尤其厨房要对食物进行妥善存放。

④投放鼠药。

5. 霉菌

霉菌喜欢生活在潮湿环境中，造成菌害的主要原因是酒店施工时质量有问题或维修保养不佳，如天花板漏水、墙壁渗水等。霉菌会造成墙纸变形或起翘，墙面涂料剥落或褪色，墙面上砖头或泥灰有盐花析出，物体长出绒毛状物来。防治的有效方法是降低酒店的湿度，尽量控制在规定的标准内。

 案例

一天晚上，前厅值班经理 Eric 接到了客人马女士的来电，马女士说自己 3 岁的孩子在酒店房间里的帐篷中玩儿的时候被一条大蜈蚣给咬了，现在非常愤怒，要求见酒店的负责人。Eric 挂掉电话后立即联系了酒店当天 MOD（Manager on Duty，指在规定时间代表总经理的经理人）Peter，并同时火速赶往马女士所在的1202房间。

两人到达房间后看到马女士正在安抚哭闹中的孩子，马女士给两人看了扣在玻璃杯中的蜈蚣和孩子脚踝红肿的伤口，上边还有两个细小的小孔。Peter和Eric当下向马女士进行了诚挚的道歉，提出可以带孩子立即到附近医院进行就医，但是因为此时时间很晚了马女士拒绝了这个方案，要求用碘酒涂擦伤口。由于酒店没有碘酒，Peter叫客房部的同事先送来了酒精，经过马女士同意后，给孩子做了简单的消毒处理，并让Eric到附近的药店购买碘酒，自己留下安排客房部同事帮助客人换了一个新打扫并检查过的房间。待碘酒购买回来且上药后，Peter和Eric让客人先休息，表示如果有任何需要请务必告知。

第二天Peter主动联系马女士询问情况，马女士情绪仍然很激动并表示不理解，马女士说她经常带孩子出来玩儿，住酒店从来没遇到过这种情况，这次真的被吓坏了，希望酒店可以免除这次的房费。Peter同意了马女士的要求并深表歉意，和马女士说希望以后可以再次带着家人下榻本酒店，给酒店一次弥补的机会，酒店会提供免费豪华套间一晚。马女士接受了Peter的邀请，也表示原谅酒店此次的过失。

【问题探讨】

接下来酒店需要采取哪些措施？

【经验总结】

酒店作为提供服务的一方应本着以人为本的原则为客人营造安全舒适的居住环境，遇到此种情况务必先要感同身受地为客人着想，解决当下客人遇到的问题，安抚照顾客人的情绪。

在马女士的事情发生后，酒店应立即联系专业防治虫害公司，在酒店客房部的配合下对全酒店进行有序的消杀工作，确保全酒店保持无虫害、干净卫生的状态。另外还要将整个事件写入酒店系统中的客史档案，当再次接到马女士的预订时要格外注意房间的卫生，客房主管级以上查房后才可办理入住。

第四节　客房清洁质量的控制

客房是酒店主要收入来源，尽管绝大多数酒店制定了严格的客房清洁卫生，但在现实情况中，总有不尽如人意之处，如死角打扫不够彻底，服务员打扫时偷工减料，不按程序打扫，消毒不够彻底，床上用品洗涤不干净等情况。而且客房的清扫过程是由服务员独立完成，一般不会暴露在客人面前，领班查房又是在清扫完成后进行，对客房的清扫过程缺乏监管，因此如何加强客房卫生质量的控制尤为重要。

一、客房卫生质量存在的问题及原因

（一）客房装修用材考虑不当

酒店在装修之初，应充分考虑客房的卫生清洁问题及其因素，不能一味追求美观、豪华。很多酒店在材料上使用了大量清洁较为烦琐的玻璃和不锈钢，故而在日常的客房卫生清洁中给服务员增加了工作量。

（二）卫生质量意识薄弱

"卫生质量是客房生命线"，这不能仅仅停留在口号上，客房管理者必须高度重视卫生质量，避免本末倒置，在服务上做了大量工作，却忽略了基础卫生。只有管理者加强卫生质量监管力度，客房部各级人员才会将卫生工作落到实处。卫生质量意识的加强，除了制度上的规定，还需要落到实处，并加强监督，出台一系列的奖惩制度，多管齐下提高卫生质量意识。

（三）操作流程设计不合理

客房清扫的标准操作程序设计不够完善，不能跟上新的服务需求。如客房已经更换新的设施设备，或者服务内容发生了变化，但清扫的标准操作程序却没有及时更新。甚至一些小型的酒店并没有制定自己的标准操作程序，这样使得客房服务员在进行清扫时，随意性较大，完成的质量也参差不齐。

（四）员工职业道德、责任心较弱，监督、查房有局限

近年来酒店行业人力资源较为紧缺，客房服务员招聘条件降低，客房服务员大部分是文化低、年龄偏大的阿姨，甚至部分酒店长期处于缺员状态。

新招聘的员工在职业道德、责任心方面有所欠缺，有时因为劳动强度大，仅以完成清洁卫生为基本，未考虑到酒店对于卫生清洁的质量及其标准，同时在对客房进行清扫时缺乏现场的监督。客房管理人员也不能对客房每一个细节进行检查，这都将对客房卫生质量造成一定影响。

（五）员工业务技能不娴熟

客房清扫工作的实操性较强，需要员工经过一定的培训及练习才能保质完成任务，

但有些酒店在旺季时，为了提高客房出租率，新员工还来不及接受酒店的入职培训及岗位培训就直接上岗操作，甚至聘请兼职服务员打扫客房，这样很难保证每一个清洁环节按照标准完成，甚至导致客人投诉。

二、加强酒店客房卫生质量控制的措施

客房是客人的休息场所，卫生质量是客人最为重视和关注的问题。服务员在打扫过程中一定要严格按照酒店的卫生清洁质量要求及标准对客房进行清洁，为保证卫生质量，客房管理人员在对客房进行查房时，应仔细检查客房的每一个细节，以免发生卫生质量问题，引起客人的投诉和酒店名誉的损坏，同时还需要酒店根据自身情况采取多种措施保证客房的卫生质量。

（一）强化卫生质量意识

提高客房卫生质量最基础的一步是服务员必须有良好的卫生意识，一开始就将卫生清洁工作做到位。为此酒店必须对客房服务员进行岗位培训，让员工树立起卫生第一、规范操作、自检自查的岗位责任感。同时要求客房管理人员及服务员注意个人卫生，从自身做起，加强卫生意识和卫生习惯，还要不断提高对卫生标准的认识。

（二）重视客房卫生的全面质量管理

酒店可以采取全面质量管理的方法对客房卫生质量进行控制。全面质量管理主要以预防、改进为主，找出影响质量的各种因素，对整个过程运用科学的管理手段，让全员参与对卫生质量的控制。

其工作程序可采用 PDCA 循环法，即计划（plan）、执行（do）、检查（check）、处理（action）。

计划：根据实际情况，酒店制订客房卫生质量控制的计划。

执行：将计划落实到员工身上，员工按照计划有条不紊地进行清洁工作。

检查：客房服务员首先应做到自查纠错，其次客房管理人员在查房时要细心谨慎，严格查房。

处理：在客房清洁工作过程中，对于发现的问题，应采取相应的措施来解决，并将经验分享给整个客房部门。

（三）重视对员工的激励

给予员工一定的激励，可以加强员工对工作的积极性，高质量地完成客房卫生工作。制定相应制度，对房间卫生质量优秀的员工，通过考核，提升为高级服务员，或者

给予免查房。这不仅能够激励员工认真完成客房清扫工作,还能因此降低查房时的二次工作量,提高查房的工作效率。

现在酒店员工多以年轻人为主,个体差别较大,因此在制定激励方式时,应先对员工进行了解,根据员工需求调整激励方案,如奖励旅游、酒店餐厅的免费券等都可以起到激励的作用。

案例

大拇指排行榜

某五星级豪华酒店客房部最近采用了一个方法——鼓励客房服务员手写留言卡,并将卡片留在客人能看到的地方,留言卡内容或感谢客人,或提醒客人,或告诉客人一些相关的服务等。实施该方法后,客房部将客人写在留言卡的表扬也纳入了部门大拇指排行榜的考核激励机制,以此激励客房服务员提升对客服务的质量。

客房服务员将带有客人表扬的留言卡交到客房部经理处,每日统计后更新部门大拇指公示栏,每周的大拇指排行榜中获得大拇指最多的客房服务员可额外获得100元绩效奖金,每月的第一可额外获得200元的绩效奖金。部门大拇指考核还包括其他渠道中客户的点名表扬。除了部门大拇指考核激励机制以外,酒店每日报告中也会报告客人点名表扬的员工,且所有管理层都可以看到被客人点名表扬的员工的名字。

【案例思考】

除了留言卡以外,在日常的客房运营工作中,你还能想到哪些提升服务质量和员工奖励机制的主意?

(四)重视对员工的培训

在客房服务中,技能的好坏将直接影响客房卫生质量的高低。在日常培训中,除了服务意识方面的培训外,技能操作的培训也必不可少。培训方式可以有:案例分析、现场模拟、角色扮演等。让员工积极参与到培训中,通过培训提高卫生质量。

(五)制定卫生质量标准

一定的服务规程、操作程序是确保客房清洁卫生的基础,也是对客房服务员工作进行考核、监督的依据。要求客房部制定相关的卫生制度和查房制度,通过制度的落实和检查,提高卫生质量。

（六）建立严格的查房制度

客房的逐级检查制度主要是指对客房的卫生质量实行服务员自查、领班全面检查和管理者抽查的逐级检查制度，这是确保客房清洁质量的有效方法。

1. 服务员自查

服务员每清扫完一间客房，应对客房的清洁卫生状况、物品布置和设备的完好等做自我检查。这在服务员清扫程序中要予以规定。通过自查，可以加强员工的工作责任心和卫生质量意识，以提高客房的合格率，同时也可以减轻领班的查房工作量。

2. 领班全面检查

服务员清扫好客房并自查完毕，由楼层领班对所负责区域内的每间客房进行全面检查，并保证质量合格。领班查房是服务员自查之后的第一道关，往往也是最后一道关，是客房卫生质量控制的关键。领班查房时如发现问题，要及时记录并加以解决，对不合格的应开出做房返工单，令服务员返工，直到达到质量标准。对于业务尚不熟练的服务员，领班查房时要给予帮助和指导，这种检查实际就是一种岗位培训。

3. 管理者抽查

管理者抽查主要指主管和经理抽查。主管抽查客房的数量一般为领班查房数的10%，主管查房也是对领班的一种监督和考察。经理每天要拿出一定时间到楼层巡视，抽查客房的清洁卫生质量。另外，酒店总经理也要定期或不定期地亲自抽查客房，或派值班经理进行抽查，以控制客房的卫生质量。

（七）设置"宾客意见表"

客房卫生质量的好坏，最终取决于客人的满意度，所以做好客房卫生管理工作，要发挥客人的监督作用，重视客人的意见和反映，有针对性地改进工作。加强对网络点评意见的收集，对客房卫生质量方面存在的问题，重点跟进落实。"卫生质量是客房的生命线"，客房卫生质量对酒店的形象、客人的健康都有很大影响，需要酒店给予足够的重视，在采取多种管理措施对其进行控制的同时，也要注意给予员工关怀与激励，使员工爱岗敬业，这样，客房的卫生质量才会更有保障。

思考与练习

（一）单选题

1. 当长住客人离店后，酒店客房部应对客房进行下列哪项工作？（　　）

A. 简单清扫　　　　B. 彻底清扫　　　　C. 一般清扫　　　　D. 常规清扫

2. 以下哪一条不符合客房清扫的一般原则？（　　）

A. 先抹后铺　　　　B. 从里至外　　　　C. 干湿分开　　　　D. 环形整理

3. 旺季时，酒店客房部应最先清扫什么房间？（　　）

A. VIP房　　　　　　B. 前台指示要尽快打扫的房间

C. 空房　　　　　　 D. 门上挂有"请速打扫"牌的房间

4. 以下哪一条不属于对客房清洁质量的控制措施？（　　）

A. 强化员工的卫生意识

B. 客房清洁卫生质量只由楼层主管负责

C. 制定卫生标准

D. 制定卫生工作的操作程序

5. 酒店公共区域清洁保养由以下哪个部门负责？（　　）

A. 前厅部　　　　　B. 客房部　　　　C. 餐饮部　　　　D. 康体部

（二）多选题

1. 网友曝光五星级酒店严重卫生问题，酒店应如何做出整改？（　　）

A. 制定更为严格的酒店清洁卫生规章制度

B. 培训员工，掌握标准清洁卫生步骤

C. 改革客房部员工薪资制度，基于员工做房的数量及质量发放薪资

D. 认为是行业普遍性问题，不用整改

2. 酒店如何处理垃圾？（　　）

A. 集中到垃圾房，统一处理

B. 定时将垃圾运往垃圾工厂或垃圾处理场

C. 如果在垃圾中发现客人物品，分拣出来，做好登记，移交给有关部门处理

D. 垃圾桶不需要加盖

3. 客房清扫的卫生标准包括哪些？（　　）

A. 玻璃、灯具明亮无积尘　　　　　　B. 墙纸干净无污迹

C. 卫生间清洁无异味　　　　　　　　D. 壁画表面无突起

4. 客房清扫时的注意事项包括哪些？（　　）

A. 敲门注意礼貌　　　　　　　　　　B. 随意处理客人物品

C. 清理卫生间时，专备一块脚垫　　　D. 听音乐放松

5. 如何保养酒店的植物花草？（　　）

A. 清除花草中的烟蒂杂物和灰尘　　　B. 及时清除枯死的枝叶、花朵

C. 请专业公司进行保养　　　　　　　D. 浇水施肥、喷药

（三）简答题

1. 淡季时客房的清扫顺序是？

2. 旺季时客房的清扫顺序是?
3. 客房的计划卫生通常有哪几种组织方式?

(四) 论述题

1. 客房部管理人员如何做好计划卫生管理?
2. 客房部管理人员如何做好清洁质量的控制?
3. 领班为什么要对客房进行全面检查?

(五) 案例分析题

1. 案例一:"请打扫房间"牌的用处

一天中午,住在2708房间的客人从外面回到酒店,进到客房内,发现客房的卫生还没有打扫。客人有些不满意地找到了27楼的服务员说:"我都出去半天了,怎么还没有给我的房间打扫卫生?"服务员对客人说:"您出去的时候没有将'请即打扫'的牌子挂在门外。"客人说:"看来倒是我的责任了。那么现在就打扫卫生吧,过一会儿我还要休息。"于是,服务员马上对2708房间进行客房清洁。

第二天早晨,客人从房间出去时,把"请即打扫"的牌子挂在了门外的把手上。中午客人回来后,客房卫生仍然没有打扫。这位客人又找到这名服务员说:"昨天中午我回来的时候我的房间还没有清扫,你说是因为我出去的时候没有把'请即打扫'的牌子挂上,今天我出去时把牌子挂上了,可是我现在回来了,还是没搞卫生。这又是什么原因呢?"这名服务员又用其他的理由解释,说什么:一名服务员一天要清扫十几间房,得一间一间地清扫,由于比较忙,没注意到挂了"请即打扫"的牌子,客人问:"你工作忙,跟我有什么关系,挂'请即打扫'的牌子还有什么意义?"服务员还要向客人解释。客人转身向电梯走去,找到大堂经理投诉。

事后,这名服务员受到了客房部的处理。

请分析:

(1) 上述案例中,27楼客房服务员为什么遭到了客人的投诉?
(1) 客房部管理人员应如何培养客房服务员的服务意识?

2. 案例二:上锁的保险箱

吴女士在广州××酒店前台办理入住手续后,入住客房2108房。进入客房以后,为防止丢失,吴女士打算将不久前刚购买的宝格丽宝石项链放入保险箱,在衣柜处找到保险箱后发现保险箱处于上锁状态,无论如何也打不开,于是致电客房部询问保险箱的使用方法,客房部协调员得知该情况后马上告知相应楼层服务员到吴女士房间查看情况,服务员琳达检查后发现是保险箱上锁,当即联系防损部员工前往客房解锁,经过酒店保险箱开锁步骤和程序后，防损部打开保险箱发现里面有人民币几万元，当即告知值班大堂经理相关情况，同时客房部联系前日当班客房服务员小李，得知客房服务员在打扫客房时未检查保险箱。客房部经理将情况告知大堂经理，大堂经理当即为吴女士换房，然后联系上位住过该客房的客人，核实保险箱内的现金情况。经过多方调查得知，现金的主人已经前往澳门旅游，最后大堂经理与防损部经理和客人沟通后选择客人接受的方式将该笔现金归还给客人。

请分析：

（1）酒店客房应设置保险箱吗？

（2）由此案例，酒店客房部在客房服务人员清扫流程中以及在服务人员培训中应增加哪些方面的内容？

第七章　酒店客房部物资及成本管理

本章导读

客房成本控制是客房管理的主要任务之一。客房成本控制主要是在严格执行客房预算的基础上，做好客房设备用品的采购、保养和管理工作。

客房的各种设施设备及客用品是为客人提供服务的物质基础。做好客房设备用品的管理，不仅是提高对客服务质量的保障，同时也是节约客房部经营成本费用的重要途径。

学习目标

知识目标
1. 了解客房物品及设备的相关知识。
2. 了解客房部成本控制的主要途径和方法。

能力目标
1. 掌握对客用物品进行控制的方法。
2. 掌握客房物资管理的方法。

第一节　客房部物资管理

一、客房物品及设备

在客房为客人提供的用品中，配备是否齐全、合理都会直接影响到客人的满意度。同时，客房用品的消耗费用所占的比例较大。因为，它涉及的使用频率高，品种较多，数量又大，加之一些用品具有很强的实用性，故容易消耗或者损耗的环节也就随之较多。所以，有效加强对客房用品的控制，是客房部物资管理中最重要的一个环节。

客房物品及设备主要包括以下几种：

（1）电器和机械设备。包括空调、音响、电视、冰箱等。
（2）家具设备。如床、写字台、沙发等。
（3）清洁设备。如洗衣机、烘干机等。
（4）客房备品。如客房免费赠品、客房用品（如布草、酒具、衣架等）以及借给客人的物品（如熨斗、空气净化机、荞麦枕等）。
（5）建筑装饰品。如地毯、墙纸、地面材料等。
（6）其他物品，如客房内的装饰花瓶等。

二、客房物品及设备管理方法

客房的设备用品是为客人提供服务的物质基础，因而具有消费性质。客人在消费过程中不断耗损客房物品及设备的使用价值，所以客房员工要对其进行加工整理、维修保养，使其不断恢复使用的价值。作为客房部管理者要对设备进行有效的管理，就应对本部门的设备情况有明确的了解，并正确掌握设备的调进调出及其使用状况。

（一）客房物品与设备管理的任务

客房物品与设备管理的任务主要有：
（1）制订客房物品与设备采购计划。
（2）制定客房物品与设备管理制度。
（3）做好物品与设备日常管理和使用。
（4）对现有的设备进行更新和改造。

（二）客房物品与设备管理的方法

1. 制订客房物品与设备采购计划

客房部要根据实际工作需要，及时做好要求增加物品与设备的计划，报给酒店采购部门及时采购所需的各种物品和设备，以保证客房经营活动的正常进行。

酒店客房设备及清洁设备一般在开业之初就已经准备就绪，但作为客房管理人员，酒店开业之初就要提出客房设备及清洁设备的采购计划。或者，在酒店开业后的客房管理工作中，当客房更新改造计划需要制订与实施之际，也要根据酒店情况的调整，对采购计划做出应有的调整。

2. 客房设备选择的基本原则

鉴于酒店客房物品的种类繁多，因为在对其选择时，必须要考虑相关因素，坚持正确、相应的原则。

客房设备采购应遵循以下原则：

（1）安全性。如客房电器的自我保护装置，家具、装饰品的防火阻燃性等。

（2）协调性。设备的大小、造型、色彩、格调、档次等应与酒店相协调。尤其是床上的布草尺寸应与床相适应，采购时应与采购部门进行多次沟通，以确保能够正确采购到合适的布草。大小适中的布草能使床铺更加美观，同时能够提高服务员铺床的工作效率。

（3）实用性。酒店客房的用品是为了方便客人的生活而提供的，因而要做到物尽其用。应选择操作简单、不易损坏的设备，此外，还要考虑其清洁、保养和维修是否方便。

（4）经济性。既要考虑设备的价格，又要考虑其使用寿命，同时还要考虑售后服务的便利程度和价格以及零部件修配的可靠性等。

清洁设备采购除了遵循以上原则以外，还应考虑到以下因素：安全可靠；操作方便；易于保养；使用寿命长；噪声小。

3. 做好设施设备的审查、领用和登记编号工作

设施设备购进以后，客房管理人员必须严格审查。同时，设立物品与设备保管员，具体负责物品与设备的分配、领用和保管工作。保管员应建立设备登记册，将领用的设备编号分类登记在册，记下规格、型号、数量和价格等相关信息，调进调出应如实记录。

4. 做好物品与设备的日常管理和使用

客房物品和设备保管员在日常的工作中，应实行分级归口管理，制定专人负责的管理制度，落实其责任。并定期进行盘点和清查，发现问题，及时解决。

客房物品与设备的日常使用中，要特别注意严格遵守维修保养制度，在使用过程中要努力防止事故发生，一旦发生事故，要立即通知工程部及时修理或者采取措施，使设备尽快恢复其使用价值。

5. 对现有的设备进行更新和改造

酒店是高消费场所，客人对酒店及客房物品与设备的要求很高，不仅要干净卫生，而且要常变常新，从而使客房物品与设备具有折旧快、更新期短的特点。因此，要求客房管理者必须事先做好计划，根据物品和设备的品种、规格、质量等规定各种物品与设备的使用周期，并定期检查设备性能和使用效果，提出设备更新计划，向酒店报备并获得批准，及时做好物品与设备的补充和更新工作。

客房设备的更新，依据其类型的不同而具有不同的特点和要求。清洁设备的更新往往要根据其质量、使用和保养情况决定。通常，只要不出现明显问题，如老化、严重磨损、清洁效果不佳和维修费用过高等，就可以照常使用，而不实行强制性淘汰。而其他设施设备，特别是各类家具及装修设施则有所不同，为了酒店的规格、档次，保持并扩

大对客源市场的吸引力,酒店一般都要对客房进行计划中的更新改造,并对一些设备用品实行强制性淘汰。这种更新按其更新周期的不同,分为以下三种情况:常规性维修、部分更新和完全更新。

(1)常规性维修。酒店每年至少进行一次,目的是保持客房的基本标准。其内容包括:墙面的清洁和粉刷、地毯和装饰品的清洗、室内窗帘和床罩等布草的洗涤等。

(2)部分更新。客房部应制订更新或改造计划,其周期一般为5年左右。一般包括更换墙纸、更换沙发、布艺和靠垫等。装饰品的更新还包括床罩、床旗、窗帘等。

(3)完全更新。一般在酒店运营到第10年左右时,应对酒店进行一次全面更新,尤其要求对客房的陈设和格调等进行彻底、全面性的改造。其项目一般包括:卫生间设施设备的更新(包括墙面和地面材料以及灯具和水暖器件等)、地毯的更新、灯具、镜子、装饰物的更新、椅子、床头柜的更新、床垫和床架的更新、衣柜和写字台的更新等。

三、客房设施设备的清洁保养

对酒店客房的设施设备保养不善是我国酒店业的一大问题,很多酒店设施设备很豪华,但因为缺乏保养,很难正常运转。对设施设备保养不善不仅会缩短设备的使用周期,还会直接影响对客服务质量,引起客人的投诉。因此客房员工必须掌握各种设施设备的保养知识,养成良好的使用和保养习惯,做好对各类家具、设备的保养工作。

客房设施设备的保养主要在于平时的清洁和计划保养工作能够按规定的操作程序和有关要求顺利进行。

(一)保养的意义

做好客房前期保养和设备前期保养工作,日常维修和紧急维修将会明显减少。我们面临的问题是怎样从无休止的维修和紧急维修中摆脱出来,有步骤地实施保养计划。我们可以把设施设备的前期保养工作看作一项纳税工程,它要求以小时为单位进行计算,每周缴纳。

做好客房设施设备的保养工作,不仅能够延长使用寿命,降低经营成本,维持酒店档次,提高客房利用率,增加酒店利润,还可以提高客房服务质量,减少客人投诉,增加客人的满意度。

(二)保养的方法

1. 门窗的保养

在开、关门窗时,平时应养成轻开轻关的习惯,这样不仅可以延长门窗的使用寿命,还能减少干扰,保持客房及楼层的清静。此外,雷雨天以及刮大风时,应关好客房窗户，以免雨水溅入客房，或被大风损坏窗户玻璃。

2. 墙面的保养

酒店客房的墙面大都使用墙纸，对墙面经常进行吸尘，可以减少大清洗次数。对于墙纸的清洁，应用比较干的软布擦拭，如油迹，可用汽油、松节油或不易燃的干洗液去擦，而小块油迹则可用白色吸墨水纸压住，用熨斗熨烫几分钟就能去除。

如果需要对墙面进行清洗，则在清洗前要用湿布在小块墙纸上擦一下，查看墙面是否掉色或渗色。若掉色或渗色就表明该墙纸不能水洗，在这种情况下，可试用膏型去污剂清洗。如果墙纸耐水性能好，可用海绵纤维物和不加漂白剂的中性合成清洁剂去污，方法是将湿海绵绞一下，使它含有适当水分，擦洗时，随时挤去海绵上的污垢，保持海绵干净，然后再用清洁的水和干净的海绵墙纸冲洗干净。

另外，如发现墙壁潮湿、天花板漏水的现象，应及时报工程部维修，以免墙壁发霉、墙皮脱落、房间漫水。

3. 地毯的清洁与保养

由于客人使用卫生间后，容易将卫生间的水迹带进客房，造成对房内（特别是卫生间门口）地毯的损坏，为了便于对房内地毯的保养，降低客房经营成本，除个别有特别需要的酒店以外，包括五星级酒店在内的大部分酒店都应考虑只在卧室保留地毯，而在客房卫生间门口用大理石等高级石质装修材料取代地毯。

客房地毯一般有两个类型：一种是羊毛地毯；另一种是化纤地毯。羊毛地毯高雅华贵，但造价很高，故一般只铺设在豪华客房。化纤地毯则有易洗涤、色彩丰富和价格低廉的特点，为我国大多数酒店所使用。

无论哪种地毯，服务员都要采用科学的方法使用和保养，要坚持每天都吸尘一次，并对地毯进行定期清洗。地毯上如出现污迹应及时去除，否则，时间一长将很难去除。除污时，要先了解地毯中化学纤维的成分和污渍的性质，然后选用合适的清洁剂清除。

一般来说，酒店应每年清洗一次地毯，清洗地毯的方法有两种，即干洗和湿洗。干洗的方法是将清洁剂均匀地洒在地毯上，然后用长柄刷将清洁剂刷进地毯里，过一小时后，用吸尘器彻底吸尘，地毯即被清洗干净。干洗的优点：①不影响使用；②地毯不变形，不缩水；③简单易行，不费时。

除干洗以外的另一种方法就是水洗（湿洗）。水洗时先将清洁剂溶于水中，然后使用喷水器均匀地将溶液喷洒于地毯表面，再用毛刷刷洗，用抽水机吸去水分。最后，等地毯完全干了以后，再彻底吸尘，这种清洁方法的优点是洗得干净、彻底，缺点是工序复杂、费时。一般来说，比较脏的羊毛地毯采用这种方法清洗比较好，但要注意，无论哪种方法，都要选用不损坏地毯纤维的清洁剂。

另外，要注意在一些重要通道，如建筑物入口、近楼梯的地方以及客房卫生间门口等放置尘垫，防止污物进入地毯。同时要注意经常将地毯使用的位置转移，使磨损的地方变得均匀。

4. 空调设备的保养

客房使用的空调一般分为室内小型空调和集中送气的中央空调两种。

小型空调在使用时要注意不能让水溅到开关上，以免发生漏电，造成触电事故。在使用中如发出异常声音，应关闭电源，通知工程部进行检查修理。

中央空调由专人负责管理操作，按季节供应冷、热风，各房间有送风口，设有"强、中、弱、停"四个档位，可按需要调节，要定期对鼓风机和导管进行清扫，此外，每隔2~3个月清洗一次进风过滤网，以保证通风流畅，电机轴承传动部分还要定期加注润滑油。

5. 电器设备的保养

（1）电梯

电梯内外应经常擦洗，梯内地毯要每天吸尘清洁。此外，还要防止不良客人或小孩用刀具等在电梯内乱划、乱画。

（2）电冰箱

电冰箱应放在通风干燥、温度适中的地方，其背面和侧面应距离墙壁10厘米以上，以保证空气自然对流并使电冰箱能够更好地散热，切忌将电冰箱放在靠近暖气管，有热源或阳光直射或易受水浸、发潮的地方。冰箱背面温度较高，切勿将电源贴近，此时电源线应避免卷束使用，电冰箱的门封胶边，尤其是门下面的胶边是容易弄脏的部位，要注意经常清洗干净，保持清洁，当冰箱门溅到水或弄污时，应及时用干布抹干，以免金属件生锈，冰箱在使用一段时间后，要注意定期清洁内部，以免积存污物、滋生细菌。

（3）电视

①将电视机放置在光线直射不到的地方，因为暴晒会加快电视机显像管的老化速度，乃至机壳开裂。

②避免将电视机放置在潮湿的地方，同时要注意防止酸、碱等气体的侵蚀，以免引起电视机的金属件生锈或是元件断裂，从而导致电视机接触不良。

③清扫客房时，要用干布擦去电视机外壳上的灰尘。

④电视机不用时，要用布将其罩住，以免灰尘落入，做到定期用软毛刷清除机内的灰尘。

⑤天气比较潮湿的雨季，由客房服务员将电视机每天通电一段时间，以散发的热量来驱除潮气。

⑥客房服务员应尽量避免经常搬动电视机，以减少意外事故的发生。

（4）照明设备

照明设备包括门灯、顶灯、台灯、吊灯、床头灯等。这些设备的保养，首先是电源，周围要防潮，插座要牢固，以防跑电漏电，擦拭灯罩，尤其是灯泡，灯管要断电，且只能用干布擦，绝不能用湿布擦拭。

（5）电话

每天用干布擦净电话机表面的灰尘，话筒每周用酒精消毒一次。

（6）电线

客房内的电线主要是电视机线、电话线和落地灯线。电线应保持表面无破损，此外，电线的安装要相对隐蔽，要整理好，否则容易把人绊倒，甚至损坏电器。

6. 卫生设施设备的保养

卫生设备要勤擦洗，对于洗脸盆、浴缸、马桶等设施，在擦洗时既要使其清洁，又要防止破坏其表面光泽，因此，一般选用中性清洁剂，切不可用强酸或强碱，这种性质的清洁剂不但会破坏瓷面光泽，对釉质造成损伤，还会腐蚀下水道。对浴缸、洗脸盆、马桶等卫生设备的保养，还应特别注意防止水龙头或淋浴喷头滴、漏水，如发生类似现象，应及时报工程部维修，否则，久而久之会使卫生洁具发黄，难以清洁。

7. 客房清洁设备的保养

（1）使用清洁设备时必须严格按照有关的操作制度进行，不能违规操作导致设备受损。

（2）用完清洁设备之后，应对其进行及时的全面清洁，以及必需的保养。

（3）每周定期检查设备的状况，确认其是否完好，发现问题应及时处理。

8. 木器家具的保养

客房中用的最多的家具是木质家具，如写字台、书桌等，木质家具质轻、强度较高、手感适中、纹理美观，构件之间的连接相对简单，所以在客房中得到广泛运用，但木质家具由于木材本身具有的特点，如容易变形、腐朽、易燃、质地结构不均匀，各方面强度不一致等，所有家具在使用时均应根据其特性，注意加以保养与清洁。

（1）防潮。木质家具受潮后容易变形、开胶和掉漆，因此家具放置一般要距墙5~10厘米，并要注意经常通风换气，如果室内长期不通风，特别是潮气较重的房间，家具易发霉、开裂和掉漆，平时要注意不要把受潮的物品，如毛巾、衣服等搭放在木质家具上，擦拭家具的抹布不能带水，只能用软质的干布轻轻擦拭，才能保证家具的光洁度。

（2）防水。清扫房间时，见到水迹要及时擦干，若沾上难以擦拭的污垢，可用抹布蘸少许多功能清洁剂或少许牙膏擦拭，然后用湿润的抹布去除，如果是胶合板制成的家具，沾上污垢可用多功能清洁剂或少许牙膏擦拭，然后用湿润的抹布去除。

（3）防热。木制家具受阳光暴晒容易收缩，所以应避免烈日暴晒。

（4）防虫蛀。壁柜、抽屉底层内宜放些防虫香或喷洒防虫剂，以防虫蛀。竹制家具常用花椒水擦拭可以防止虫蛀。

（5）定期打蜡上光。使用时间较长的家具会失去光泽，因此必须定期打蜡上光，保养的办法是将油性家具上光蜡，倒些在家具表面或布上擦拭一遍，约15分钟后重复一次，第一遍在家具表面形成一层保护层，第二遍即可达到上光的效果。

9.沙发、床以及床垫的清洁与保养

（1）床的保养

床架各部分的活动走轮及定向轮由于使用频繁，一旦出现脱落和破损，应及时报修和更换。

（2）床垫（席梦思）的保养与清洁方法

①多铺一床保护垫在床垫上，注意用松紧带将褥子固定在床垫上，否则褥子在铺床时容易滑动，给操作带来困难，褥子脏时更换即可。

②定期翻转床垫，视床垫使用状况和年限，每季度或半年翻转一次，使床垫各处压力和磨损相同，避免凹凸或倾斜。

③经常检查床垫弹簧的"固定钮"是否脱落，如果脱落，弹簧会移动，必须及时报修，否则床垫损坏，客人睡眠就会不舒服。

④若发现床垫四周边上有积尘，及时用小扫帚清除。

⑤在客房使用率低时，用吸尘器清洁床垫。

（3）沙发的保养与清洁

①沙发面层有污点时，及时用清洁剂去除；

②经常翻转沙发坐垫，以保证坐垫受力均匀；

③经常对沙发吸尘，以保持其清洁；

④不能在沙发坐垫上踩跳，否则会损坏坐垫内的弹簧。

第二节 客用品的管理

酒店客用品是酒店日常经营管理的重要物品，根据使用次数的方式划分，可分为一次性消耗品和多次消耗品。一次性消耗品具有一次性的使用特征，以洗漱用品为主；多次性消耗品具有多次性特征，主要是衣服挂件、茶几、烟灰缸等。

客用品的使用和消耗量伸缩性比较大，因此，做好对客用品的控制是客房成本控制的重要环节。

一、客用品的选择

酒店客用品的选择必须慎重,酒店要么不提供客用品(俗称"六小件"),要提供就必须保证客用品的质量。

酒店客用品的选择应该考虑以下因素:

(一)质量

酒店为客人免费提供"六小件"及其他客用品必须保证其质量,以免给客人造成伤害,引起客人的投诉,甚至法律纠纷。

(二)经济实用

客用品是为方便客人的住店生活而提供的,因此,必须符合方便、实用的原则,所选的客用品必须是客人所真正需要的,同时要方便使用。

(三)物美价廉

现在随着酒店业的蓬勃发展,客房用品供应商也日益增多,加之客用品的耗用量很大,故价格问题也不能忽略,这也是客用品成本控制的关键因素之一,作为酒店的经营者,应秉承"好中选优,优中选廉"的理念。

(四)耐用适度

一般情况下,客用品应能够充分体现出酒店的档次,同时也会突出其特有的风格,并不是越坚固耐用越好。

二、客用品的管理

(一)确定消耗定额

客房管理人员应按照客房总数、客房类型及年均出租率,确定各类客用品的年均消耗定额,并以此为依据,对各班组、个人的客用品控制情况进行考核。

由于团体客人和散客对客用品的消耗量有所不同,所以,也可以根据酒店每年接待的团体客人和散客的比例和数量,分别计算团体客人和散客的消耗定额,然后加总,即为客房部客用品的消耗定额。

(二)确定客用品的总配备量

客房的消耗性用品一般是非循环性的用品,它的使用量与客房入住率和物品使用率有关，实际使用量可能远远大于根据房间配置需求量预算的标准储备量。如果消耗性客用品仅是满足客房标准量配置，那么就会导致严重的物品短缺。所以，要保证消耗性客用品的正常供应，就必须通过最小库存量与最大库存量来设置和控制。购置件数一般以物品运输的容积为单位，如箱、盒、桶。酒店客房的消耗性客用品的数量绝对不能低于该项物品确定的最小储备量。

1. 客房部库房储备定额

客房部应设有自己的客用品仓库，其存量应能满足客房一个月以上的需求。它既能供各楼层定期补充，又可满足楼层因为耗量过大而产生的临时领料。

2. 楼层工作间储备标准

楼层工作间一般备有一周的客房用品储备量，客用品消耗用量应列出明确的标准，并置于工作间明显的位置，以供申领物品时参照。

3. 客房配备标准

根据客房配备标准，详细规定各类型及等级的客用品配备以及摆放的位置，将其以书面的形式固定下来并附有照片，以供日常发放、检查及培训时使用，这也是控制客用品的基础。

（三）客用品的日常管理

客用品控制工作中最容易发生问题的一个环节就是日常管理，也是客房工作中最重要的一环。客房部主要通过以下方法进行客用品的控制。

1. 楼层主管对服务员直接控制

（1）通过工作表控制服务员消耗量。楼层领班通过服务员工作表来控制每个服务员使用的消耗品，分析和比较各服务员每房的平均耗用量。

（2）检查与督导。领班通过现场指挥和督导，减少客用品的浪费和损坏。

2. 建立客用品的领班负责制

各种物资用品的使用主要是在楼层进行的，因此，使用的好坏和定额标准的掌握，其关键在领班。一是由清洁班人员每人负责一个楼层，既要对各楼层的清洁负责，又要对各楼层物品保管、使用负责。二是建立楼层盘点管理档案。三是各楼层领货必须签字。

3. 客房部对客用品的控制

一是通过客房中心的文员，负责整个客房部的客用品领发、保管、汇总和统计工作。第一，负责统计各楼层每日、每月的客用品使用消耗量；第二，结合客房出租率及上月情况，制作每月客用品消耗分析对照表；第三，做好中心库物品的发放、领取和盘点。二是楼层主管建立相应的规范和采取措施，使客用品的消耗在满足业务经营活动需要的前提下，达到最低限度；主要是制定相关的管理制度和加强员工的思想教育工作。三是在员工中开展节能降耗活动，要求服务员每天对自己清洁的客房进行物品回收，通过处理后再利用。使物品尽可能地重复使用，让节省下来的每一分钱都成为酒店的纯利润。比如，沐浴液回收用作洗手液、牙膏回收用作清洁剂等。

 案例

客用品该给多少

客房部接到 902 客房张女士的电话，要求客房服务员再送 3 份欧舒丹的洗浴三件套到客房，客房服务记录中客房服务员此前已经额外送了一份洗浴三件套，但客房秘书还是同意了张女士的请求，让客房服务员多送了 3 份洗浴三件套给到客人。事后客房秘书与客房部经理聊天时提到了该案例，客房部经理不认同客房秘书的做法，认为满足客人的需求不能没有原则，在这一件事中，客房秘书的处理方式并不对。

请分析：

1. 请问在对客服务中，客房秘书的处理方式有哪些不足？应该如何改进？
2. 结合你目前所处的实际环境，酒店客房部应如何控制客用品的成本？

4. 对布草的控制

由于酒店的布草洗涤是洗涤公司完成，客房部着重把好洗涤质量关，严格按不同的房态打扫程序更换布草（走客房、续住房、长包房）。续住房要求领班、主管多与客人交流、沟通并形成制度，以及将不严重的破损单修补再使用或者改造成枕套和被套，做到降低成本、节约开支。

5. 清洁剂的管理

为了减少清洁剂的流失和浪费以及从安全工作角度考虑，清洁剂的保管和配比由 PA 专人负责，再分发到楼层和 PA 员工使用。客房部从源头上降低成本、节约开支，在员工中倡导勤俭节约的精神，做好废、旧物利用工作，教育员工一点一滴地节约，一元一角、一分一厘地节省。加大客房中心仓管员对客房楼层的客用品耗费总量的控制，逐步把客用品细化到各楼层，责任到每个服务员，以及清洁剂用工程量来考核，清洁用品定量到每个服务员，规定使用期限，及时做好小修小补工作，尽量减少不必要的费用，把成本控制、挖潜增效落实到人、落实到岗。

6. 控制流失现象

客用品的流失是造成客用品失控的重要原因，有两种情况：第一种是一些客人在服务员做房时从工作车上"顺手牵羊"，拿走部分客用品；第二种情况，也是更普遍、更严重的现象，则是服务员利用工作之便，经常且大量拿走客用品以供自用或提供他人使用。在管理不善的酒店，甚至常常被大量带出酒店，形成客用品流失的"无底洞"。针对上述情况，客房部可采取以下措施：

（1）要求服务员在房间做卫生时，将工作车紧靠在房门口停放，以便督察。

（2）加强对服务员的职业道德教育和纪律教育。

（3）要求服务员做好客用品的领取和使用记录，以便考核。

（4）与保安部配合，做好对员工上下班以及员工更衣柜的检查工作。

7. 客用品的节约

客房部应努力做好客用品的节约工作，一方面，对于住客房内没有用过的客用品应继续使用，不应随手扔掉，如客人使用过的客用品可以回收，则应该回收。另一方面，客房管理工作应遵循绿色低碳原则，尽量使用固定的罐装容器盛放卫生用品，以减少不必要的浪费和对环境造成的污染。

（四）宾客借用物品的管理

向旅行者提供所需的各种常用设备是酒店的一项宾客服务内容。它根据宾客的要求出借物品，且不收费。通常客房部负责储备、出借及收回宾客借用物品。

1. 借用物品种类

每个酒店向宾客出借的物品种类不尽不同，且种类繁多。一般出借的物品包括熨斗、熨衣板、针线包、头发吹风机、闹钟、童床、网线、床板及变压器。其他物品有被子、取暖器、电热毯、热水瓶、冰袋、剃刀、电动剃须刀、卷发钳、不引起过敏的枕头、加热毯、羽绒盖被、折叠行军床及玩桥牌的桌椅。另外，供宾客使用的物品还有手杖、宝宝椅与轮椅。

2. 确定借用物品的数量

酒店出借给宾客的物品种类通常取决于酒店的服务水平及典型客户的需求。而出借物品的库存量取决于酒店的规模及预期的宾客需求量的大小。

宾客借用具体物品的频度，因酒店的类别、开房率水平、宾客当日到店与离店的模式及酒店某一时间段住店客人的类别的不同而不同。客房管理人员需要确定酒店宾客借用物品的种类和数量，且有责任为满足宾客的要求备足物品，做好借用物品的供应工作。

3. 借用物品的控制

（1）制定借用物品程序

客房部经理要制定各种程序，这些程序涉及保存宾客借用物品库存品的正确记录，应按宾客的要求，跟踪出借的物品，以及确保借出的物品及时归还。客房部经理应有本部储存的一切宾客借用品的完整无误的清单。库存品记录上反映出每项物品的名称、制造商、供应商或售货商、购买日期、货价、保修及存放地点的信息。记录还注明各项物品的标准量数量。当破旧物品不再使用及新的物品投入使用时，该宾客用品库存品总表应不断更新。有必要制定对宾客借用物品的发放及使用情况跟踪的具体政策与程序。程序的制定将根据酒店通常接待的客户的性质及酒店过去借用物品丢失或被窃的记录来完成。无论使用哪种方法去跟踪出借物品，都必须在控制酒店损失及提供优良宾客服务这两个方面取得一种平衡。

（2）制定借用物品清单

客房部经理可使用表7-1所示的记录簿对宾客借用物品加以监督。用它记载借出物品的种类、客人的房号及要求的物品、借出物品和归还物品的时间。同时还应注明预期客人结账离店的日期，这有助于跟踪如特殊枕头与床板这样的物品，这些物品通常在客人住店期内出借和使用。客房部经理通过该记录簿的使用，就可推测何时要求借物的宾客人数最多，何时要求借用某项物品，以及不同物品借用时间的长短。该记录簿还有助于客房部经理跟踪使用物品的地点，并确保所有物品得以归还。

此外，通过借用物品清单，客房管理人员还可以清晰地知道目前的库存数量，当数量不足时，应尽快通知相关部门如前台和总机，相关部门可以及时做出反应，避免承诺了客人之后却没有借物可借的处境，极大地提升了对客服务质量。

表7-1 记录簿示意

日期	房号	借用物品	接到电话		递送	
			时间	接收者	递送时间	执行者

酒店应定期检查各项宾客借用物品，保证物品处于正常状态且可以安全地使用。物品出借、递送给客人之前也应测试其能否正常工作，确保客人使用该物能达到预期的目的。对破旧、受损或破碎的物品，应根据需要加以更新。

思考与练习

（一）单选题

1. 星级酒店新店配置枕芯数是多少？（　　）

A. 客房数 ×2×1.1（向上取整）　　　　B. 客房数 ×3×1.1（向上取整）

C. 客房数 ×4×1.1（向上取整）　　　　D. 客房数 ×5×1.1（向上取整）

2. 客房部经理盘点布草的频率是？（　　）

A. 每天盘点布草　　　　　　　　　　B. 每周盘点布草

C. 每旬盘点布草　　　　　　　　　　D. 每月盘点布草

3. 布草报损报废处理决策权在哪一个管理层级？（　　）

A. 楼层主管　　　B. 总经理　　　C. 房务总监　　　D. 客房部经理

4. 下列说法正确的是（　　）。

A. 客房设施设备定期维护保养和大修应由工程部负责，客房部配合

B. 客房设施设备定期维护保养和大修应由工程部独立完成

C. 客房设施设备定期维护保养和大修应由客房部独立完成

D. 客房设施设备定期维护保养和大修应由客房部负责，工程部配合

5. 管理人员在检查客房设施设备时，除了看、试的同时，还需要使用（　　）的方法检查异常现象。

A. 运行　　　　B. 检验　　　　C. 测试　　　　D. 耳听

（二）多选题

1. 布草达到洗涤次数后，出现以下哪些情况应立即报废？（　　）

A. 布草表面出现破损、破洞现象

B. 布草变脆，出现撕裂痕

C. 布草发黄、发乌，与标准颜色出现较大色差

D. 布草有少量血迹

2. 客房电器设备包括哪些？（　　）

A. 空调　　　　B. 照明灯具　　　　C. 电冰箱　　　　D. 音响

3. 下列关于酒店客房设备设施养护的说法正确的是（　　）。

A. 延长设备寿命、装饰保新，酒店保值、升值

B. 设备设施养护的理念：酒店业要学习航空业

C. 设备维护保养方面的落后，必然给酒店社会效益和经济效益带来严重的影响

D. 缺乏维修和保养是中国酒店普遍存在的一个非常严重的问题，这造成酒店有效寿命极短

4. 现代化客房设施设备的发展趋势有（　　）。
A. 客房面积不断增大　　　　　　　　B. 卫生间面积不断增大
C. 客房提倡"绿色装修"　　　　　　　D. 房间设施设备现代化
5. 根据设施设备的配套性，使用地毯的房间必须配备的物品有（　　）。
A. 地巾　　　　　B. 浴帘　　　　　C. 窗　　　　　D. 沙发

（三）简答题
1. 客房物品与设备包括哪些内容？
2. 客房物品与设备选择应遵循哪些原则？
3. 客房清洁设备的保养应做好哪些方面的工作？

（四）论述题
1. 论述客房物品与设备的管理方法。
2. 如何做好客用品的控制工作？
3. 客房部管理人员应如何培养客房服务员的服务意识？

第八章 酒店客房部公共区域管理

> **本章导读**

酒店是以建筑为载体,在空间中实现功能满足、情感传递与创造收益的行业。按照传统的设计理念,酒店公共区域中占很大比例的空间,如大堂、走廊、电梯间、序厅、过厅等均属于展现酒店等级和豪华档次的无收益空间。但如今,酒店公共区域的空间属性发生了巨大的变化,已由过去单纯的配套性辅助空间转化成一种更具内涵的价值性空间,即凸显出一种集功能、展示、社交、体验、收益为一体的聚变性空间价值。酒店公共区域的清洁卫生由客房部负责,本章主要介绍酒店客房部公共区域的概述、清洁与保养等管理知识,以及公共区域卫生清洁的程序与标准。

> **学习目标**

知识目标

1. 了解公共区域的范围。
2. 理解公共区域清洁保养的特点。

能力目标

1. 了解公共区域卫生清洁的程序。
2. 掌握公共区域卫生清洁的标准。

第一节 客房公共区域范围及特点

一、客房公共区域范围

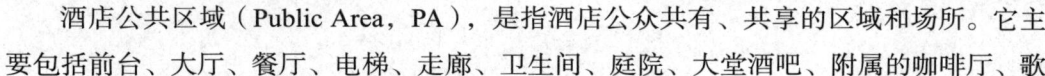

酒店公共区域(Public Area,PA),是指酒店公众共有、共享的区域和场所。它主要包括前台、大厅、餐厅、电梯、走廊、卫生间、庭院、大堂酒吧、附属的咖啡厅、歌

舞厅等。还包括停车场、会议室、内部商场、多功能厅及康乐等区域。

酒店公共区域分为室内和室外两部分：（1）室内公共区域还可以分为前台和后台两部分：①前台是专供客人活动的场所，如大堂、会议室、公共洗手间、客用电梯等；②后台部分为酒店员工设计的生活区域，如员工餐厅、员工更衣室、员工宿舍等。（2）室外公共区域，又称酒店外围，包括酒店的花园、前后广场以及停车场等。

【课堂思考】

上述列出了很多所属公共区域的场所，你还知道哪些属于酒店公共区域范围的场所？

二、酒店公共区域卫生特点

（一）人员流量大，清洁工作不太方便

公共区域的特点是人员流量非常大，客人活动频繁，因而在公共区域清洁工作方面有诸多的不便和困难。

酒店的公共区域卫生清洁通常安排在人员流动较少的时段进行，以减少对公共区域内活动的人员造成干扰。有些客用区域的清洁工作被安排在夜间，这都是为了避免打扰到客人。

（二）涉及范围广，造成影响较大，要求较高

公共区域清洁卫生的范围涉及酒店的每一个角落，既包括外围的外墙、花园、前后大门、通道等，也包括室内的大厅、休息室、餐厅、娱乐场所、公共洗手间、电梯、行政办公室、员工休息室、更衣室、餐厅、员工公寓以及所有的下水道、排水排污管道和垃圾房等。公共区域的清洁卫生状况被每一位经过和进入酒店的住店客人及非住店客人所感知、所传扬，对酒店形象有较大的影响。

（三）项目繁重琐碎，专业、技术较强

公共区域清洁卫生工作不仅涉及面很广，而且在不同的地点、针对不同的清洁对象，有不同的清洁标准和清洁方法，需要使用不同的清洁剂，所以其清洁卫生项目繁杂琐碎。如地面、墙面、天花板、门窗、灯具的清洁，公共卫生间的清扫、绿化布置、除虫防害等。各类清洁工作具有各自的专业性和技术性，对工作人员提出了较高的要求。

【课堂思考】

如果你是公共区域的主管,你将如何展开不同公共区域的清洁卫生工作?

第二节 客房公共区域卫生清洁保养

一、客房公共区域卫生内容

公共区域卫生涉及酒店的前台和后台,室内和室外的广泛区域,主要的几项清洁卫生工作包括以下内容。

(一)大堂清洁及保养

酒店大堂人流量较大,来往频繁,因此带入的灰尘沙砾较多,若不进行及时清理,将会扩散到酒店的其他区域及楼层。另外,酒店大堂也属于装修较豪华的区域,其中摆设物品和饰物也较多,酒店门厅、大堂属于使用者和外来客人进入酒店的第一场所,也是显示该酒店的等级和管理水平的重要区域,大堂的卫生决定了顾客对酒店的第一印象,更是决定他们是否入住的条件之一,所以大部分酒店会把重心放在大堂的清洁和卫生管理过程中。做好酒店大堂日常清洁保养尤为重要。

大堂的清洁工作主要在清晨或深夜进行,白天进行定时巡查,酒店通常每隔半小时就要巡查清扫一次。

在公共区域进行清洁工作时,公共区域保洁员一定要放置警示牌提醒客人,防止发生意外,保洁员要精神饱满、举止大方、礼让宾客。

1. 大堂地面的清洁及保养

大堂的大理石地面在客人活动频繁的白天需不断地进行除尘工作。遇到雨雪天,要在门中放上存伞架或放雨伞套,并在大门内外铺上踏垫和小地毯,同时在入口处不停地擦洗地面的泥尘和水迹。每天夜间12点以后打一次薄蜡,并用磨光机磨光,使之光亮如镜。大厅内有地毯处每天要吸尘3~4次,每周清洗一次。大堂地面清洁要仔细,不能有任何遗漏点。拖擦过程中应及时取下清洁工具上的杂物。操作过程应尽量避开客人或客人聚集区。打蜡或水迹未干区应有标示牌,以防客人滑倒。

2. 门庭清洁

白天对玻璃门窗、门框、指示牌等的浮尘、指印和污渍进行擦抹,尤其是大门玻璃应始终保持一尘不染。夜间对门口的标牌、墙面、门窗及台阶进行全面清洁、擦洗,对大门口、外庭院进行清扫冲洗等。

3. 家具的清洁

白天勤擦拭休息区的桌椅、服务区的柜台及一些展示性的家具，确保干净无灰尘。及时倾倒并擦净立式烟筒，用镊子将烟箱里的烟头、杂物清理干净；用废纸把烟箱面上的口痰擦拭干净。及时更换烟缸。随时注意茶几、台面上的纸屑杂物，一经发现应及时清理。

4. 不锈钢、铜器清洁

不锈钢、铜器等金属装饰物为酒店大厅增添了不少光彩，这些器件每天都要清洁，否则会失去光泽或沾上污渍。擦洗这些器件时注意要使用专门的清洁剂，若用其他的清洁剂会造成对器件的严重损坏。大堂的广告架牌、指示标牌、栏杆、铜扶手及装饰用铜球等是大堂清洁保养的主要对象。铜器分为纯铜和镀铜两种，擦拭方法也不同。擦拭纯铜制品时，先用湿抹布擦去尘土，然后用少许铜油进行擦拭，直到污渍擦净，再用干布擦净铜油，使其表面发光发亮。擦拭后铜制品表面不能留有铜油，以免在使用过程中弄污客人的手或者衣物。镀铜制品不能使用铜油擦拭，因为铜油中含有磨砂膏，经过擦磨后会损坏镀铜表面，不但影响观感，也会减少使用的寿命。

（二）公共洗手间的清洁保养

公共洗手间是客人最挑剔的地方之一，以至于有人说要看一个酒店的管理水平，去看看它的公共洗手间就够了，因此酒店必须保证公共洗手间清洁卫生、设备完好、用品齐全。公共洗手间的日常清洁服务是：及时做好洗手间的消毒工作，使之干净无异味；按顺序擦净面盆、水龙头、台面、镜面，并擦亮所有金属镀件；将卫生间的香水、香皂、小方巾、鲜花等摆放整齐，并及时补充更换；拖净地面，擦拭门、窗、隔挡及瓷砖墙面；配备好卷筒纸、卫生袋、香皂、衣刷等用品；检查皂液器、自动烘干器等设备的完好状况；热情向客人微笑问好，为客人拉门、递送小毛巾等。公共洗手间的全面清洗是：洗刷地面及地面打蜡、清洁水箱水垢、洗刷墙壁等。为不影响客人使用洗手间，该工作一般在夜间进行。

（三）餐厅及宴会厅的清洁保养

餐厅、酒吧和宴会厅是客人的饮食场所，卫生要求较高，清洁工作主要是在餐厅营业结束后做好对地毯和外窗玻璃的清洁。此外，餐厅、酒吧、宴会厅或其他饮食场所，常会有苍蝇等害虫出现，应随时或定期喷洒杀虫剂，防止苍蝇等害虫滋生。

（四）后台区域的清洁与保养

员工食堂、浴室、更衣室、服务通道、员工公寓、娱乐室的卫生状况对员工的思想和精神、对酒店的服务质量有重要的影响。后台区域的清洁卫生工作有：做好员工食堂、浴室、更衣室的日常消毒、清洁维护；对员工倒班宿舍、公寓、娱乐室等进行定期清扫；搞好员工通道的清洁保养，为全店员工创造良好的生活、工作环境。

（五）绿化布置及清洁养护

绿化布置能给宾客耳目一新、心旷神怡的美好感受，所以高档酒店都很重视店外的绿化规划和店内的绿化布置。对植物花草的清洁养护包括：及时清除枯死的枝叶、花朵、浇水施肥、喷药；清除花草中的烟蒂杂物和泥土、灰尘、污迹。如果是人造植物花草，可以直接清洗。很多酒店将绿化布置及清洁养护外包给专业的第三方机构。

二、清洁设备的保养与维护

必要的清洁设备是提高清洁服务质量和效率的保证。酒店清洁设备种类较多，价值也比较大，同时酒店清洁设备的使用效果和寿命在很大程度上也依赖于日常的保养工作。所以，为了保证洗地机、扫地机、工业吸尘器等清洁设备的使用效率及寿命，在日常使用中就应该做好以下维护保养工作。

（1）操作。操作人员都必须经过操作培训，懂得正确使用清洁设备。

（2）清理。使用完毕后，必须将机器内部的垃圾及污物清除掉，并进行必要的保养，如加油、更换零件。

（3）擦洗。用干净抹布将各款清洁设备的各个部位的污渍、水迹擦干净。

（4）检查。设备使用前后都应检查其完好状况，发现问题要及时处理。

（5）维修。设备出现故障，应有备用件及配件进行维修。

（6）保管。所有清洁设备应由专人保管，存放在合适之处。

（7）存放。清洁设备应做好存货档案，注明采购日期、货源、价格和其他相关信息，且有专门的存放地点，室内保持干燥、整洁。

思考与练习

（一）单选题

1. 以下不属于酒店公共区域的是（　　）。
A. 前厅　　　　　　B. 客房　　　　　　C. 洗手间　　　　　　D. 电梯

2. 饭店公共区域卫生的管理一般是由下列哪个部门负责？（　　）
   A. 工程部　　　　B. 餐饮部　　　　C. 客房部　　　　D. 康乐部
3. 酒店公共区域管理人员的清洁卫生检查，白天应以哪项为重点？（　　）
   A. 督促工作　　　　　　　　　　　　B. 了解员工的工作状态
   C. 是否正确使用清洁剂　　　　　　　D. 是否正确使用清洁工具
4. 酒店公共区域应时刻保持整洁美观，给客人留下美好的印象，以下关于公共区域的卫生清洁工作，描述不正确的是哪项？（　　）
   A. 酒店公共区域的卫生清洁应在客房经理/领班的指导下，由酒店公共区域服务员负责清扫
   B. 公共区域地面清扫工作应尽量避开客流高峰时段进行，且必须在醒目位置放置"小心地滑"提示牌
   C. 公共区域服务员在清洁公共卫生间时遇到客人，需征询客人的意见，征得客人同意后继续清扫直至完成工作
   D. 公共区域服务员应随时关注大堂休息区的清洁情况，烟缸内的烟头超过三个，需要及时更换烟缸
5. 下列关于酒店公共区域绿植的清洁，描述不正确的是哪项？（　　）
   A. 绿植应定时定量进行浇水、施肥等养护工作，并清洁干净
   B. 清洁绿植叶面时不可用含有清洁剂的抹布进行擦拭
   C. 枯萎凋谢的花枝或树叶可作为天然养料，可以不用清除
   D. 酒店公共区域的绿植应定期更换位置，确保所有绿植都能在有阳光的环境下生长

（二）多选题

1. 酒店公共区域主管的管理对象有哪些？（　　）
   A. 酒店公共区域清洁工
   B. 楼层勤杂工
   C. 客房服务员
   D. 公共区域夜班领班
2. 以下属于酒店公共区域基本职能的有（　　）。
   A. 本酒店库房区域的清洁保养
   B. 酒店的园林绿化
   C. 客房区域的服务与管理
   D. 宾客遗留物品的保存管理
3. 酒店公共区域根据其所处的位置，可以分为（　　）。
   A. 前台部分　　　　B. 后台部分　　　　C. 室外部分　　　　D. 室内部分

4. 以下关于客房/公共区域计划维修（保养）的工作要求，下列叙述正确的有哪些？
（   ）

A. 给排水畅通无堵，阀门良好

B. 供电用电配电箱压线、电视信号良好，网络、电话正常

C. 房间设施完好，无破损缺陷，墙面无明显开裂色差，油漆良好

D. 瓷砖无污渍，吊顶无积灰

5. 对于公共区域清洁工的任职条件，以下描述中正确的有（   ）。

A. 略懂外语

B. 熟悉酒店的服务设施和服务项目

C. 掌握有关公共区域清洁保养的知识和技能

D. 具有初中以上学历或同等文化程度

（三）简答题

酒店业内有一种说法：公共洗手间是酒店的"名片"。酒店应如何擦亮这张"名片"？

（四）论述题

客房部管理人员如何做好公共区域管理？

第九章　酒店客房部安全管理及突发事件应急管理

本章导读

酒店是客人的"家外之家",安全需求是顾客在"家"里最基本的需求。酒店客房部通过安全管理给宾客提供一个安全的住宿空间。只有先保障宾客的人身和财产安全,酒店针对宾客的优质服务、个性化服务等才有意义。酒店常规性的安全管理和突发事件管理紧密相联,酒店提前准备对各种突发事件的应急预案并进行演练,当酒店遭遇火灾、自然灾害、停电等突发事件时尽可能妥善应对,应对不当则直接影响宾客及员工的人身和财产安全。

学习目标

知识目标
1. 理解客房部主要安全问题及其防范措施。
2. 掌握客房突发事件的类型。
能力目标
1. 掌握火灾的预防及应急处理。
2. 掌握客房其他突发事件的处理策略。

引导案例

不识筹码真面目

2019年1月28日晚19点,客房服务员小赵结束客房清洁工作后,带着回到客房办公室进行交接工作,其中包括一个银质的手提箱,客房文员第一时间感觉这个手提箱不对劲儿,立刻联系当班经理处理,在三人共同见证下,发现该手提箱内是满满的一箱筹码,还包括一个画有赌博竞技的地毯,当班经理意识到问题的严重性,立刻联系防损部，防损部当即采取措施，清点封存好该手提箱并联系警方。当晚经理立即找客房服务员小赵进行谈话，并于次日早会上再次提醒大家时刻保持警惕。

（资料来源：作者收集整理）

请分析：

1. 小赵已经正确按照酒店程序处理遗留物，为何经理却批评了她？
2. 在日常的客房清洁工作中，遇到此类问题时，你会如何做，你会采取哪些行动来避免更多类似的事情发生？

第一节　客房部安全管理

客房安全是客房工作的一项十分重要的内容。安全工作的目的是保证客房、客人以及员工的人身安全、财产安全。客房的各项安全工作就是围绕这一目的而开展的。

客房的安全。酒店应保障客房辖区内的所有基础设备设施功能完善、正常运行，定期进行检查、维修和保养，坚决杜绝因硬件设施的使用不当或缺陷造成的身体上或生命的伤害。在酒店内导致客房不安全的因素一般情况有火灾、偷盗、食物中毒、骚扰、疾病传播、利用客房实施"三毒活动"（黄、赌、毒）的犯罪活动等，都会对客房安全造成影响。

客人的安全。客房的安全首先是"客人安全"。根据国际酒店的惯例，宾客在酒店办理完住宿手续后，即与酒店构成了合同关系，契约行为使酒店有责任和义务对客人的人身、财产和心理安全等方面进行保障和维护，并保证宾客在客房区域内的人身、财产和正当权益不受到侵害，以及心理上和精神上也不受伤害。

员工的安全。酒店有责任和义务保护员工的人身、财产安全，其中包括健康保障和职业安全，这是因为酒店与员工之间已经建立了"1"，同时作为酒店的员工也必须履行自己的职责和义务，在加强自我保护意识的基础上要完成对宾客的安全保护。

总之，客房安全是伴随着酒店接待服务的始终来进行的。常言道"安全系于大局，责任重于泰山"，安全内容有客房、宾客、员工等保护对象是人身安全、财物、心理等方面，它是一项有专业特点、持久和复杂的工作。因此，客房安全对于树立酒店社会的公众形象，加强客房安全管理，提高顾客安全感，增强行业竞争力是十分有益的。

客房安全管理具有不同于酒店其他部门的特点和任务，同时客房安全也是酒店安全的重要组成部分，客房安全管理主要有难度大、弱点多及要求高三个特性。

难度大。酒店的人员流动量较大，人员往来成分也较为复杂，其中会有趁机犯罪的分子，甄别难度较大，安全隐患也会较多。酒店员工众多，流动率较高，对酒店安全工作的顺利实施也造成一定的影响。客房易燃物品多，用电的不安全因素多。同时客房区域物资财产、资金存量大，也就容易成为不法分子的目标，这些都会增加酒店安全管理的难度。

弱点多。客房具有隐蔽性，安全隐患不易被发现。所以处理好"热情待客"与"防止犯罪行为"两者的关系是一件很不容易的事情。安全措施的有效实施，需要客人的理解与配合，从而也存在一些不确定因素。

要求高。客房安全管理的项目较多，专业技术含量较高，同时也要全面了解酒店的防火、防盗、防爆以及防突发事件等知识；掌握客房操作技巧，特别是涉外案件会直接影响到国家的形象，所以对从业人员的全面素质提出了更高的要求。客房服务员在工作中，既要讲究原则，又要有灵活性。

一、客房安全与管理

客房安全是指宾客自入住到酒店客房范围内开始其人身、财产、正当权益等不受侵害。酒店不仅要以热情周到的服务、舒适干净的客房、娴熟的服务技巧来满足不同宾客的需求，还要特别重视宾客最基本的安全需求，为宾客提供安全和保护是酒店应尽的责任和义务。安全是酒店各项服务和活动的重要基础，也是酒店正常经营和运行的保证，只有在安全的环境下，各项服务活动才得以展开，客房是酒店的基本设施和主体建筑，是安全防范的重点部门之一，作为人员高度密集的区域，客房同时也是酒店安全事故和隐患的主要发生区域。客房安全管理是指针对客房安全而进行的组织、计划、协调、控制等一系列管理活动，为了更好地保障客房所有宾客、员工的人身和财产安全，以及酒店财产安全，管理者应该在日常的管理中提高安全防范意识，同时也要严格按照安全规定办事，采取积极有效的措施。员工也应加强安全责任意识，根据客房部安全工作的特点，切实做好客房的各项安全工作等。

具体来说，防火、防盗和预防各类意外事故是客房安全管理工作的重点。其中防火工作是客房安全管理的首要工作，火灾事件的破坏性、影响性巨大；发生在客房的盗窃事件是饭店内最普遍、最常见的安全威胁，不仅造成宾客和酒店的财产损失，还使饭店的声誉受损；除火灾、盗窃以外，客房中还会发生许多意外事故，如突发停电、客人受伤或患病、客人醉酒等，客房部必须予以足够的重视来防范这些意外事故的发生。

各类事故：

（1）浴室冷热水供应不正常，烫伤或冻着客人；

（2）设施、设备年久失修或发生故障而引起的各种伤害事故；

（3）地板太滑，楼梯、地毯安置不当，使客人摔伤。

 案例

偷盗案

刘先生和夫人在"十一黄金周"时入住了某酒店的1112房间，入住的第三天上午购买了些土特产放在了房间，中午就去当地有名的菜馆品尝美食。当两人回到酒店，准备收拾行李返家时，却发现房内一片狼藉，有人在他们出去吃饭的时候进入了房间并洗劫了房间内的贵重物品，刘先生意识到了问题的严重性，立即通知了酒店的安全部门，安全部门人员赶到了现场。据刘先生核实，丢失白金项链一条、笔记本电脑一台、人民币3000多元，总价值超过了2万元。询问刘先生有没有将房卡交给他人，刘先生十分肯定地说就一张房卡，而且一直带在身上，出房间门时还将房门带上了。十一层高的房间，又没有阳台，小偷是从哪里进来的呢？安全人员边查监控录像，边对现场进行了勘查，监控录像上显示两名男子是推门而入的。仔细检查，又发现房门上有口香糖的痕迹，安全人员恍然大悟，推断刘先生买完东西回来时就被小偷跟踪，趁刘先生开门后不注意，在房间门的磁卡锁上粘上了一团口香糖，刘先生放下东西出门吃饭时，认为酒店门上有复位器，就随手带上门，没有核实是否关上就匆匆离开了。进一步查看录像，画面证实了这一推断：从刘先生入住起就有两名男子在楼层闲逛、踩点。刘先生买完东西回来时，尾随其后，趁刘先生不注意时将口香糖粘在磁卡锁上，刘先生走出房门认为房门已经关上后，歹徒入室作案。

【案例分析】

客房失窃案经常发生于各个酒店，犯罪分子利用各种手段作案。案件的发生给客人造成财产损失，并且给酒店带来极坏的负面影响。罪犯在作案之前会对楼层进行踩点、观察，利用客人外出的时间差，用各种手段打开房门，或利用客房相连、容易攀爬，或门窗没有关上入室行窃。对于防范客房失窃事件，安全人员要做好巡查，遇到可疑人员要主动盘问，对没有房卡的人员要及时进行劝离，同时监控中心要时刻注意客房楼层的情况，发现问题及时处理。楼层服务员要有较高的警惕性，注意对可疑人员进行询问或通知安全部，对客人门窗没有关紧的要及时提醒或关闭。

（资料来源：作者收集整理）

 案例

客人发烧了

"Housekeeping、客房服务员",服务员小石小心地敲着1003房的门。小刘刚想报第三次的"Housekeeping、客房服务员"时,1003的客人张先生打开了房间的门,小石询问客人现在是否方便进行客房清扫,客人表示可以,并转身回到了床上继续躺着,小石注意到床头柜比昨天多喝了三瓶水,且开门时张先生的语气比较无力,当即询问是否需要体温计,征得客人同意后,客房部送来了体温计,经过测量,张先生的体温为38.8℃,处于发烧状态,小石一边打扫一边询问客人是否需要前往医院,张先生表示不需要去医院,但询问是否可以帮忙买退烧药,客房服务员询问过客房部经理后立即请了礼宾部来与客人沟通退烧药的细节以及后续事项。吃完药以后,张先生病情有所好转,得以参加下午的重要会议。

张先生离店后在社交媒体上点名表扬了小石和礼宾部,对酒店给予高度的评价。

【案例分析】

案例中,如果我们酒店的客房服务员对该客人的异常表现没有敏感性,没有安排人员进行关怀工作,则会极大地影响到客人后续的行程,势必会影响到该客人此次的入住体验。但好在我们的服务员通过细节观察,及时采取措施,最终抑制住了客人持续发烧的趋势,提高了客人对酒店的满意度,其实这也是一种责任心,如果没有这种责任心,尽管过错方不在酒店,但也会给酒店的形象造成无形损失,因而员工安全防范方面不仅要注意培训员工掌握消防安全知识和技能,也要注意培训员工的"三心":细心、责任心、警惕心。酒店的安全防范,必将会因为新的形势,出现新的表现形式,酒店业作为一个不断发展的行业,必须及时应对这种挑战,在培训上先行一步,防患于未然。

(资料来源:作者收集整理)

2. 疾病传染

传染病会危害客人和员工的健康,它的产生和传播大都与酒店的卫生工作有关,主要是食品卫生和环境卫生。有些饭店食品卫生工作质量很差,经常发生顾客食物中毒的现象,轻则拉痢、传染,重则因此而丧生,给饭店的财产和声誉都带来不可估量的损失。有些饭店只重视客人餐厅卫生,而不重视员工食堂的卫生,岂不知员工因此而患病后,不但会影响日常的接待服务工作,而且会将病菌通过客房服务而传染给客人,显然这种态度是不可取的。

如果说食品卫生是餐饮部的责任的话，那么，环境卫生则主要由客房部负责。一般来说，为防止传染病的发生和传播，客房部应该从以下几个方面着手搞好环境卫生：

（1）按预定的清扫频率，组织正常的清扫工作。如果饭店所在地的空气湿度较高就应注意潮湿问题，应对潮湿角落经常检查，并定期或不定期地喷洒杀虫剂。另外，要避免灰尘的堆积，角落、家具的底部时间一长就会成为灰尘积聚的场所，因而要组织系统有效的行动来清除灰尘。

（2）布草清洁。无论是客人使用的布草还是员工使用的布草都应保持清洁卫生，对于那些可能感染上病菌的布草应尽可能放在沸水里去煮。

（3）卫生间设施的特别清扫。浴缸、淋浴器、便器以及洗脸池是客人身体直接接触的物体，病菌容易通过这些设施传染给随后租房的其他客人，因此搞卫生时应特别予以关注，尤其是那些患有传染病的客人使用过的客房，客人离店之后，要对其卫生间设施使用消毒剂进行彻底的清扫。

（4）消灭害虫。在酒店业中，蟑螂虫害最为严重，甚至对我国旅游饭店业的声誉造成了不良的影响。

事实上，像蟑螂、蚊子、苍蝇以及老鼠、蚂蚁、蜘蛛、跳蚤等害虫，不但影响环境卫生，而且往往也是各种病毒的传播者，因此，一经发现就要进行控制，在害虫容易出没的地方经常喷洒杀虫剂。

此外，为了防止传染病的蔓延，保障住店客人的安全与健康，饭店方面也有权拒绝患有传染病的顾客留宿。

二、偷盗及其他刑事案件

除了各类事故及传染病以外，发生在客房的盗窃事件是饭店内最普遍、最常见的安全威胁，不仅造成客人和酒店的财产损失，还使酒店的声誉受损。

1. 偷盗类型

客房中发生的盗窃一般有外部盗窃、内部盗窃、内外勾结和客人自盗四种情况：

外部盗窃。即社会上的不法分子混进饭店进行盗窃，装扮成客人蒙骗店方，盗取住店客人及饭店的财物。

内部盗窃。是员工利用工作之便盗取客人及饭店的财物，由于员工对饭店的环境、工作程序及客情比较熟悉，作案手段极具隐蔽性。

内外勾结类型的盗窃。一般是由饭店内部员工向社会上的同伙提供"情报"及便利，由同伙作案。

客人自盗。即住客中的不良分子盗取其他住客的财物。

2. 客房常见的盗窃案件

客房中主要出现以下几种：

①采用撬门、扭锁、插片的方式进房盗窃。不法分子借助套管、塑料卡片或电话磁卡等工具进入房间进行盗窃。针对此类作案手段，酒店应当加强对楼层的巡查，利用监控系统，加强对酒店的监控。

②偷配钥匙进房盗窃。不法分子在酒店开房后，偷配房间的钥匙，然后退房或者换房，待新住客入住后进行偷窃。

③伺机入房盗窃。不法分子在楼层徘徊，利用客房门未锁或门未关的空隙，谎称是房间客人乘机进入房间盗窃。针对此类手段，酒店服务员应加强警惕心理，严格执行酒店的规章制度。

④翻窗入室盗窃。不法分子趁客人外出，利用客房相连、容易攀爬或门窗未关而入室盗窃。

⑤采用其他手段进行客房盗窃。酒店保安人员应做好巡查工作，发现可疑分子应主动盘问，对非住店客人应及时劝离，同时监控中心应时刻注意酒店及其附近动态。

⑥其他盗窃手段。不法分子可能会利用服务员的惯性服务意识，使服务员误认为是该客房的住客而进入客房进行盗窃等。

3. 偷盗及其他刑事案件的防范

为有效防止盗窃事故的发生，加强员工教育和管理、做好客房门禁管理、严格访客的管理、多多宣导和巡查是必不可少的几个手段。

（1）提升客房服务人员的职业操守和警惕性，严惩失察、失职造成财务损失的行为。从近年来在饭店中发生的一些失窃案例可以看出，一些犯罪分子利用服务人员的服务意识，采用一些貌似常规的行为进入房间，使服务员失去判别的警惕性，从而达到偷盗的目的。针对于此，酒店应多开展相关培训，要求客房服务员遇到类似情况，应该礼貌地请客人出示证件，不能理所应当地认为他们就是客人。

（2）做好客房钥匙的管理。客房钥匙丢失、随意发放、私自复制或被盗都会给客人的生命财产和饭店本身的安全带来威胁。从制度上堵住漏洞。比如，禁止随便为陌生人开启客人的房间；对于遗忘钥匙在房中的住客，不能确认的要礼貌查验证件，并与服务台记录核对无误，方可开门；服务员在清扫房间时，不得将钥匙随处丢放或插在房门锁上；服务员或保安人员在巡视时，若发现房门插有钥匙，要敲门提醒客人收好，若房中无人，可将钥匙拔下，及时上报并交客房服务中心处理，做好记录；等等。

（3）做好访客记录。在访客管理方面，凡住客本人引带的客人，前台要做好记录；对独自来访者，要问明情况，必要时可礼貌查验证件，并应先往房间打电话征得客人同意，再陪访客到门口，待其与客人握手后再离开；如住客不在房间又没有亲自留言，不应让访客进房等候。

（4）工作密切配合，保安部、工程部、前厅部、餐饮部和洗衣房的人员共同来搞好客房安全管理工作。还要多多宣导，加强巡查，加强对宾客的宣传教育工作，保安部应协助客房服务人员对宾客开展以防火、防盗为主要内容的安全教育及遵纪守法教育，提高宾客的警惕性，对楼层房间昼夜巡查，及时发现并消除各种隐患，预防和减少各类安全事故的发生。如果酒店接到客人投诉在房间内有财物损失时，应做到以下三点：

①要认真听取客人反映的情况，不得做任何猜测或结论性的判断，以免增加今后调查工作的难度或使酒店处于被动。

②尽量帮助客人回忆丢失物品的前后经过，有无因放错地方而一时想不起来等情况。在征得客人同意后帮助查找，切勿擅自进房查找，以免产生不必要的后果。

③如确认客人的财物确实丢失或被盗，应将所了解的情况及时报告值班经理和保安部，并会同有关人员立即到客人房内。

（5）其他安全事项的防范。酒店应注意员工的人身安全，某些客人可能会对酒店客房服务员产生一些非礼或性侵行为。对此酒店管理者应做好防范工作，避免该类事故的发生，以保障员工的人身安全，如夜间服务应尽量安排男性服务员，如为女性服务员则应两人同行等。

最后，酒店如有不安全事件发生，应立即上报领导及安保部门，并注意保护好现场，在真相未明、领导指示未下时，面对不相关的宾客的打听，应有礼貌地回答："对不起，我不是很清楚。"

第二节　客房部突发事件应急管理

【导读】

突发事件指突然发生，造成或者可能造成严重危害，需要采取应急处置措施予以应对的事件。作为一个人群相对集中的公共场所，酒店的公共安全至关重要。这就要求酒店必须有效地做好酒店预防和处理突发事件的相关预案。对于酒店来说，提高客人满意度，不仅在于做好标准化服务流程，突发事件的应急处理也是关键之一。酒店一旦发生突发事件，首先应及时控制现场，防止事态进一步扩大、恶化，其次及时了解事情详细情况，有针对性地提出解决方案，如若情况不明，则应申请相关政府职能部门和相关单位到场协助，如有需要，应提示客人配合疏散。

 案例

火情突发

4月8日下午,深圳市福田区益田路卓越时代广场裙楼四季酒店汗蒸房发生火情,火情发生后,不少在大厦内办公的人员紧急疏散,有工作人员在地面设置了隔离围栏,同时使用消防水枪进行灭火。酒店高级公共关系主任吴昊表示,下午3:22左右,酒店发现火情后立即通知消防,并迅速疏散人员,经过20分钟,明火很快被扑灭。起火地点位于酒店五楼北角的健身中心,起火点附近仅有一名客人,未造成人员伤亡,过火面积约2平方米。

吴昊提到,起火位置与客房并不在同一栋楼,客房并未受影响。关于起火原因还需要全面调查,排除安全隐患后,汗蒸房才能恢复使用。

【案例分析】

这一次的火警,四季酒店反应迅速,得益于酒店始终坚持紧抓消防火警及安全事件演习工作,将突发事件预防与处理程序植入酒店全体员工的心中,始终将客人、员工与酒店的安全放在第一位。

对于旅客来说,酒店所要保证的服务最为重要的一项就是保证住客的人身财产安全。一间无法提供住客安全的酒店是无法生存的。而在案例中的深圳四季酒店所发生的事故反映了该酒店防火措施的到位,将火情引起的伤亡损失及影响控制在最小影响范围。

火灾是造成酒店损失的最大突发性事件,为了预防火灾的产生,我们可以采取的措施有:

1. 酒店应当在房间内安装感烟预警设备。当烟的浓度达到一定程度,感烟设备能够及时地进行预警,将房间的情况反馈到酒店的安保部门。那么安保部门就可以立即了解并处理突发状况,将事故控制在最小范围内。

2. 房间内应当张贴防火、禁烟标志,提醒住店旅客注意防火。

3. 酒店应当安装自动报警系统,建立消防监控中心,如有突发状况可以及时通知消防、民警等,大大地缩短了在紧急情况下解决事故的时间。

4. 酒店应当对工作人员进行应急培训,按期对酒店内可能出现的各种灾害进行演练,使员工在事故发生时能够冷静应对。

5. 酒店需要保证消防逃生通道的畅通,并张贴明显、醒目的标志,让住客在事故发生时可以迅速逃生。

6. 酒店房间内必须保证防烟面罩等消防用品的准备,放置于明显的位置,并且需要

及时进行更换。

7. 培养员工的警惕性与消防意识，发现问题能及时查看、及时汇报。对于烟感报警等异常情况的房间，服务员应立即查看，紧急时可不必遵循敲门规范。检查结果及时通知监控中心和服务中心。

此外，酒店还需要加强对员工操作规范与防火常识进行培训，以免酒店员工违章操作引发火灾。同时还需要按时对房间的线路设备进行检查更换。过于老旧的设备起火也是酒店内火灾发生的常见原因。

（资料来源：作者收集整理）

一、火灾的预防、通报及处理

1. 火灾发生的原因

（1）吸烟。酒店火灾很多是由于吸烟而产生的。主要有两种情况：一是卧床吸烟，如果客人睡着时没有熄灭烟头，很容易引发火灾；二是乱扔烟头。

（2）电路或电器故障。酒店内电路复杂，电器繁多，用电负荷较大，如果出现线路安装不规范、电线老化、电器设备安装不合理、电器故障等情况，极易引发火灾。2001年12月25日，江苏省连云港某宾馆总机房由于电线短路引燃地毯，造成14死11伤，直接财产损失100万元。

（3）大量使用易燃材料。酒店除了各种木质家具、布草、地毯等易燃材料外，还有大量易燃的装饰装修材料，一旦火灾发生，会加速火势蔓延，造成重大损失。

（4）消防设施配备不足。很多酒店的消防设施配备不足，有的只配备了消防设施，但没有定期检查，有的员工甚至不会使用，导致火灾发生时不能及时处理。

2. 消防安全的预防与处理

（1）火灾的预防可以从安装必要的防火设施与设备、加强消防安全培训工作、采取有效的防火管理措施等方面入手。首先，为了防止火灾的发生，饭店在建设时就应选用防火的建筑材料，安装必要的防火设施与设备。比如，主体建筑内设有太平门、安全通道等消防逃生设施，房间安装自动喷水灭火装置、烟感报警器，在电路系统中安设保险装置等。

（2）利用各种形式布置安全警示和组织防火宣传教育工作，使客房部员工增强防火安全意识，熟悉防火制度和灭火常识，掌握各种灭火器材的使用方法。

（3）采取有效的防火管理措施，如建立完善的防火组织，制定防火制度和应急方案、定期检查防火灭火设备设施、加强对住客的防火宣传和客房安全检查、及时发现存在的火灾隐患、注意饮酒过量和吸烟的客人、加强对安全疏散通道的管理等。客房楼层一旦发生火情，员工要沉着冷静，按平时消防训练的规定迅速行动，及时报警、疏散客人、配合专业消防队灭火、做好善后处理,确保宾客的人身、财产和饭店财产的安全,努力把损失降到最小限度。报警时要做到:当听到自动报警装置发出火警信号或闻到烟味时,应停止一切工作,迅速到场查明情况,有针对性地查找火源;查明火源的准确位置及燃烧物质,立即向酒店的消防中心镇静、清晰地报警;在火情初起阶段,可利用就近的消防器材扑救,控制火势蔓延,并向客人发出通报,进行自救。如果火势不能控制,要有计划、有步骤地引导客人从各安全通道撤离,避免拥挤、混乱造成伤亡,同时,安排人员逐一检查客房;专业消防队到场后,及时报告火情、被困人员位置和人数,配合专业消防队灭火,并协助警戒,维护现场秩序;火灾扑灭后,要做好善后工作,清点人员,防止遗漏。

3. 火灾的通报

发生火灾时,酒店有关部门应立即向消防部门报警,同时要向客人发出通报,要求客人迅速撤离客房,但考虑到这种情况下人们的特殊心理状态,因此通报应采用一定的艺术方法和步骤,以免因大恐慌而造成更多的伤亡。火灾发生时,酒店应按照以下步骤进行通报:

(1)一次通报。应由酒店保卫人员及服务员对各客房逐个通知,首先向起火层报警,然后再向起火层以上的一层、二层报警,然后通报上面其他楼层,最后通报起火层以下各层。

(2)二次通报。鸣警铃,进行全楼报警。

4. 火灾的应急处理

酒店最大的致命伤就是火灾。虽然火灾发生率很低,但一旦发生后果就会相当严重。楼层客房一旦发生火灾,客房服务人员必须保持镇静,迅速采取有效措施,正确处理紧急状况,保证客人的生命、财产安全,尽量减少人员伤亡和财产损失。

(1)通报

发现火情立即向有关部门通报,并及时向客人发出通告。

(2)报警

发现火情应立即使用最近的报警装置报警,打电话通知总机,讲清着火的地点和燃烧物,迅速用消防器材控制火势;关闭电器开关,关闭通风、排气设备。火势不能控制时立即离开火场,及时疏通酒店大门和临近路口道路,以便消防车迅速到达现场。

(3)组织人员疏散逃生

接到火警报告后,客房部管理人员应立即奔赴现场,进行人员分工,组织疏散工作。在疏散过程中,应注意以下几点。

①接待处应迅速打印住店客人房号和名单,按次序向客人发出通报。

②在实施疏散计划时,安抚客人保持镇定,穿好衣服,带好客房钥匙,携带防护物

品如湿毛巾等,将客人从防火梯疏散,绝对不要乘坐电梯。要防止不知火情危险的客人再回到他们的房间,疏散中不能停留以免堵塞通路。

③客房服务员负责指导、检查疏散情况。检查内容包括:床下、洗手间是否留有未听到疏散通知的客人,是否留有行动不便的客人,主要出入口是否畅通,客房服务员每检查完一个房间,就要做好记号,表示此房已检查。

④当检查完所有房间和公共区域并证实没有客人后,客房服务员立即随其他人一道撤离。

确认无客人滞留后,通知所有服务人员撤至广场空地。

(4)做好善后工作。

①全面疏散后,各部门要清点自己的人员,检查是否全部撤出危险区域,清点客人,防止遗漏。

②视情况与自来水公司、医院等单位联系;餐饮部视情况准备食品、饮料,安排好疏散客人的临时生活,最好与就近宾馆联系,安排客人住宿。

二、客人意外伤病

客人在入住酒店期间,在日常起居中,难免会磕磕碰碰,产生一些伤病问题。在酒店运营中,客人伤病主要分为四种:一般性疾病、突发性疾病、传染性疾病或意外事故。酒店在接到客人报告后:客房部相关负责人应迅速赶到现场,仔细询问客人情况;根据客人的受伤程度和病情现状采取就地急救或协同防损部负责人送医治疗;如若客人情况危急,则必须有防损部经理在场,防止病情恶化,如有客人死亡还应确认死者信息配合相关政府单位调查,做好善后工作。

三、住店客人酒醉处理

酒醉客人分为两种:酒店内喝醉和酒店外喝醉,无论是哪一种,防损部员工都应注意,当前客人处于非理智状态,不能自控地做出某些举动,必须要时刻注意客人状态并灵活处理。遇到酒醉的客人,可遵循以下处理步骤:

(1)对醉酒较轻的客人,应尽量说服客人回房间休息。

(2)对醉酒较重或神志不太正常的客人,应立即通知保安部并协助保安人员将客人送回房间。

(3)醉酒客人进入房间休息后,应将房间内的火柴取出,并将垃圾桶置于床头,提醒客人呕吐在桶内,必要时应帮助客人醒酒。

(4)对酒醉客人的房间要注意观察,防止客人在失去理智时破坏房间设备或因吸烟引起火灾。

（5）醉酒客人如再叫酒，应婉言拒绝。如有服务叫唤，应避免单独前往。

四、酒店保密房的防范处理

酒店有保护客人安全及隐私的责任和义务，尤其是酒店客房部员工有进出客人房间的机会，就应保护好客人的安全和隐私，不得外泄。以下是酒店客房部处理保密房的流程：

（1）当有客人要将房间设置保密时，客房部会接收到来自前台的通知，应开始执行保密房程序。

（2）客房部每天应将保密房的情况落实到每个当班人员。如有人询问有关保密的信息，应婉转拒绝，不得将客人情况外泄。

（3）楼层服务员应密切注意监控各保密房进出人员的情况，如进出人数、外貌特征等，并详细记录。

（4）服务员进房服务时，应仔细观察房内情况，如有异常及存在不安全因素，应立即通知保安部。

（5）如开房 24 小时仍不让服务员进房服务的情况，应立即报告保安部，保安部可派人定岗进行监控。

（6）在处理各类保密房引发的安全事故时，应尽量避免影响所在楼层的其他客人。

五、自然灾害的处理

自然灾害的发生一般有先兆或者前瞻性，在各类自然灾害可能发生之前，酒店应提前做好相应的工作，因此自然灾害的基本处理原则是事前预防、及时抢救、有序重建、事后问责。当酒店遇到自然灾害时，可参考如下步骤：

（1）客房部及其各工作岗位应牢记在发生自然灾害时的职责与具体任务。

（2）应具备各种应付自然灾害的设备器材，并定期检查，保证其处于完好状态。

（3）制订情况需要时的紧急疏散计划。

（4）当酒店所受影响不算大时，客房部要做好充分的准备，尽可能地帮助那些受灾严重的饭店安置客人。

（5）稳定客人的情绪，增加客房巡视的次数，确保客人安全并使饭店财产免受损失和损坏。

六、停电事故

一般高星级酒店，均配备有紧急供电装置，停电时能够在 15~30 秒钟内启动供电。

如果没有这种应急设备，应配备足够的应急灯。一旦酒店停电，应按照以下程序执行：

（1）预先知道停电时，酒店应以书面形式通知住店客人停电的时间，以方便客人事先安排活动或避免正常活动受到影响。立即对收银台、外币兑换和酒店各主要出入口进行保卫，以防不测。

（2）对于不明情况的客人，应及时向客人说明是停电，并正在采取措施，以及恢复供电的大约时间，让客人有相应的心理准备。

（3）在停电期间，所有员工都应保持镇静、坚守岗位，并能给客人适当的说明解释，以减少客人的恐慌情绪。同时，还应注意安全检查，防止有人乘机行窃或破坏。

（4）如夜间停电，员工应帮助滞留在走廊或电梯中的客人转移到安全的地方。

（5）要注意检查，防止客人点燃蜡烛或明火引起火灾。准备应急灯或手电筒送入客房。

思考与练习

（一）单选题

1. 关于酒店安全设施配备，以下哪一个说法是正确的？（　　）

A. 在每一个楼层配备消火栓

B. 消防花洒的洒水面积一般在5平方米左右

C. 干粉灭火器适用于精密设备等贵重物品的灭火

D. 并非每间客房都配备烟感器

2. 住店客人在酒店的酒吧里喝醉，酒店服务人员送醉酒客人回客房后，应怎么做？（　　）

A. 将房间中的火柴拿走　　　　　　　B. 为客人购买解酒药

C. 帮客人收纳衣物　　　　　　　　　D. 通知客人家属前来探望

3. 为了使入住酒店的女性客人增加安全感，有必要（　　）。

A. 安装精密的监控设备

B. 安排警察巡视酒店的区域和停车场

C. 遵守一切为客人指定的安全措施

D. 以礼貌和专业的方式对待女性客人

4. 为杜绝安全隐患，确保用电安全，对酒店日常安全用电要求，以下描述不正确的是哪项？（　　）

A. 所有办公区域、员工区域及库房必须严格做到人走断电

B. 酒店使用的多功能插线板必须具有3C认证，带过载、漏电保护功能

C. 若某处多功能插线板需长期固定使用，则必须上墙（避免灰尘、水滴导致短路）；若墙体为木质或保温板，必须刷防火涂料

D. 酒店内所有区域严禁乱拉电线，所有明线需上墙固定。

5. 下列选项属于酒店安全服务员的岗位职责的是哪项？（　　　）

A. 负责酒店各区域安全保卫工作、维护日常安全秩序

B. 负责酒店消防安全工作

C. 协助部门满足客人服务需求

D. 以上选项皆是

（二）多选题

1. 酒店保障客人安全包括以下哪些方面？（　　　）

A. 保障客人的精神安全　　　　　　B. 保障客人的财产安全

C. 保障客人的人身安全　　　　　　D. 保障客人的心理安全

2. 客房火灾发生的主要原因包括下列哪些？（　　　）

A. 大量易燃材料的使用　　　　　　B. 防火安全意识淡薄

C. 客房未配备烟感器　　　　　　　D. 电器使用不当

3. 当酒店接到客人要将房间设置为保密房的要求后，应通知以下哪些部门？（　　　）

A. 保安部　　　　B. 前台　　　　C. 总机　　　　D. 总经理

4. 星级饭店应制定突发事件处置的应急预案，突发事件指的是（　　　）。

A. 饭店建筑物和设施设备事故　　　B. 公共卫生事件

C. 自然灾害　　　　　　　　　　　D. 社会治安事件

5. 以下属于酒店安全设施设备的是（　　　）。

A. 电视监控系统　　　　　　　　　B. 安全报警系统

C. 自动灭火系统　　　　　　　　　D. 通信联络系统

综合实践任务

一、任务说明

以小组 3~4 人为单位主动联系一家酒店到客房部调研学习，了解酒店客房部的主要运营内容，研究客房部安全管理问题，联系酒店客房部人员针对问题进行访谈，探讨存在的问题以及问题如何解决，撰写实践调研告。

二、撰写报告

根据上述任务，撰写实践调研报告，报告应至少包括以下几个部分。

1. 调研主题。
2. 调研方法。
3. 访谈时间。
4. 访谈对象。
5. 访谈内容。
6. 调研结果。
7. 研究结论。

三、报告要求

1. 以小组 3~4 人为单位，撰写实践调研报告，实践报告内容应以客房运营管理课程学习内容为主。

2. 调研报告应利用专业相关理论对酒店客房部存在问题进行分析和探讨，结构、层次文字表达清晰。

3. 报告字数不少于 2000 字，格式规范、美观。

四、评分标准

1. 60 分以下：内容偏离主题，观点错误，逻辑混乱，文字错误较多，缺乏案例支撑。

2. 61~70 分：观点无明显错误；能运用所学知识进行分析，逻辑上无明显漏洞，文字上无明显语法错误或错别字，有必要的案例支撑。

3. 71~80 分：满足上一档要求，并且文章思路清晰，文字顺畅，能运用所学知识分析问题，案例资料充分。

4. 81~90 分：满足上一档要求，并且文章反映出严密的逻辑思维能力，分析有一定的深度和逻辑性。

5. 91~100 分：满足上一档要求，并且分析有独到之处。

实践调研课程论文评分标准

序号	项目	标准得分	实际得分
1	收集资料的充分性和完整性	30	
2	分析的专业性与深入性	20	
3	分析的逻辑性与新颖性	25	
4	管理建议的可行性	15	
5	报告结构、层次、文字表达的规范性	10	
合计		100	

教学模块三

酒店餐饮运营管理

第十章 酒店餐饮运营组织结构管理

本章导读

酒店餐饮组织结构是酒店餐饮运营管理的前提与基础。组织的建立是为了达到预先设定的各种经营目标,其目标都是与企业经济效益有直接联系。所有餐饮运营的各种目标都要考虑到组织的发展。因此,学习酒店餐饮运营管理从学习酒店餐饮运营组织结构管理开始。

学习目标

知识目标:
1. 掌握酒店餐饮组织结构的含义。
2. 理解酒店餐饮管理组织机构设置原则。
3. 掌握酒店餐饮人员与厨房人员的组织结构。
4. 掌握酒店餐饮组织机构的设置方法。
5. 了解酒店餐饮特殊活动组织结构。

能力目标:
1. 能解释组织机构的含义和酒店餐饮组织机构的定义。
2. 能应用理论知识简单规划酒店餐饮组织结构。
3. 能应用酒店餐饮组织机构设置方法。
4. 能解释酒店餐饮与厨房组织机构的内部分工。

引导案例

从门童到金钥匙

20世纪初,亨利·福特通过建立汽车生产线而富甲天下,享誉全球。他的做法是,给公司每一位员工分配特定的、重复性的工作,如有的员工只负责装配汽车的右前轮,有的则只负责安装右前门。通过把工作分化成较小的、标准化的任务,使工人能够反复地进行同一种操作,福特利用技能相对有限的员工,每10秒钟就能生产出一辆汽车。

福特的经验表明,让员工从事专门化的工作,他们的生产效率会提高。今天,我们用工作专门化(work specialization)这个术语或劳动分工这类词汇来描述组织中把工作任务划分成若干步骤来完成的细化程度。

(资料来源:斯蒂芬·罗宾斯主编.组织行为学精要(第1版).中国人民大学出版社.)

第一节 酒店餐饮运营组织结构

一、酒店餐饮运营组织结构含义

酒店餐饮部是酒店不可或缺的核心部门。它不仅是酒店重要效益来源之一,也直接反映了酒店的服务水平。餐饮部运营状况的优劣直接影响酒店的经济收益和声誉。旅游学概论中提到的六大要素食、住、行、游、购、娱中的"食"排第一位,由此足以可见餐饮部在酒店中的重要性。对于宾客来说,在预订酒店时会为了早上方便预订含早餐的客房,而含早餐的客房就有一部分餐饮捆绑收益。由于酒店星级的不同,一家酒店中的餐厅类型和数量也会有所不同。对于五星级酒店来说,餐饮设施包括大堂酒廊、中餐厅、西餐厅、日餐餐厅、咖啡厅、蛋糕房及酒吧等。许多酒店还提供不同类型的宴会服务。如此多的餐厅类型就是为了能够吸引众多宾客来店就餐,使得酒店餐饮效益得到最大化。

现今,酒店餐饮部为了能够增大自身效益,不仅把经营中心放在住店客人身上,还着重地采取不同营销手段吸引散客来店就餐。例如,北京盘古七星酒店的聚福园自助餐厅的主要客源绝非住店客人,而是散客。该餐厅的价位是在北京酒店餐厅自助餐中相对较高的,人均消费656元[①]。对于类似酒店而言,餐饮的效益绝对是酒店收益组成部分的重要来源之一。而该类型酒店餐厅也不会受到旅游淡旺季的影响,因为客源分布比较均衡。

组织是为了一个群体达到某类特定目标而构成的分工明确的组合集体。组织结构是以等级制度为核心,以人员分工和职能分化为基础,为了完成经营管理任务而组成的集体力量。它是运用不同职位的职能和职责进行协调人们的行动,来发挥集体优势的一种

---

① 信息来源于大众点评手机App,餐厅主页,2019年10月20日星期日21:10。

组织形式。

　　酒店餐饮组织结构是针对酒店餐饮经营管理目标，为筹划和组织酒店餐饮产品的供给、生产与销售活动而设立的。酒店餐饮组织结构是指在该组织中各成员部门之间的相互关系，该组织每位成员的工作表现和与同事间的合作都是导致酒店餐饮部门成功的关键。

　　酒店餐饮运营组织可分为静态组织和动态组织。静态组织是指其已经设定的餐饮组织结构，及结构中不同级别的特定工作关系。而动态组织是指当市场变化和企业自身不断发展及改革时，餐饮组织结构的调整应做到与时俱进。完善的餐饮运营组织可使餐饮运营稳定化、工作标准化和制度化，并把相对独立和分散的职能高效结合，提高经营水平及效益，确定部门与岗位之间的关系。

　　酒店餐饮组织结构直接影响每日的餐饮部运作。组织的构成方式反映了该酒店餐饮部实现目标的能力。

二、餐饮运营的组织核心要素

（一）餐饮运营战略目标

　　酒店的餐饮战略目标与很多因素有直接关系。例如，酒店的档次、酒店的客源、酒店的管理文化等。因为这些不同因素，其餐饮经营目标也有相应的区别。例如，MICE（Meeting，Incentive，Conference/Convention，Exhibition/Exposition）会展型酒店的餐饮经营目标以大型宴会餐品为主；商务型酒店的餐饮经营目标更针对的是住店商旅宾客的高端餐饮需求；度假型酒店的餐饮经营目标则更倾向餐品类型的多样性，从而为度假宾客提供多元的餐饮需求。

（二）餐饮运营人力调配

　　酒店餐饮部员工是构成餐饮运营组织的最基本核心。它包括了餐饮部高层管理人员，如餐饮正副总监、行政正副总厨和餐饮部经理等；餐饮部基层管理人员，如餐厅正副经理、主管和领班等；餐饮部特殊技术人员，如侍酒师、调酒师等；还包括所有的基层服务人员，如领位、传菜员、点餐员、出纳和实习生等。在餐饮运营日常中，人力的素质和技术能力是直接导致运营失败或成功的关键因素。酒店餐饮部的职务与人员应分配合理，各职位任务明确。

（三）餐饮运营权责关系

　　权责关系是餐饮运营过程中应准确控制的，它明确了餐饮运营组织中的层级关系，并限定了不同级别员工在工作中应承担的责任及执行的权利。它还确定了层级汇报关系。但这里要对执行权力说明的是，该执行权力不是个人权力，而是企业赋予个人的职位权力。为了能使部门个体在工作中发挥作用，并协助部门顺畅运营，酒店餐饮部应为每一位员工设定各自的职位权力和职位责任。

（四）餐饮运营协同合作

酒店餐饮部的日常运营需要大量内、外部协同合作。酒店餐饮部内部的协同合作体现在餐饮部下的二级单位的直接配合。例如，酒店餐饮部有三家餐厅，其中一家因客流量突然增加导致某品牌酒水一售而空，此时该餐厅可以选择向另外两家餐饮部餐厅进行调配。另外，当宴会部需要服务帮助时，也会向各酒店餐饮部餐厅借配人员，甚至有时酒店高、中层管理人员也会出现帮忙。然而，酒店餐饮部与外部门的协同合作也是相当重要的。例如，宾客在酒店餐厅就餐结束后打算挂房账，这时餐厅员工要在信息化系统中进行操作，但信息化系统显示无法挂房账时，餐厅员工要及时与前厅部员工进行核实，核对客人是否在前台做了预授权押金抵押，当确认无误，前厅会为宾客的账户解锁使得餐厅员工顺利为客人完成挂房账需求。

三、餐饮运营的组织功能

酒店餐饮部组织结构设计是酒店餐饮运营成功的基础，是为达成运营战略目标，保证餐饮品质量，扩展市场前景，保证营业收入及利润，培养职业技术人员的核心力量。酒店餐饮运营的组织功能主要包括以下五个方面。

（一）凝聚功能

系统化的餐饮运营组织应有明确的经营方针及目标，从而将整个部门汇聚为一个经营集体。当整个部门集体工作默契，人员相互体谅，该部门就会有很强的凝聚力。该凝聚力会促进部门的日常运营成效。良好的部门组成成员应做到四"相互"，二"感知"。四"相互"为相互尊重、相互信任、相互支持和相互关怀；二"感知"为归属感知和责任感知。此外，职业道德也是能否凝聚部门员工的重要组成部分。

（二）协作功能

协作功能分为整体协作与部分协作功能。整体协作功能是酒店餐饮部与酒店其他部门协作的能力，也是为了完成酒店总体经营方针和战略目标的整体协作。而部分协作则是餐饮部内部二级单位的纵向协作。例如，维护宾客关系、维系供应商关系和旅行社关系等。

（三）限制功能

每一个餐饮部的二级单位都有自己的职责和权力。而组织要在这个职责和权力上限定一个界限。组织会授予每个单位员工不同的责任和权力，以保证组织可以正常运营。但组织会对每一个员工的职权都有一定的制约，甚至是高层管理员。因为当一个没有具体权力制约的岗位出现时，滥用职权的情况将更容易出现。

（四）培养功能

每一个组织都应肩负着对自己员工的培养工作。一个员工在一个组织中是需要不断成长的。成长过程中的学习是至关重要的。这里的学习可分为两类：（1）职业学习；（2）综合素质培养。职业学习是一般酒店企业很重视的，职业学习又分为在岗学习和岗下学习。在岗学习是指一个资深员工"一帮一"地在日常工作中直接有效地对其帮助对象的技能教育。岗下学习是指以职业技能发展为目标，企业出资为员工提供的专业性强的技能培训。例如，酒店餐饮部会为优秀餐饮员工全资赞助学习侍酒师证书课程。然而，综合素质培养往往是一些酒店企业缺失的。综合素质培养可以表现在很多方面，如员工的妆容、员工的心理健康指导、员工的团队意识培养等。

（五）激励功能

酒店餐饮部应重视那些能够为部门战略目标做出贡献的职工，通过不同方式肯定他们的工作成果。一个部门的激励功能一般分为两个方面：（1）企业激励；（2）部门激励。企业激励是指由企业直接对部门优秀员工给予的激励计划。例如，年底的工资倍数化，在效益好的企业，员工的奖金可以拿到自己工资的5倍。除此之外企业激励还表现在员工在同集团酒店消费中的优惠折扣，也可以叫内部价消费。然而，部门激励则更直接针对部门内部的二级单位的个体。例如，有些部门会为自己的员工颁发优秀奖状，会组织员工进行团队建设等。总之，通过这种功能可以更好地提高组织成员的荣誉感和信心，并激发员工的工作热情。

四、设置酒店餐饮运营组织机构的原则

（一）运营任务与目标原则

组织结构设计要服从每一项工作的任务和目标，尤其是价值链上的目标，体现一切设计为目标服务的宗旨。有目标才有组织结构。例如，春节将至，某酒店餐饮部决定不仅要中餐厅创收，还要做好餐厅附属产品年糕的销售工作，制定目标后，酒店餐饮部才会设计组织结构：总负责人、负责运输人员、负责预订人员、负责销售人员等。而当经营目标发生变化时，部门结构也应及时调整。

（二）运营分工与协作原则

酒店企业无论设置多少个部门，每一个部门都不可能承担酒店所有的工作。酒店各个部门之间应该是分工协作的关系，也就是说酒店中有管理财务的，有管理人力资源的，有餐饮部一线服务人员和管理人员，有前台迎宾接待员，还有各个部门的协调员等。而对于酒店的餐饮部门来说，餐饮部又有若干二级部门，如管事部、中餐厅、西餐厅和餐饮销售部等。这些二级部门都有自己的独立及专业的工作任务。各个餐饮二级部门的分工明确后，协作也是非常重要的。例如，餐饮销售部接受餐饮预订后，需要及时横向汇报给各餐厅预订情况，以保证各餐厅二级部门可以做出运营准备。

（三）运营统一指挥原则

无论是酒店的一线员工还是二线员工，是高级管理人员还是中层管理人员，都要服从统一指挥的原则，统一指挥要贯穿所有不同级别的员工从上到下。要在酒店的总体发展战略指导下工作。酒店所有部门要按照董事会的方针进行工作传达，在酒店总经理的统一指挥下运营酒店每一个部门。例如，酒店餐饮部高层（餐饮总监、行政总厨）决定该餐饮部某餐厅宾客可以使用指定代金券或团购券在餐厅消费。这样的情况，餐饮总监会在餐饮部每日基层管理人员例会上传达类似信息给各餐厅经理，餐厅经理会在餐厅例会上通知所有员工并培训员工如何操作或实现此目标，要让所有餐厅员工清楚地知道新政策的实施策略，这样才能保证统一指挥的原则，不会出现客人在结账时提出使用代金券或团购券，但受到服务员的质疑等类似情况。

（四）运营幅度合理化原则

每一个部门、每一位管理人员都要有合理的管理幅度。管理幅度太大，无暇顾及；管理幅度太小，可能没有完全发挥作用。所以，在组织结构设计的时候，要制订合理恰当的管理幅度。配备的服务和管理人员数量与所承担的任务应相适应，机构内部分工粗细得当，每人有足够的工作量，工作效率高，应变能力强。例如，某酒店内一个最多容纳20个客人的高级西餐厅，就没有必要设置多个管理者和服务员。要根据具体情况具体制定。如果相反，一个能容纳300个客人的餐厅只安排少量服务员和经理，这样的管理幅度是远远不够的，会导致酒店餐厅整体运营的失败。

（五）运营权责一致原则

设置的部门的任何员工都有各自的责权，因此应该使其拥有相应的权力。如果没有对等的权力，根本无法完成相应的职责。所以责和权应该对等。例如，某客人投诉，称自己因在本餐厅用餐而食物中毒，这样的投诉对于一个一线服务岗位员工来讲，既不是他的职责，他也根本没有权力去处理，所以应立即请管理人员出面进行后续处理。

五、设置酒店餐饮管理组织机构的依据

酒店餐饮管理组织机构的形式受多种不同因素的影响。确定其组织机构规模和形式的主要依据有以下几方面：

（一）酒店餐饮部附属部门类型的多少

酒店的规模越大，酒店餐饮类型就越多，内部员工、附属部门越多，组织机构的规模也越大。例如，一家有500间客房以上的五星级酒店，这样的酒店一般会设有大堂酒廊、咖啡厅、西餐厅、中餐厅、酒吧和美食店等餐饮部门，有些大型度假型酒店会设有更多餐饮部门。餐饮部门细分越多，其专业程度越高，而且厨房分工与此相适应，组织机构必然较大。反之，小型酒店，如一家有100多间客房的三星级酒店只有一个酒吧和一个咖啡厅，组织机构的规模必然较小，组织机构的具体形式也必然各不相同。

（二）酒店餐饮部门接待能力的大小

酒店餐厅、酒吧接待能力是由其座位多少决定的。餐厅或酒吧座位越多，规模越大，用人越多，要求厨房的规模与其相适应。反之，酒店餐厅、酒吧座位少，组织机构的规模也相应较小。餐饮组织机构的规模和形式必须和餐饮部门接待能力相适应。

（三）酒店餐饮经营市场环境

不同地区、不同企业、不同时期酒店餐饮经营的市场环境不同。市场环境好，用餐客人多，餐厅座位周转快，用人相对较多；而市场环境不好则相反。因此，酒店餐饮管理组织机构的规模和形式会随着市场环境的变化而调整。

第二节 酒店餐饮人员组织结构

一、不同规模酒店餐饮部组织结构模式

（一）小型酒店餐饮部组织结构模式

小型酒店餐厅数量少、类型单一。小型涉外酒店，只设置一个西餐厅、咖啡厅和酒吧。国营小型酒店往往只经营中餐，其组织机构形式可参阅第一章第三节。

小型酒店餐饮管理组织机构相对比较简单，由于该类型酒店的规模、针对的客源、酒店的商业战略的不同，因此该类型酒店只会经营必要的餐饮部门。例如，国外某三星级酒店，其餐饮部只有一个咖啡厅和一个酒吧。这样类型的酒店管理人员组织机构的规模相对小很多。类似酒店为节约人力成本，不会雇用餐饮部经理来管理如此小规模的餐饮部，取而代之的是雇用餐饮部主管来管理。这样既保证了餐饮部人员组织的数量，又节约了人力成本。

（二）中型酒店餐饮部组织结构模式

中型酒店的客房数一般在 200~500 间，一般是以四星级为标准来设计的。其组织关系相对小型酒店要复杂得多。包括：不同类型的餐厅、咖啡厅、酒吧等附属部门。餐厅在管理角度上说，也要比小型酒店更为烦琐。由于餐厅的多样性，所以中型酒店餐饮部要有充足的员工。其组织结构模式请参考第一章第三节。

（三）大型酒店餐饮部组织结构模式

这种酒店客房在 500~1000 间。餐厅类型非常齐全，内部分工比较细致，餐饮管理组织机构相对复杂，其组织机构形式可参阅第一章第三节。

大型酒店的组织机构非常复杂，在保证有各个餐饮单元的管理及服务人员的情况下，很多五星级酒店会设立餐饮部的培训经理和餐饮预订中心经理两个二线职位，培训经理每天会视察各个餐厅去发现服务人员在服务过程中所遇到的困难和问题，并想方设法使员工得到相对应的培训去解决问题。这一职位也是为保证实习生在实习期间能够得到相应的培训和锻炼。而餐饮预订中心经理的工作会更针对餐饮市场营销与销售这些方面。并且每个大型酒店都会有自己的餐饮预订系统，餐饮预订中心的工作也是为了确保日常的餐饮预订工作可以顺利完成。

二、餐饮管理组织机构设置方法

（一）根据企业性质和投资结构，选派产权代表，确定组织领导体制

酒店餐饮部不是一个独立的企业，而是企业内部的一个部门。尽管其规模、档次可能高于一般独立的社会餐厅，但没有独立法人资格。因此，酒店建立餐饮部的组织机构，其产权代表是酒店的总经理或董事会，并由其指派酒店人力资源部和餐饮部共同研究决定该酒店餐饮部的组织结构体制。还有例外情况，某餐饮品牌或餐饮企业选择租用酒店内部空间开餐厅运营。这样的情况，它就相当于一个独立的餐饮企业，但也要受到酒店大原则的约束。例如，统一的服务费收费标准、该餐厅服务要达到酒店的标准等，

因此该餐饮企业才能和谐地在酒店内部运营。同时，这样的餐饮企业的组织结构一般不受酒店总经理、董事会或餐饮部影响。

（二）根据酒店的规模档次和市场需求，确定餐饮组织机构的大小与形式

酒店的餐饮组织机构大都是由各餐饮附属部们的规模、档次和接待对象来决定的。如星级较低、客房较少的酒店，餐厅数量少、档次低，而且餐厅的座位也相对少，因此内部机构必然简单；反之，星级高的大型酒店，餐厅多、档次高，规模和形式复杂得多。

（三）根据专业分工确定部门划分和岗位设置，指定各岗位职责规范

在组织机构的规模和形式确定的基础上，必须做好内部的专业分工，根据各岗位具体任务，确定内部的部门划分和岗位设置。大型酒店餐饮部会划分得非常细致，如餐饮预订中心、餐饮培训部、各个餐厅等。先确立各专业部门，再设置各种岗位。而小型酒店就没有这么复杂。在部门划分和岗位设置的基础上，还应根据不同岗位的任务、职责、权限不同，分别制定出各个岗位的职责规范，其内容应该包括不同岗位员工的学历、资历、专业、经验、仪表、语言能力等基本条件和具体职责规范，才能保证组织机构中的各岗位人员的选择和任用。

（四）根据各岗位工作任务和职责规范，选派人员，形成正式的组织管理

酒店餐饮组织机构的设置和建立，除组织形式、管理体制外，关键在各岗位人员的选择和任用。餐饮组织形式一经确定，就要按照不同岗位的工作任务、任职条件和职责规范去选派人员，特别是中高层管理人员的选择和任用直接决定企业组织管理水平的高低，是能否做好餐饮管理的关键。所以，根据各岗位任务和职责规范、任职条件选派人员，做到能级相应、对号入座，也是餐饮管理组织机构设置的重要工作之一。

第三节 酒店厨房人员组织结构

一、小型酒店厨房人员组织结构模式

小型酒店的厨房人员组织是包括在餐饮部中的，由于餐厅的规模和形式限制，酒店不需要数量庞大的厨师队伍，因此厨房人员的机构相对简单并且是属于餐饮部管理，其组织结构形式可参阅图 10-1。

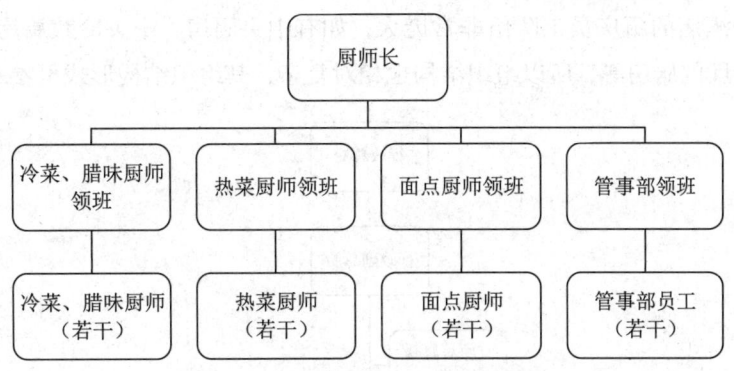

图 10-1 小型酒店厨房组织结构图

二、中型酒店厨房人员组织结构模式

由于中型酒店餐饮部设置餐厅较多，有：中餐厅、西餐厅、咖啡厅等。因此其厨房管理团队就相应比小型酒店厨房人员组织要多。中型酒店餐饮部一般会设置中、高档大型餐厅，因此对厨房管理人员和烹饪人员的管理技术和烹饪技法有相当高的要求。同时由于餐厅餐位较多，则应有相应的烹饪团队来支撑整个餐厅的运营，其组织结构模式请参阅图 10-2。

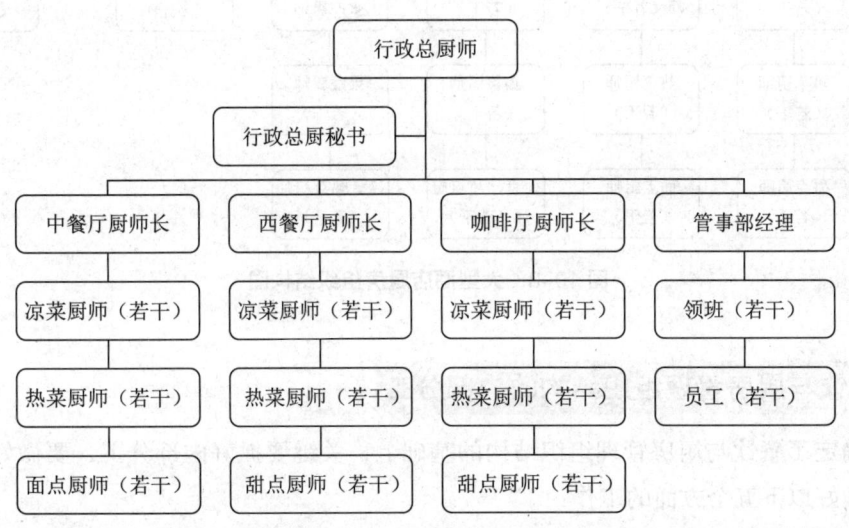

图 10-2 中型酒店厨房组织结构图

三、大型酒店厨房人员组织结构模式

大型酒店的厨房人员组织是与餐饮部组织完全脱离的，厨房组织为单独一个大型部门。由于大型酒店的厨房员工队伍非常庞大，如有中央厨房、中央冷菜厨房、果蔬厨房、肉房、各个餐厅的厨房等，所以组织结构也相对复杂，其组织结构形式可参阅图10-3。

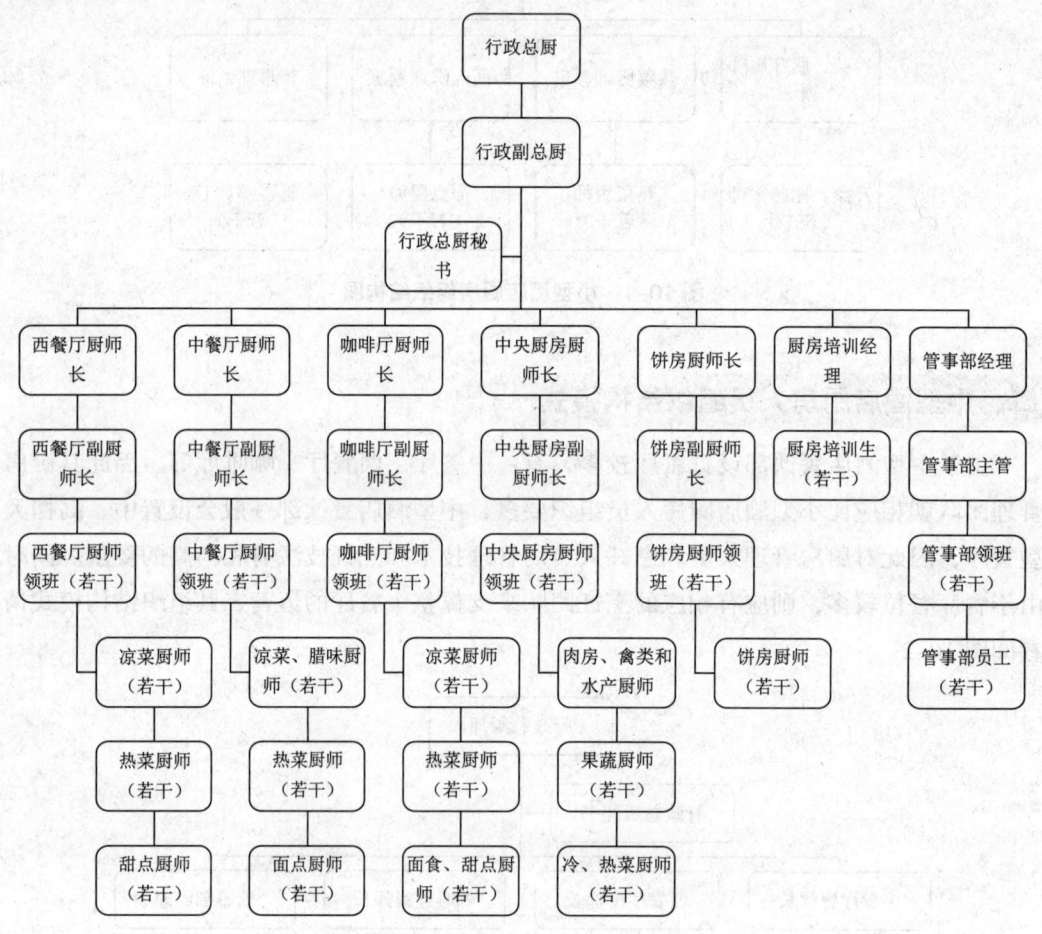

图 10-3　大型酒店厨房组织结构图

四、餐饮与厨房管理组织结构的内部分工

在确定了餐饮与厨房管理组织结构的基础上，关键要抓好内部分工，要做好内部分工需要做好以下五个方面的工作：

1. 组织策划工作

组织策划工作属于酒店餐饮中、高层管理工作，以酒店餐饮部门经理为主要参与对象。主要负责酒店餐饮管理经营方针、经营策略、管理目标的制定，全面组织业务经营活动的开展。控制酒店餐饮经营方向，完成这些管理工作，要组织市场调查，搞好销售预测，制订经营计划，合理安排人员，做好资料配备，调动全体员工积极性，保证计划任务的完成。

2. 食品原材料供应

食品原材料供应主要由采购部负责。采购部的工作内容包括采购、验收、储藏这三个环节。它要根据酒店餐饮经营计划和生产业务活动的需要，制订采购计划，组织采购业务，控制采购成本，做好入库验收、库房管理、领料、发料等日常管理工作，保证厨房生产的需要。

3. 厨房生产过程组织

厨房生产是酒店餐饮管理的核心环节，主要由行政总厨或厨师长负责。其任务是选择经营风味，定制菜单；合理安排生产任务，做好各个生产环节的准备、烹饪和后续工作，确保产品卫生与质量。

4. 餐厅销售服务管理

餐厅销售服务管理主要由餐厅经理负责，餐厅销售服务是一线服务，每个餐厅员工都会有针对性地参与销售工作并提供优质服务。它直接影响服务质量和酒店餐厅声誉，是扩大生产销售的重要环节。

5. 餐饮成本核算与控制

成本核算是控制成本消耗、提高经济效益的重要手段。餐饮成本核算一般由财务部成本核算员负责。但作为餐饮与厨房管理人员需要与财务部成本核算员紧密合作。当成本消耗大、经济效益低的情况出现时，餐饮与厨房管理人员要及时采取有效的行动来保证酒店的经济效益。

 案例

酒店餐饮特殊活动组织结构模式案例

大型高档次酒店每年都会为各种中国传统节日推出相对应的糕点作为销售渠道。例如，每年的春节期间酒店会推出年糕，端午节销售粽子，中秋节有月饼等。但是听似简单的一个销售工作，其实内部工作也会非常复杂。

例如，酒店中秋节销售月饼是酒店的经营任务，有任务就有销售目标，在设立了经营任务与销售目标的基础上，就一定要规划组织机构模式来支持这个销售活动的运作。通常以餐饮部副总监为主要负责人，酒店内某餐厅经理和餐饮预订中心经理为副手。并在不影响酒店餐饮部整体运营的基础上抽调各个餐厅合适的一线员工为主要销售人员，其组织机构形式可参阅图10-4。

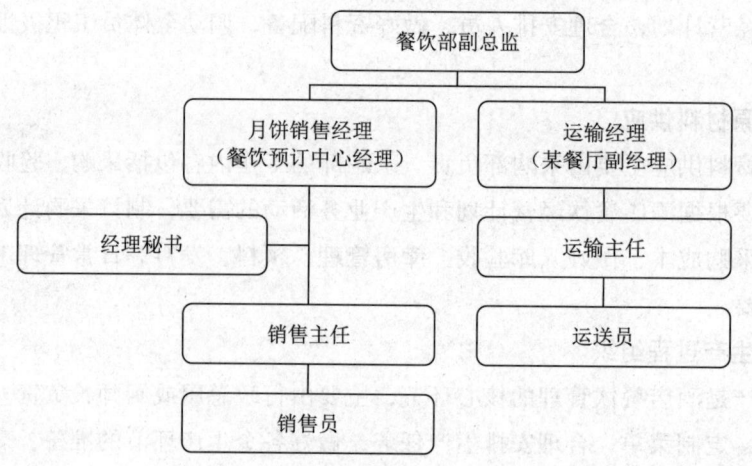

图 10-4　酒店餐饮特殊销售活动组织结构形式

通过这个案例能够加深了解组织结构的定义。酒店餐饮组织结构是针对酒店餐饮经营管理目标，为筹划和组织酒店餐饮产品的供给、生产与销售活动而设立的。每一个组织结构都是在有管理任务目标的基础上建立的。

第四节　餐饮部工作人员职责

一、餐饮部总监或经理工作职责

餐饮部总监或经理是酒店中餐饮部的高级管理人才，也可以称为中层管理者。由于酒店规模的不同，酒店会选择性聘任餐饮部总监或餐饮部经理。大型酒店经常聘用餐饮部总监来对自身多元化的餐饮部进行管理，中型酒店则可聘用餐饮部经理来管理餐饮部。餐饮部总监或经理的工作职责如下：

（1）执行总经理的经营管理指令，贯彻酒店运营的方针。

（2）负责制订餐饮部各项业务计划，组织、协调、指挥和控制各管辖部门准确贯彻实施。负责抓好本部门的营销和质量、成本等经营管理工作。

（3）主持本部门例会，听取各部门汇报，督促工作进度，解决工作中的问题。

（4）负责本部门安全和日常的质量管理工作，检查和督促各部门严格按照工作规程和质量标准进行工作，实行规范作业。

（5）负责按月进行经营活动分析，研究当月经营情况和预算控制情况，分析原因，提出措施，改进管理，开拓市场，厉行节约，提高经济效益。

（6）负责本部门员工的岗位业务培训，加强让客人完全满意的基本宗旨的教育，督促各部门有计划地抓好培训工作，提高全员业务素质。

（7）建立良好的客户关系，广泛听取和搜集宾客及客户单位意见，认真处理投诉，不断改进工作。

（8）审阅当日营业报表，掌握当日预订、货源供应和厨房准备工作情况，了解当日的重要宴请以及来宾的有关情况和特殊要求，认真组织做好一切准备工作。

（9）负责督促有关人员搞好食品卫生、成本核算、食品价格、供应标准等工作，积极支持对菜点的研究，不断推陈出新。

（10）沟通本部门与其他部室的联系，协调配合，搞好工作。

（11）负责餐饮部财产管理，拟定各项设备的添置、更新和改造计划，不断完善服务项目。

（12）负责制定餐饮部管理人员和服务、工作人员的考核标准，认真考核部门管理人员的日常工作业绩，激发员工的士气和积极性，不断提高管理效能。

（13）控制食品和饮品的标准、规格和要求，正确掌握毛利率，抓好成本核算，加强食品原料及物品管理，降低费用，增加盈利。

（14）做好员工队伍的基本建设，熟悉和掌握员工的思想状况、工作表现和业务水平，开展经常性的礼貌教育和职业道德教育。

（15）做好设备、设施的维修保养，使之接近于完好的状态，并得到合理的使用，加强日常管理，防止事故发生。

（16）做好卫生工作和安全工作，组织检查个人、环境、操作等方面的卫生评比，贯彻执行饮食卫生制度，开展经常性的安全保卫、防火教育，确保餐厅、厨房、库房的安全。

（17）了解采购部食品原料的进货渠道及价格，并核对进货及库存情况，采取降低成本、减少库存的有效措施，并控制好成本核算，提高毛利率。

二、餐厅工作人员岗位职责

（一）餐厅经理岗位职责

（1）协助餐饮部经理抓好餐厅及厨房的各项管理工作，执行餐饮部经理工作指令，并向餐饮部经理汇报工作。

（2）主持制定餐厅及厨房的各项规章制度，加强餐厅领班、厨房厨师长及其他管理人员的检查和考核，不断完善餐厅服务及厨房菜点的质量管理。

（3）参与制订餐饮部的业务计划，审阅各类业务报表，根据季节和市场需求参与编写各类菜单。

（4）负责经营成本的分析和核算，坚持食品原料及酒水的日清日结。

（5）掌握重要宴会、大型宴会的具体情况，认真落实餐厅及厨房的各项工作。

（6）负责餐厅及厨房系统清洁卫生和安全消防工作。督促餐厅领班、厨房厨师长及其他管理人员严格执行有关规定和制度，定期组织检查和考核。

（7）参与部门的更新、改造，负责部门各类设备和财产管理。

（8）做好劳动力调配，对下属员工做到胸中有数，密切联系餐厅领班、厨师长，根据每位员工的特长，合理安排岗位。

（9）参加餐饮部例会，汇报本部门运作状况，结合每天的任务与其他部门协商，召开本部门例会，安排每日任务，完成上传下达。

（10）合理安排人员班次，科学分工，定期对下属进行绩效评估，按奖惩制度实施奖惩。

（11）做好工作日志、工作计划和工作总结。

（12）负责收集、处理宾客对餐饮质量的意见和投诉，想方设法满足宾客的各种需求，提高餐饮服务质量。

（13）了解食品原料的进货渠道及价格，并核对进货及库存情况，采取降低成本、减少库存的有效措施。

（二）餐厅主管岗位职责

（1）协助经理不断改进、完善工作标准和服务程序，并督导实施。

（2）负责餐厅工作人员调配、班次安排和员工的考勤、考核，保证在规定的营业时间内，各服务点上都有岗、有人、有服务。

（3）按照服务规程和质量要求，负责西餐厅的管理工作，并与厨房保持密切联系，协调工作。

（4）掌握市场信息，了解客情和客人需求变化，做好业务资料的收集和积累工作，并及时反馈给厨房及有关领导。

（5）了解厨房货源情况及供餐菜单，组织和布置餐厅服务员积极做好各种菜点及酒水的推销。

（6）负责餐厅费用控制和财产、设备、物料用品管理，做好物料用品的领用、保管及耗用账目。

（7）保持餐厅设备、设施整洁、完好、有效，及时保修和提出更新添置意见。

（8）负责处理客人对餐厅服务工作的意见、建议和投诉，认真改进工作。

（9）了解各国风俗习惯、生活忌讳。

（10）坚持让客人完全满意的服务宗旨，加强服务现场管理，检查和督导餐厅员工严格按照服务规程，做好餐前准备、餐间服务和餐后结束工作并抓好员工的岗位业务培训。

（11）召开班前会，分配任务，总结经验。

（三）餐厅领班岗位职责

（1）协助餐厅经理不断改进完善工作标准和服务程序，并督导实施。

（2）召开班前例会负责本班组服务员的工作任务分配，检查本班组对客服务情况。

（3）负责向经理和厨师长反馈客人对食品、服务方面的信息。

（4）对重要客人给予关注，负责处理餐厅里发生的问题和客人投诉，并及时向餐厅经理汇报。

（5）定期检查、清点、保管餐厅的设备、餐具、布草等物品，负责签署设备维修、物品领用等报告单。

（6）督促员工做好餐厅安全和清洁卫生工作，开餐前检查餐台摆台、清洁卫生、餐厅用品供应及设施设备的完好情况。

（7）协助经理做好对服务员的培训工作及对员工进行考核。

（8）负责餐厅工作人员调配、班次安排和员工考勤、考核，保证在规定的营业时间内，各服务点上都有岗、有人、有服务。

（9）坚持让客人完全满意的服务宗旨，加强服务现场管理，检查和督导餐厅员工的岗位业务培训。

（四）餐厅服务员岗位职责

（1）服从领班的工作安排，向其负责并报告工作。

（2）按餐厅服务工作规程和质量要求，做好餐前准备、餐中服务和餐后结束工作。

（3）了解菜单上所有菜品及其简单制作方式。

（4）掌握供餐菜单变化和厨房货源情况，主动介绍和推销各种菜肴及酒水。

（5）保持餐厅环境整洁，确保餐具、布件清洁完好，备齐各种物料用品。

（6）爱护餐厅设备财产和餐具物料，做好清洁、保养工作。

三、厨房工作人员工作职责

（一）行政总厨或厨师长岗位职责

（1）制定各厨房的操作规程及岗位职责。确保厨房工作正常进行。根据各厨房原料使用情况和库房存货数量，制订原料订购计划，控制原料的进货质量。

（2）负责签批原料出库单及填写厨房原料使用报表。经常检查原材料库存情况，防止变质、短缺。

（3）确保合理使用原材料，控制菜的式样、规格和数量，把好质量关，减少损耗，降低成本。

（4）巡视检查各厨房工作情况，合理安排人力及技术力量，统筹各个工作环节。

（5）检查各厨房设备运转情况和厨具、用具的使用情况，制订年度订购计划。

（6）根据不同季节和重大节日，组织特色食品节，推出时令菜式，增加花式品种，以促进销售。

（7）听取客人意见，了解销售情况，不断改进、提高食品质量。

（8）每日检查厨房卫生，把好食品卫生关，贯彻执行食品卫生法规和厨房卫生制度。

（9）定期实施厨师技术培训。组织厨师学习新技术和先进经验。定期或不定期对厨师技术进行考核，制定值班表，评估厨师工作，对厨师的晋升调动提出意见。

（10）根据各餐厅的特点和要求，制定各餐厅的菜单和厨房菜谱。

（二）厨师主管或领班岗位职责

（1）执行上级的指令，全面负责厨房的业务管理和预算管理工作，向上级负责并报告工作。

（2）坚持按级上灶制度，负责厨房厨师力量的调配，掌握每个厨师的技术专长，合理安排工作岗位，调动每个厨师的积极性。

（3）掌握每天业务情况，统筹安排各环节的工作，参与大型和重要宴会的设计，亲自负责烹制制作，确保万无一失。

（4）严格按照工作规章和质量要求，把好菜点质量关，保证每天制作的菜品达到规格、质量和数量要求，符合出菜速度。

（5）贯彻执行《食品卫生法》和厨房的各项卫生制度，把好食品卫生关，保证厨房环境整洁，食品、餐具、炊具、用具和厨师个人卫生符合要求，杜绝食品中毒事故。

（6）熟悉和掌握货源、食品切配加工和储存情况，负责检查货源和切配加工的规格、质量。调料、干货实行定额管理，严格抓好领货手续，防止货源变质和短缺。

（7）建立与餐厅的联系制度，密切相互的配合与协作，收集和听取客人的意见和反映，随时了解市场动态和客人口味变化，适时更换菜单，增加菜点花色品种。

（8）抓好成本控制和坚持日清日结毛利率核算，掌握各种食品原料的价格，加强对食品原料和各类物料及水、电、油耗用管理，严格控制各类菜点的毛利标准，合理调整价格，努力较少浪费，提高利用率，堵塞各种漏洞。

（9）抓好厨师业务技术培训，做好传、帮、带，积极组织厨师技艺改革和创新菜品品种,保持和发扬菜品特色和风格并深入开展学先进找差距活动。

(10)全面检查菜品质量,减少并杜绝不符合规格要求的成品和半成品。

(11)根据餐厅的客流量以及预订宴会菜单的数量填写请购单和领料单,验收货品的数量和质量,保证圆满完成各种大小宴会任务。

(三)厨师岗位职责

(1)服从厨房主管或领班的工作安排,负责菜肴的加工烹制。

(2)掌握各种烹调方法,努力钻研烹调技艺,积极改革和创新菜肴品种,不断提高菜肴质量。

(3)了解每天的开餐任务及菜单,准备好各种调料和小料及沙司,负责好调料使用。

(4)认真执行操作规程,按照标准菜谱进行烹饪制作。

(5)坚决保证食品卫生,保持炉灶和操作用具清洁,尝味用调羹,个人卫生符合要求,衣着整洁。

(6)爱护使用灶具、炊具等设备,注意做好保养工作,节约水、电、煤气、油的耗用量。

案例

案例一 客人的特殊就餐要求

事情经过:

在某酒店餐厅的早餐营业时间,服务员小李注意到一位年老的顾客先用餐巾纸将煎鸡蛋上面的油吸掉,又把蛋黄和蛋白用餐刀分开,再把分开后的蛋白放在白面包上吃掉,而且在吃的时候没有涂抹任何酱料。小李猜想着客人的健康意识非常强,才会有这样特殊的饮食习惯。

第二天早晨,当这位客人又来到餐桌落座后,未等其开口,服务员小李便主动上前询问客人是否还享用和昨天一样的早餐。待客人应允后,服务员便将昨天一样的早餐摆在餐桌上。与昨天不同的是煎鸡蛋只有蛋白而没有蛋黄,而且油基本吸干了,客人见状非常高兴。用餐后告知小李,之所以有这样的饮食习惯,是因为他血液中的胆固醇高,要吃低胆固醇和低盐的食物。以前在别的酒店餐厅用餐时,他的要求往往被服务员忽视,这次在这家酒店住宿用餐,他感到非常满意。

分析:

(1)在本案例中,不吃蛋黄的顾客从开始并没有跟服务员小李提他的特殊饮食习惯，到后来感到非常满意。因为客人以前在别人的酒店餐厅用餐时，他的要求往往被服务员忽视，这里经验效应就产生了作用，使得客人认为这个餐厅也不会在意这些细节，没有必要对服务员提醒。但他没想到服务员小李不仅记住了他的特殊习惯，而且不用客人本人再次提醒就能主动端上已提前去掉蛋黄的煎鸡蛋，让客人感到被尊重和重视，所以在这家酒店住宿用餐，他自然感到非常满意了。

（2）在客人到店消费时，作为服务人员应多观察客人的特殊习惯和餐饮偏爱，在下次服务该客人时即可根据客人的具体情况提供个性化服务。

（3）餐饮服务要有预见性，要把客人的需求考虑周到，使客人享受到方便贴心的服务。

处理结果：

（1）要求餐厅所有服务员都记录下老先生的饮食爱好，以便日后为其提供个性化的服务。

（2）表扬小李的处理方法，并对全体员工培训，提倡所有员工多观察，尽量满足客人需求。

案例二 "精诚所至，金石为开"

事情经过：

有一位外国客人入住某酒店，他很少与员工沟通，也很少说话。在某酒店住了一周，几乎从不开口，不跟别人打招呼，更难得让人看到一丝微笑。楼层服务员觉得这位客人非常不好相处，任凭他们如何笑脸相待、主动招呼，所得到的总是一张铁板的脸，天天如此。

每天早上，他都选择去自助餐厅吃早饭。当他吃完自己挑选的食品之后，便开始在台上寻找什么东西，一连三天早上都是如此。第一天，服务员小陈曾问过他要什么东西，他没吭一声，掉转头便走出餐厅。第二天小陈又壮起胆询问他，他还是一张冷峻的脸，小陈尴尬得双颊发红。当这位外国客人正欲步出餐厅时，小陈又一次笑容满脸地问他是否需要帮助，也许是小陈的诚意感动了他，他终于吐出"香蕉"一词，这下小陈明白了。第三天早上，那位沉默寡言的客人同平时一样又来到自助餐厅，在一侧一盘黄橙橙的香蕉吸引了他的注意力，绷紧的脸第一次有了一丝微笑，站在一旁的小陈也喜上眉梢。又一次领悟到"精诚所至，金石为开"的道理。在接下来的几天里，酒店每天早餐都特地为他准备了香蕉。

几个月后，这位客人又来到该酒店。第二天一早他步入自助餐厅，原以为这次突然"袭击"，餐厅一定没有准备好香蕉。谁料走进餐厅，迎面就是引人注目的一大盘香蕉。这位金口难开的客人见到小陈，第一次主动询问是不是特意为他准备的香蕉。小陈嫣然一笑，告诉他昨晚总台服务已经给餐厅带来了他入住本店的信息。

"太感谢你们了！"这位客人几个月第一次向酒店表示发自内心的感谢。

分析：

（1）常言说得好，"于细微处见精神""精诚所至，金石为开"。酒店服务员面对来自天南地北，性格、文化、风俗习惯不同类型的客人，细心观察客人的言行举止，摸准其心思、采取灵活机动的服务技巧，提供具有针对性的个性服务，这是非常重要的。

（2）自助餐准备一些香蕉，这不是一件难事，重要的是去探索客人的心理，了解他们的需求。这位客人对香蕉情有独钟的信息不仅餐厅知道，连总台都掌握，可见酒店极为重视有关每个客人特殊需求的档案。此外，该酒店的信息传递渠道畅通，前厅、客房、餐厅共享顾客的相关信息。晚上客人到达，第二天早上餐厅已经有了充分的准备，由此可见对客人的重视。

处理结果：

（1）要求餐厅所有服务员都记录下这位客人的饮食爱好，以便日后为其提供个性化的服务。

（2）表扬小陈的处理方法，并对全体员工培训，提倡所有员工多观察，尽量满足客人需求。

案例三　语言理解的差异

事情经过：

酒店餐厅午餐营业时间，一群来自中国台湾的团队客人在此用餐。当服务员小孙发现一位70多岁的老人的饭碗已空了时，就轻步上前柔声问道："请问老先生，你还要饭吗？"那位老先生摇了摇头，小孙又问道："那么老先生，你用完了吗？"只见那位先生冷笑起来："小姐，我今天已经70多岁了，自食其力，这辈子还没落到要饭的地步，怎么今个儿我倒要向你要饭了呢？我的身体还硬朗着呢，一下子不会完的！"小孙听到客人的话感到很奇怪，心想，我问你要不要饭，意思是说要不要添加饭，你怎么把自己和乞丐联系起来呢？小孙脸上不自然地笑了笑，对客人的不满她不知何意。

分析：

（1）服务人员要了解消费者遵守的风俗和习惯，在平时也应多观察了解各地客人的忌讳和偏爱，在接待服务过程中注意避免说错话、做错事，否则会使消费者处于尴尬局面，或使其扫兴，影响其对餐厅的印象。

（2）服务员在工作中应该恰当地使用服务用语。这些服务用语是人们在特定的环境中总结归纳而成的。在本案例中，服务员在为客人添饭时，本来是出于主动为客服务的热心,但因所讲的话不顾场合和对象,不符合礼貌服务用语的规范,因而在无意中伤害了客人,这是服务人员要尽量避免的。

处理结果:

(1)小孙和经理向客人道歉。

(2)管理人员批评教育了小孙,并以此事作为经验教训,培训全体员工,务求所有员工提高服务意识和语言技巧。

案例四 上错菜

事情经过:

某酒店的餐厅正在开晚餐。一位实习生服务员将客人点的桂花鱼端到了另一桌上,当这桌客人津津有味地品尝着桂花鱼时,点桂花鱼那一桌的客人正在为桂花鱼的迟迟未上而急催服务员。两桌的客人都是餐厅以往的老主顾,怎么办?餐厅的领班小李首先带着实习生到点桂花鱼的那桌客人面前,温和地道歉:"让你久等了!"而后又风趣地说:"不知今天的桂花鱼为什么这么淘气,跑到隔壁的桌上去了!害得你们久盼不到,我们没看住,给你们带来不快,我们当面给你道歉了!请大家再耐心等待一会儿,我们让厨师再尽快做一条桂花鱼上来。"客人听她一席话,看他们满脸的真诚,都笑了,很风趣地说:"不就是一条鱼吗?下次看住点。"小李说:"谢谢各位了!"然后他们马上又到另外一桌的客人面前以恭喜的口吻告诉客人:"你们成了我们店的幸运之星,这条桂花鱼将给你们带来大吉大利!使你们心想事成,恭喜各位了!"客人听后大喜,马上又点了一瓶茅台酒助兴。

分析:

(1)传菜员、服务员在上菜前都务必核对好才能上到客人桌上,做到层层把关,杜绝上错菜的情况。

(2)本案例中的实习生服务员送错菜,但顾客不仅没有发火,大家还都挺尽兴,主要是因为领班小李的随机应变服务做得好,所以在服务过程中,餐厅管理人员应特别强调员工的随机应变能力,在平时就应锻炼自己能很好地营造出轻松、幽默、和谐的气氛,力求迅速处理突发事件,避免顾客产生不满情绪。

处理结果:

(1)将此事作为案例存档,以供餐饮部培训学习,以避免日后再次发生同类事件。

(2)加强员工的操作流程培训,务求服务中不出错,给客人提供最专业的服务。

案例五　应不应坚持开瓶费

事情经过：

有一次，赵先生和几位朋友请一位老先生吃饭，老先生是他们的前辈师长，所以大家都让他来选择哪家餐厅为好。老先生想了想说："就到迎宾餐厅吧！那里的菜不错，环境也很好。"大家便一起到了迎宾餐厅。落座后不久，老先生把他从家里拿来的两瓶茅台酒摆上桌说："今天咱们喝国酒茅台，这是我一个学生从贵州带过来的。"没等老先生说完，站在一旁的服务员沉不住气了，赶快说道："我们餐厅是不让客人带这些酒的。如果客人自带酒水，我们必须收开瓶费。""开瓶费多少钱？"有人不禁问道。"每瓶50元。"老先生一听，赶快说道："我和你们李老板是好朋友，我到这里吃饭，已经不止一次了。"小彭一听，马上说："不行，这是我们餐厅的规矩，我们必须遵守！"老先生有点急了，他马上拿起手机就拨打餐厅老板的电话。显然，在电话里，老板告诉小彭不用再收开瓶费。虽然如此，老先生却不好受。他气呼呼地对小彭说："刚才你不听我话，现在看怎么样？我这把年纪了，还骗你小姑娘干吗？"服务员无言以对，非常尴尬。老先生的太太则在一边没好气地说："以后别到这里来了。看这儿的规矩真多！"在座的几位也不禁暗暗赞成老先生及夫人的做法和想法。

分析：

（1）在本案例中，老先生认为自己和餐厅的老板是好朋友，并且自己又是常客，老板在场也不会收他的"开瓶费"，跟服务员说清楚，服务员当然也不会收的。这是他已经有的一种看法和态度。但服务员听后，马上说："不行，这是我们餐厅的规定，我们必须遵守！"拒绝了老先生的要求。这时候老先生有点急了，他马上联系餐厅老板。虽然最后他也没有交开瓶费，但已经给他带来不愉快的体验，造成了他对服务员及餐厅的不好印象，使他感到非常不愉快。

（2）此外，老先生的态度又影响了他的太太，进而影响了在座的其他人的感受，使他们对餐厅有不良的评价。老先生在这里丢了面子，以后也不想再光临了。诚然，餐厅里的规定服务员是必须遵守的。但是，并不应该教条地执行，而应该根据具体情况灵活变通，尽量满足顾客的个性要求，才能保持住熟客。

（3）在服务人员对待客人时应时刻注意要语气委婉，不可对客人说"不行"等强硬性的拒绝语言，应随时站在客人的角度去处理客人的需求，给客人面子的同时为客人提供优质的服务。

处理结果：

（1）餐厅经理向客人道歉，并送上水果盘以示歉意。

（2）管理人员对服务员进行批评教育，并以此事作为经验教训，培训全体员工，让所有员工提高顾客意识。

思考与练习

（一）单选题

1. 在下列酒店餐饮组织机构的原则中哪项最体现：配备的服务和管理人员数量与所承担的任务应相适应？（　　）

   A. 分工协作原则　　　　　　　　B. 统一指挥原则

   C. 任务目标原则　　　　　　　　D. 合理管理幅度原则

2. 酒店餐饮组织结构是针对酒店餐饮（　　），为筹划和组织酒店餐饮产品的供给、生产与销售活动而设立的。

   A. 经营管理目标　　　　　　　　B. 经营方针

   C. 经营理念　　　　　　　　　　D. 经营方式

3. 餐饮部每个工作人员都应熟悉本部门各岗位的职责，负责整个餐饮部的正常运转，执行计划、组织、督导及控制等工作的是（　　）。

   A. 餐饮部经理　　　　　　　　　B. 餐厅经理

   C. 餐厅领班　　　　　　　　　　D. 餐饮部内勤

4. 确定餐饮部各成员之间、所属部门之间相互关系的结构称为（　　）。

   A. 餐饮部组织理念　　　　　　　B. 餐饮部组织系统

   C. 餐饮部组织制度　　　　　　　D. 餐饮部组织机构

5. 餐饮部每个工作人员都应了解本部门各岗位工作人员的组织关系，餐厅领班的直属领导是（　　）。

   A. 饭店总经理　　　　　　　　　B. 餐饮部经理

   C. 餐饮部副经理　　　　　　　　D. 餐厅经理

（二）多选题

1. 设置酒店餐饮管理组织机构的依据有哪些？（　　）

   A. 酒店餐饮部门的接待能力的大小

   B. 酒店餐饮经营市场环境

   C. 酒店餐饮经营管理理念

   D. 酒店餐饮部附属部门的多少

2. 餐饮管理组织机构设置方法有哪些？（　　）

   A. 根据企业性质和投资结构，选派产权代表，确定组织领导体制

   B. 根据酒店的规模档次和市场需求，确定餐饮组织机构的大小与形式

C. 根据专业分工确定部门划分和岗位设置，指定各岗位职责规范

D. 根据各岗位工作任务和职责规范，选派人员，形成正式的组织管理

3. 大中型饭店餐饮部常见的组织形态中，酒吧领班的直接下属有哪些？（　　）

A. 送餐服务员　　　　　　　　　　B. 餐厅服务员

C. 调酒员　　　　　　　　　　　　D. 酒吧服务员

4. 餐饮服务是餐饮部工作人员利用餐饮服务设施向客人提供菜肴、饮料的同时提供方便就餐的一切帮助，服务内容主要有（　　）。

A. 辅助性设备设施　　　　　　　　B. 使餐饮服务易于实现的产品

C. 明显的服务　　　　　　　　　　D. 隐含的服务

5. 餐饮部是通过出售菜肴、酒水及相关服务来满足客人饮食需求的场所，它必须具备必要的条件和要求，包括（　　）。

A. 具有一定的空间和设施　　　　　B. 能提供菜肴、饮料和服务

C. 以营利为目的　　　　　　　　　D. 坐落酒店最好的位置

（三）简答题

1. 简述设置酒店餐饮组织机构的原则的内容。

2. 根据所学内容设计一个大型酒店餐饮部组织结构图。

3. 根据所学内容设计一个大型酒店厨房组织结构图。

第十一章　酒店餐饮服务与管理

本章导读

从营销学角度来讲，餐饮服务为无形产品，由不同要素组成。餐饮服务应以顾客满意为服务目标，为客提供优质服务为宗旨。餐饮服务与营销是密不可分的，服务不仅仅是输出，好的输出将会给餐厅带来高额利润。因此餐饮服务应该得到相关企业的极大重视。通过本章的学习，可以掌握酒店餐厅服务类型及特点，不同酒店餐厅服务流程，服务推介技巧和处理客人投诉的能力。

学习目标

知识目标

1. 掌握餐饮服务概念及类型。
2. 了解餐前、餐中、餐后运营管理细则。

能力目标

1. 掌握零点服务程序。
2. 掌握自助餐服务程序。
3. 掌握外卖服务程序。
4. 理解如何处理客诉。

第一节　餐饮运营服务概述

一、餐饮服务概述

餐饮服务是由多种要素组成的无形产品。当宾客在接受服务时，服务虽然是无形的，但伴随着服务的还有不同类型的餐饮实体产品，如菜品、酒水和餐厅设施设备等。

综上所述，餐饮产品是多维一体的，组成餐饮产品的不仅含有餐饮服务，还包括餐饮产品（有形产品）。

针对有形商品，顾客可以在购买前体验欲购买的真实商品，如电子产品、化妆品和服饰等。然而，由于餐饮服务的基本特征，决定了顾客在消费前的感知只能通过多媒体信息和语言传播才能做出就餐决定。因此，酒店餐厅必须使用菜肴展示、设施展示、环境展示等手段呈现产品质量和特色。此外，酒店餐厅通过餐饮产品介绍的诚实性、准确性、针对性、周到性、及时性和兑现性体现餐饮服务质量水平。这些信息酒店餐厅往往不会像社会餐饮展示在餐厅门口处，大多数会利用网络媒体来对餐厅菜品进行展示及宣传。

由于餐饮服务生产与消费具有同步性，餐饮服务人员为顾客提供服务的同时，顾客也是消费服务的过程。而且，餐饮服务也不可储存，一次失败的就餐体验可能导致顾客不再光临此餐厅。此外，虽然现代酒店餐厅针对自己的市场运营涉及服务标准化体系来培训员工，尽最大可能完善服务细节，但由于每一个个体（服务方和接受服务方）的多方面因素，如个性、能力、综合素质等，是不同的，因此导致服务输出和接受的感知参差不齐。而且，人为过失有时是不可避免的，从而体现了餐饮服务质量是无规律的，难于统一认定。

因此，餐饮服务质量受服务人员素质和能力的差异和顾客需求差异的影响。这样，不同服务人员会产生不同的服务质量效果；而同一服务人员为不同顾客服务，也会产生不同的服务质量效果。这些效果与顾客的知识、修养、经历也有一定的联系。

综上所述，现代餐饮服务应体现相互理解及尊重和有效营销的原则，将服务与餐厅文化相结合，为顾客提供最优质的服务来提升餐厅的顾客满意度。

二、餐饮服务及相关概念

（一）餐饮服务

餐饮服务是指餐饮服务人员协助顾客完成就餐体验的一系列活动。它具有无形性、可变性和易消失性，并经常与有形商品，如菜品、酒水和餐具等紧密结合。

（二）餐饮顾客满意

餐饮顾客满意是指顾客对餐厅明示的、通常隐含的或必须履行的需求或期望已被满足的程度的感受。

（三）超期待餐饮服务

超期待餐饮服务是指顾客对餐厅明示的、通常隐含的或必须履行的需求或期望已被满足并超越其期待值程度的感受。

（四）餐饮服务接触

餐饮服务接触是指在餐饮服务情境中，服务员与顾客的面对面直接互动。

（五）餐饮服务失败

餐饮服务失败是指餐厅所提供的服务没能达到顾客可接受的最低标准，不能满足顾客的要求和期待而导致顾客产生不满意情绪的结果。

（六）餐饮服务补救

餐饮服务补救是指餐厅在对顾客提供服务出现失败和错误的情况下，对顾客的不满和抱怨当即做出的补救性反应。

三、酒店餐饮服务种类与特点

（一）自助及半自助餐饮服务形式

自助餐饮服务形式是指客人自选自取适合自己口味菜点的就餐形式。在酒店中自助餐饮形式一般设置在酒店餐饮部的咖啡厅，也是酒店中面积最大的餐厅。自助餐服务形式的特点是菜品供应速度快，客人自由选择菜品数量大，就餐客人多，销量大，服务员需求量不高，客人以自我服务为主。菜品分类放置菜点自助台，菜点自助台一般设在靠墙或靠边的某一部位，以客人取用方便为宜。

现今的酒店自助餐厅多为半自助形式呈现，半自助形式是指一些菜品的获取需要客人去明档与服务人员或烹饪人员自行点单的形式完成。例如，一些酒店咖啡厅提供龙虾自助，顾客需要自行去海鲜加工明档提供个人就餐需求，明档厨师根据顾客需求对龙虾进行烹饪并有看台服务人员为客上菜。另外，除了海鲜类需要半自助形式外，如面食、扒（烧烤）类和早餐的蛋类产品等都是半自助形式的。

除此之外，一般大型涉外酒店的中餐厅在周六日中午也会提供广式点心自助餐形式。这类自助不是传统意义的客人起身自取菜品的形式，而是顾客可以在点心单零点菜品且不限量提供。

（二）零点服务形式

酒店餐饮零点服务形式是非常普遍的，在任何餐厅都可以进行零点就餐。零点服务是指餐厅为到店散客或住店客人提供的一种餐饮服务形式。它的特点是菜品选择多样性，但等餐时间相对自助形式要长。零点菜品更重视色、香、味、形的搭配。餐具的配备多样化，宾客就餐时间具有随意性，对就餐环境有选择性，宾客多少不定，需求标准不一。零点服务形式复杂且具体，也是酒店餐厅中最常见的就餐形式之一。

（三）宴会服务形式

宴会服务形式是以套餐定食的方式提供餐饮服务。顾客一般提前会与餐厅协商制定好菜单，在开餐当天宾客入席，菜品会按事先预订好的顺序呈递并给予服务。这种类型的服务形式是针对大批量团体客人的一种服务形式，服务要求与其他服务形式有明显区别。宴会服务的形式非常复杂，需要团队有效合作才能完成整个宴会服务工作。而宴会的收益相当可观，以至于大多酒店愿意承接宴会式服务的餐饮预订。

 案例

正值暑假期间，郭先生一家带着2岁半的孩子出来旅游，下榻了当地一家五星级酒店，刚到酒店就被大堂的电子广告吸引住了"暑期特惠，海鲜自助晚餐，原价368元/位，现价198元/位"，郭先生和妻子商量决定晚上就在酒店里吃自助餐了。傍晚，郭先生和妻子带着孩子充满期待地来到了酒店的自助餐厅，接待台服务员对郭先生说"您的孩子的身高不到1.2米，可以免费享用我们的自助餐，今天酒店还提供半自助式龙虾，欢迎您品尝，祝您用餐愉快！"随后服务员便把郭先生一家引领到座位上。过了一会儿，郭先生叫来了服务员说："你好，给我上三份龙虾。"自助餐厅服务员回答道："您好，先生，由于您只购买了两个人的自助餐，小孩子是免费的，所以我们只能为您提供两份龙虾，不好意思！"郭先生不太满意，但是没有多说，回答道："可以。"过了片刻，服务员端来了两份龙虾，郭先生疼爱儿子，把一份龙虾先端到了儿子的面前，教儿子如何吃龙虾，但是一个不小心小孩子就把龙虾碰到了地上。郭先生再次叫来了服务员说："可以再给我一份吗？孩子不小心弄掉了。"服务员说道："不好意思，先生，客上菜每个客人只能供应一份。"郭先生有些生气，说："孩子也不是故意弄掉的，我们来这边旅游消费就是为了有个美好的时光，但是到了这儿，不是这不行就是那不行。"站在一旁的服务员不知所措地低着头，脸上挂着非常为难的表情不停地道歉："对不起，先生，实在抱歉，给您带来了不愉快。"这时不远处的餐厅经理Vincent看到了这一幕，快速地走了过来，询问郭先生发生了什么事情，郭先生把经过说了一遍，Vincent耐心地倾听，之后说道："不好意思，郭先生，感

谢您选择我们餐厅用餐，非常抱歉给您和您的家人带来了不愉快的体验，酒店自助餐厅确实有这样的相关规定，但也会视情况而定，我们非常希望可以为您一家人营造一个难忘的回忆，我马上安排厨师帮您重新做两份送过来，但您也看到了，今天确实客人很多所以可能需要多等一些时间。"郭先生点点头说："好的，那谢谢你了！"转过身 Vincent 找到了甜品台的西厨师 Cassie 跟她说拿些蛋糕甜品到郭先生那桌送给小朋友吃。不一会儿 Cassie 端了些酸奶甜品和水果蛋糕来到郭先生面前，说："打扰一下，先生、太太，这款水果蛋糕是我们餐厅的招牌蛋糕，要不要试一下？这款酸奶甜品是新品，专为宝宝打造，低糖无添加，很受小朋友的青睐，小帅哥你要不要来一个？"小孩子的脸上露出了开心的笑容，随后郭先生也满意地笑了。

【问题探讨】

1. 你认为服务员做得有问题吗？哪些还可以改进？
2. 如果你是 Vincent，作为一名餐厅经理，后续你还会为郭先生一家做些什么呢？

【经验总结】

每个客人来到酒店都有背后的故事，有的客人希望安静不被打扰，有的客人希望被关注、被重视，面对各种各样的人就要求酒店人拥有一双洞察一切、"火眼金睛"的眼睛。本案例中的郭先生就是一个希望给家人带来美好记忆的客人，他最希望得到的并不是几份龙虾，而是一家人都开心快乐。餐厅经理 Vincent 恰恰是意识到了这一点，及时化解了尴尬的气氛，为郭先生一家提供了更优质的服务。对于服务员而言，他本身并没有很严重的错误，只是在沟通和处理问题上过于死板，当郭先生表达不满的时候，他只是一味地道歉，但对于郭先生而言口头上的歉意并没有太大实际的意义，他更想要的是行动上的弥补。例如，服务员可以说："不好意思，先生，虽然客上菜只提供一份，但是我可以帮您申请一下，再为您提供一份，不过可能需要您多等一会儿，今天客人比较多。我们的烤扇贝也很好吃，是今天空运过来的，要不我先帮您取一份？"这样的说法相比较一味地道歉来说就更加容易被客人所接受。与客人沟通是一门需要不断修炼的艺术，看透客人的内心是关键，做到点子上的服务才是优质的服务。

第二节 餐饮运营服务流程

一、零点服务流程

（一）预订服务工作流程

预订服务是零点服务流程的开始，为确保不影响就餐，一般顾客来酒店餐厅就餐前会预订餐位。而预订餐位的方式有三种，它们是电话预订、网络预订和当面预订。电话预订和网络预订相比之下是最为常见的预订方式。预订服务的质量可以直接影响餐厅运营的效率与效益。因为如果超额预订，餐厅不能承接那么多的客人则会导致大量服务失败的产生，而无效预订又会导致餐厅效益流失。因此做好预订服务是餐厅运营的必要和首要工作。

1. 电话预订餐位服务流程

（1）使用标准礼貌用语接起电话

在使用礼貌用语的时候一定要结合酒店内部的服务标准来接听电话，如有些酒店要求先用双语接听电话。

（2）询问客人的姓名

询问客人姓名是为了能够在电话沟通过程中至少使用两次客人姓名以表达尊重。

（3）询问客人就餐人数

询问客人就餐人数可以为客人推荐餐位安排，如客人数量不多可以安排在厅堂，如客人人数较多可以安排大桌或包间。

（4）询问客人就餐时间

询问客人就餐时间是非常关键的一个环节，就餐时间的确定可以预计餐厅的繁忙程度，因此可以灵活调整人员配备。

（5）询问客人就餐特别需求

询问客人就餐特别需求是为了避免当客人来到餐厅后提出一些需求而员工不能及时满足。例如，预订时，客人要求安置一个宝宝椅。这样的话，在当天就餐准备的时候餐厅员工就可以安排好，在客人来到餐厅的时候不会手忙脚乱。

（6）询问客人联系方式

询问客人联系方式是非常重要的一个环节，有效的联系方式可以有两个功能，它们是询问与补救。询问功能是在宾客预订的时间未出现时体现出来的。当这种情况发生，餐厅专员可以使用有效联系方式确定客人到餐厅的时间和就餐意向，当顾客还有就餐意向则保留餐位，如没有，餐厅可以马上有效利用餐位为散客提供服务。

2. 网络预订服务流程

网络预订餐位是现今流行的预订方式，对于宾客来讲非常便捷，只需要打开手机软件，如大众点评，就可以在一些特定的餐厅进行预订。而餐厅接受这些预订也相对简单，只需要按照软件指导程序进行操作就可以接受预订。酒店餐厅使用网络预订服务的相对较少。

3. 当面预订服务流程

当面预订服务通常是顾客为了预订餐厅大桌或包间而选择的方式，其预订流程和电话预订基本一致。但也有一些不同。当面预订大桌时，餐厅为了确保餐厅利益，需要收取预订客人一部分预订金。当面预订时宾客还可以在预订员的推荐下定制菜品类型，以至于客人用餐当天不用点餐。

（二）迎宾领位服务工作流程

迎宾领位服务流程分为两种，第一种是为有预订的宾客提供迎宾领位服务，第二种是为没有预订的宾客提供迎宾领位服务。

1. 为有预订的宾客提供领位服务

（1）见到客人后主动使用礼貌和酒店规范用语与客人微笑打招呼。

（2）询问客人是否有预订。

（3）当确认客人有预订后，与客人核对预订（预订姓名、就餐人数、手机尾号）。

（4）预订核对无误后，为客领位到预订的餐位并询问客人是否满意。

（5）如客人满意，拉椅就座并询问餐前酒水。

（6）如客人不满意餐位安排，在允许的条件下为客更换餐位。

2. 为没有预订的宾客提供领位服务

（1）见到客人后主动使用礼貌和酒店规范用语与客人微笑打招呼。

（2）询问客人是否有预订。

（3）客人表示无预订后，询问客人人数。

（4）通过客人人数来确定是否餐厅有可用餐位提供给客人。

（5）如有餐位，领位并询问客人餐前酒水。

（6）如没有餐位，邀请客人到候餐区稍事休息，一有餐位马上为客人安排。

(三)呈递菜单服务工作流程

呈递菜单服务内容简单,但这个工作如果要做好,就一定要注意细节。呈递菜单的流程是:

(1)检查菜单和酒单的整洁度和完整性。

(2)呈递菜单和酒单(菜单应以打开的形式呈递)。

(3)介绍自己。

(4)告知客人今天菜品沽清情况。

(5)给客人初级介绍餐厅特色菜品。

(6)告知客人等客人准备来点单。

(四)点餐(酒)服务工作流程

点餐(酒)服务工作相对复杂,点餐服务也是创收的一个重要营销过程,其中涉及了多个步骤,如果正确和有效地为客人推荐合适菜品和酒水,不仅直接影响客人的就餐满意度,而且也对餐饮的效益起到至关重要的作用。点餐服务的具体工作流程如下:

(1)观察客人是否准备好点餐。

(2)接近客人进行询问是否可以点餐。

(3)把客人所点的菜品分类(凉菜、汤、热菜和主食等)加入信息化系统。

(4)在点餐过程中为客人合理推荐菜品并介绍菜品特色。

(5)菜品点好后,为客人合理推荐酒水并下单到信息化系统。

(6)询问客人就餐特别要求并记录在信息化系统。

(7)为客人重复餐点确认无误。

(8)通过信息化系统上传菜单。

(五)餐间服务工作流程

餐间服务工作是一个极其需要团队合作的工作过程,它涉及了众多不同餐厅工作人员,如餐厅前场的看台服务员、传菜员和餐厅管理人员等;还有餐厅后场的各位准备菜品的厨师。为了确保这一个工作环节顺利完成,团队合作是至关重要的。餐间服务工作流程如下:

(1)酒水服务(香槟、葡萄酒和各类中式酒水等)。

(2)传菜服务。

(3)上菜服务(按菜品特点分类上菜)。

(4)分菜服务(中式的汤、鱼等)。

(5)加点菜品服务。

(6)加点酒水服务。

(7)清理餐盘服务。

(8)询问就餐满意度。

(六)结账服务工作流程

结账服务是就餐过程的尾声,结账服务分为不同类型,有信用卡结账,现金结账和手机支付等。众多结账方式会给结账工作带来一定复杂度。具体表现在如何操作信息化系统和电子系统完成支付。结账服务工作流程如下:

(1)呈递账单及顾客满意度调查表并离开(等待客人自己检查账单)。

(2)当客人示意可以结账,来到餐台边。

(3)询问结账方式。

(4)信用卡结账需要客人在商户存根签字认可消费。

(5)现金结账需要确保没有假币且金额正确。

(6)手机支付需要确保金额到账。

(7)客人支付后需要给客人收据。

(8)询问客人是否需要开局发票和停车券。

(七)送客服务工作流程

送客服务是客人在用餐结束后,离店的过程餐厅所提供的服务,这个服务一般分成两部分,第一部分是看台服务员完成,第二部分是迎宾领位服务员完成。看台服务员会第一时间了解到客人要离开的情况,而迎宾领位服务员会在餐厅门口送客。送客服务工作流程如下:

(1)再次询问用餐满意度(看台服务员)。

(2)提示客人不要遗留贵重物品(看台服务员)。

(3)迎送客人离席并在前引领离席(看台服务员)。

(4)当客人走到餐厅门口,迎宾服务员再次欢送客人离开餐厅(迎宾员)。

(5)同时如有纪念品或小礼物在这时为客人提供(迎宾员)。

(6)再次询问是否已有停车券(迎宾员)。

(7)最后欢迎宾客下次光临(迎宾员)。

(八)撤台服务工作流程

在开餐过程中,撤台服务工作要求时效性。撤台的速度会直接影响顾客的就餐时间和餐厅的效益。因此相当重要。撤台服务工作流程如下:

（1）确认客人已经离席。

（2）有条件的情况下用推车来收拾餐具（西餐厅不适用）。

（3）更换餐巾和台布。

（4）更换餐具。

（5）清理地面。

（6）确保餐位干净整洁可以迎接下一桌宾客。

二、自助餐服务工作流程

自助餐的服务流程相对零点服务有所简化，自助餐服务工作流程同样需要预订服务、迎宾领位服务、餐间服务、结账服务和送客服务。然而与零点服务的区别是，多数自助餐服务不需要为客人点菜（酒水），所有菜品和酒水都是以客人自取的形式完成。此外，一些自助餐服务的结账环节是在就餐开始前完成的。因为自助餐的就餐环境和客量大，所以在客人用餐结束后再结账会让餐厅的服务没有效率，当然也是为了避免跑单的情况出现。另外，自助餐服务流程的餐间服务与零点服务也有一定的区别，自助餐餐间服务最重要的工作就是撤去用过的盘子和提供餐巾纸等服务，为客人随时保持餐桌整洁。从而可见自助餐服务的技术含量远远低于零点服务。但是自助餐服务针对客量大，非常锻炼员工的综合服务应对能力。自助餐服务工作整体流程如下：

（1）预订服务工作流程（与零点没有区别）。

（2）迎宾领位工作流程（唯一与零点服务有区别的是结账前置到这个环节）。

（3）餐间服务（撤脏盘、提供餐巾纸和询问顾客满意度等）。

（4）明档服务（是厨师与顾客直接接触的服务环节）。

（5）送客服务（与零点没有区别）。

（6）撤台服务（与零点没有区别）。

三、外卖服务工作流程

这里提到的外卖与我们在日常生活中点的外卖有很大区别，酒店也会承接外卖，但一般不针对个人客户，而是针对企业公司客户。就算针对企业公司客户也不仅仅是提供餐饮产品和运输餐饮产品服务。酒店的外卖是相当于酒店临时组配一个团队把酒店某餐厅搬到某个公司的户外或室内来进行的全服务的餐饮形式。通常以自助餐的形式体现。外卖服务工作整体流程如下：

（1）订单接受（餐饮预订部接受订单并下达给某餐厅）。

（2）餐厅接到订单开始筹备（餐具、餐台、菜品准备、人员配备）。

（3）餐厅与酒店协商配备车辆。
（4）餐厅与外卖接受单位确认是否需要临时证件。
（5）外卖当天再次确认所有准备就绪。
（6）到达外卖地点，布置餐台和环境。
（7）迎宾并为客人提供餐品和酒水服务。
（8）客人活动结束离场后，酒店外卖团队收拾撤离。

四、处理客诉服务流程

研究表明，不管多完善的餐厅管理机制，人为失误是不可避免的。就算是一个非常资深的服务员在工作中也可能犯错误。这些错误就可能造成服务失败。得当的服务补救可以挽回失望的客人，但是如果不能及时补救，餐厅可能会面临很多隐形损失。所以处理客诉是在餐厅运营中非常重要的环节。处理客诉不仅是管理层的工作，处理基础的服务失败，基层服务人员完全可以胜任。然而，处理投诉是餐厅运营成本的一部分，处理投诉可直接导致成本消耗，如提供补偿或赔偿式服务补救。此外，处理投诉也存在些隐含的成本，如顾客投诉可导致员工情绪问题，造成额外压力。解决投诉需要员工或经理付出更多的智力和时间。因此，服务应该在第一时间做到位，努力避免顾客的投诉。一旦出现顾客投诉，服务人员应遵循以下程序进行处理：

（一）倾听问题

认真听取客人对服务不满的详细内容，与此同时，对客人的问题展现出同理心。如果错误不是出自处理投诉的第一位员工，一开始先向顾客表达遗憾而不是道歉。如果是，则马上道歉，然后迅速分析顾客投诉的动机和具体的需要，适当做笔记表现重视程度。

（二）重复问题

倾听完客人的投诉后，将问题要点给客人重复一遍，表示你已经了解了投诉问题，但是当顾客在说话时，不可打断。

（三）表达理解

对于服务失败，不要找过多借口，更不能争论反驳。替换角色为客人设身处地思考问题，对顾客的问题表示理解。

（四）自己行动

当了解问题后，应马上采取行动，表示你对客人的关心和重视。行动就是服务补救，在实施服务补救的时候，要确定什么样的服务补救是合适的。避免补救太少导致客人产生第二次不满，然而也要确保补救不要过量，否则会让客人感觉尴尬。

（五）寻求帮助

当了解问题后，发现自己的职责和能力不能解决该问题时，应马上汇报上级，千万不要擅自做主以免补救不当造成更大问题。例如，食品安全问题的投诉、顾客财物失窃的投诉等。

（六）补救跟踪

当服务补救已经完成，客人与餐厅达成一致后，在就餐过程中要找准时机再次跟踪询问客人对补救的满意度，以此表达对客人问题的重视度。

五、餐饮服务中的细节

餐厅服务既是标准化服务、个性化服务，更是细节服务、贴心服务，餐厅服务是餐厅有形产品的重要补充和平衡，是顾客对餐厅的关注焦点之一。餐厅服务水平关系到餐厅顾客满意度的高低，餐厅服务质量决定了餐厅的市场竞争力和经营生存发展，因此，餐厅服务越来越受到餐饮经营管理者的重视。

餐厅服务过程中有很多细节需要餐厅经营管理者重视、需要餐厅服务员践行，从餐厅的餐前准备、迎接顾客、点菜服务到餐中服务和餐后结账等。下面就按照餐厅服务流程的操作程序，介绍餐厅服务过程中容易被忽视的餐厅服务细节。

1. 餐前准备细节

（1）上岗前先检查自己的仪容仪表。在客人面前，你的形象不属于个人，而是属于餐厅。

（2）上岗前想想是否准备好工作用具及前一天遗留工作是否已经准备到位。一个小细节也许会影响你的服务质量。

（3）不管是否在自己的工作区域，只要走过路过，养成随手捡起地上垃圾的习惯，举手之劳却可行大家方便。

（4）客人未到时，包房内只开一组灯，光线能够工作即可。如果每个房间每天可以节约一度电，那么整个楼面每天至少可以节约六十度电，一个月或一年下来就不是个小数目了。

（5）营业前，仔细检查自己的工作区域餐前准备工作是否做好，如卫生、餐具、开水、茶叶、酱醋缸、牙签盅等。这就像考完试后也要仔细复查一下考卷一样。

2. 迎接顾客服务细节

（1）服务中拆筷套时注意不要把筷套弄坏，这是很容易做的事情，成本随之就降下来。

（2）要了解自己房间的客人情况，如预订人的姓名、位数等，最大可能记住客人的名字、职务、爱好、口味等，以便下次能提供更好、更周到、更热情的服务，努力把客人转变成餐厅的固定客户。并非只有经理才会有老客户，作为普通服务员，如果你愿意，你也一样可以。

（3）包房的客人进房间后，脱外衣时要主动为客人挂好衣服；离去时主动为客人拿包或衣服。其实，这时你是在很客气地履行"监督"的职责，我们既不希望客人遗留下自己的东西，更不希望客人把不属于自己的东西带走。

3. 顾客点菜服务细节

（1）客人所点菜品已卖完时，要第一时间通知客人换菜或者帮其退掉，拖的时间越长，客人的不满会越大。菜品不管有没有，第一时间告之是尊重。

（2）开单时字迹要清楚明白，不要浪费点菜单，不要写狂草或者当书法练习。一张菜单是经过很多环节的，应该让所有人都能看明白。

（3）点完菜而客人未到齐时，一定要标明。

（4）所有菜品"叫单"；客人到齐后，只有主食"叫单"；热菜上齐后要通知客人已上齐菜品，并根据实际情况询问客人是否要加菜或是否可以上主食。

（5）点完菜后要复查台号，内容包括菜品做法、就餐人数、所点菜品是否准确等。多检查一遍，会减少很多部门很多人的麻烦。

（6）如遇到客人同时点口味或原料重复的两道或多道菜品，但你提示无效时，要在菜单上标五角星以做注释。要让你的上级和厨房知道，这是客人的要求，不是重复点菜。

4. 顾客用餐服务细节

（1）如客人带有小孩，及时为客人搬来宝宝凳；点菜时，为客人介绍一至两道适合小朋友的菜品。有时候照顾好顾客的孩子，比照顾好顾客都有用。

（2）上菜前尽量先检查菜内是否有异物（如头发、玻璃、虫子、苍蝇等），多把一道关卡，就减少一分投诉的可能。餐厅的利益损失，也许就可以在这一关弥补。

（3）上菜时要清楚响亮报上菜名并请顾客慢用。这样做可以让客人清楚知道自己吃的是什么菜。因为不是一位客人点所有一桌菜，报菜名可以让其他客人了解并记住他喜欢吃的菜，这样会为餐厅积累下一批客人。

（4）端菜上桌时，要提醒客人注意，避免将汤汁、酒倒在客人身上。

（5）上菜要先划单再移位然后上菜，并考虑下一道菜的上菜位置。

（6）上菜的服务规则是左上右撤，倒酒水饮料的规则是右上右撤。两者的服务姿势都是丁字步。

（7）如果送上来的菜品非客人所点或者未到上菜时机（如冷菜未上热菜就已上来），要及时退回传菜部妥善处理。找理由说服客人接受不是聪明之举。

（8）菜品全部上完并划单后，要及时告诉客人。因为等所有菜品上齐后再提醒客人菜已上齐，会让顾客有一段白白等待的时间，客人会不舒服。

（9）不论上菜还是收拾东西，都要尽量避免发出声音，物品要轻拿轻放。

（10）拿取餐具或饮料要用托盘。使用托盘是规范服务的表现，使用得越多工作会越顺手。

（11）就餐客人中如有外宾朋友，要主动询问是否需要刀叉。

（12）为客人斟酒时小声问候一句：您看斟多少？客人会很喜欢。

（13）上豆腐等菜品时要记得放上调羹，不要等客人要求时才想起。

（14）看到苍蝇、飞虫等，应立刻想办法消灭。就餐时遇到飞虫，不仅客人会倒胃口，还会让餐厅环境大煞风景，如飞到菜品里更是麻烦。

（15）要及时撤下空盘，所剩不多的菜品换成小盘。这样，不仅上菜会很方便，还能保持桌面的整洁。

（16）上带调料的菜品，要先上调料，后上菜肴。这样做的目的是告诉客人上来的调料是用在这道菜品上的。

（17）客人用餐过程中，注意客人对环境、菜品、价格的看法并努力记下反映给经理。每天不断总结就能揣摩到顾客的心理。

（18）随时保持桌面和工作台的清洁，把餐桌上撤下的盘子随时拿走，垃圾和美味放在一起实在是不协调。

（19）客人离席去洗手间，将客人的餐巾叠好放在一边，等客人回来再给客人打开，会让客人更加惊喜。记得每次叠时叠一个不同的花式，这就需要平时没事学一些叠纸技巧。

（20）客人用餐完毕后，剩余比较多的菜品要送回厨房，并请经理或厨师品尝，以便查明不受欢迎的原因。

（21）客人把筷子或其他餐具掉在地上时，要在第一时间为客人换上干净餐具。服务员应该眼疾手快，不要处处等着被要求。

（22）随时留意客人的茶杯是否有水，酒杯内是否有酒。这样，餐厅不仅可以提高酒水销售，还会避免客人干杯时杯子里没酒的尴尬。

（23）如暂时要离开岗位时（买单、催菜、送餐具、拿酒水饮料等），要交代其他同事代为照看自己的服务区域。客人需要的服务是随时随地的，有时就恰好是在离开的那一小会儿。

（24）给客人倒好饮料酒水后，收去茶杯；客人表示不再饮酒时，收去酒杯，并倒上饮料或茶水。不要小看这么简单的动作，有时可以给餐厅带来更大的酒水饮料销售。

（25）营业中接到沽清通知时，要及时告知身边的其他同事。

（26）在工作中，如有事找不到经理时，请到预订处或楼层迎宾小姐处问讯经理的去向。这比你扔下客人、到处乱跑找经理效率要高。因为迎宾小姐一般都配备对讲机。

（27）在大厅值台或巡台过程中随时留意客人的表情、动作和需要，如有客人东张西望，要主动上去问询是否需要帮助。

（28）客人埋单之前要核对账单，查看有否多单、漏单。最好不要在客人提出埋单时才匆匆忙忙看上一眼，越忙的时候越是容易出错。

（29）客人埋单时，对未打开的酒水饮料，要征询客人是打开还是退掉。如果客人埋完单再退，不但你麻烦，连收银酒吧都会一起麻烦。

（30）埋单前后应说三声"谢谢"：送上账单时说声"谢谢"、收到钱时说声"谢谢"、送回找零或发票时再说声"谢谢"。客人是我们的衣食父母，当然应该抓住机会多说几声"谢谢"。

（31）埋单时收到客人的钱款后，当着客人的面点清金额，并要清楚告知客人收到多少钱。多收、少收都是你的错，最好还是当面点清楚。尤其要注意钞票的真假。

（32）埋单给客人送回发票和找零时，记得在找零内袋放一张所在餐厅的预订卡，多做一件小事，就会多给餐厅带来客人光顾的机会。

（33）客人埋单以后，将花瓶放上桌，表示已埋完单。客人离去时候，看到桌上的花瓶，其他同事或者领导就会放心了。

（34）客人就餐完毕离开时，告别一定要热情，千万不要流露"终于走了"的表情。售后服务和前期服务一样重要。

（35）客人埋单离开后立刻检查餐厅的东西是否有丢失（高楼层更要特别留意）、客人的东西有否遗留。高档、新奇的餐具的确能吸引客人，但是损坏或丢失的风险也随之加大。

（36）服务中有客人给小费，证明客人对你的服务认可，完全拒绝收取小费有时也会让客人难堪。客人给小费时要对客人解释：谢谢您的鼓励，这是我们应该做的。

5. 顾客餐后服务细节

（1）收台的时候先收布草（口布、毛巾、盘垫），再收玻璃器皿，然后是小件（筷架、筷子、调羹、牙签盅）等，按顺序收台效率会大大提高。收台时还要特别注意，不要把烟缸内的垃圾倒在台布内，以免烧坏台布，严重时会引起火灾。

（2）客人未使用过的一次性毛巾或餐巾纸随时退回吧台，积少可以成多，爱店如家从小事开始做起。

（3）客人用过的一次性毛巾要集中回收，用做其他部门清洁用具，较为干净的可以给客用卫生间。变废为宝的事情做得越多越好。

（4）客人离去后，为了健康和餐厅形象，不要吃客人剩下的东西。这是做人起码的自我尊重。

（5）使用物品要遵守原则：哪里拿的东西放回那里，向谁借的东西还给谁，要记住本部门物品用具摆放的位置。慢慢你就会发现，这的确是一个好习惯，不但你方便，大家都很方便。

（6）是你自己打破的东西应该由你自己来赔，勇于承担责任只会给你带来好处和赞誉。

（7）发现设备设施损坏，要及时报告主管或工程部，以便得到及时维修，避免影响正常营业工作。前提是每天都检查一遍。

（8）每日楼面发生的意外事故或投诉要告知值班主管，避免其他同事犯同样的错误。可以在例会上强调一下，拿自己的错误举例，是一种风格。

（9）没事的时候多到厨房看看，会让你的工作更如鱼得水。

（10）打哈欠或喷嚏时要用手或餐巾纸挡掩，挖耳抠鼻的动作一定要下班后躲到没人看见的地方去做。

（11）遇到客人或上级主动有礼貌地问好，一句简单的问候语可以给人留下美好的印象。

（12）看到别的同事忙不过来时，主动去帮助别人，发扬团队合作精神。如果你希望别人对你好，那么你要先对他好，你主动去帮助他，他也会来帮助你。

（13）客用电梯如非紧急情况下不要去乘坐。

（14）看到陌生人进入非营业区域时，要主动上前阻止并问明身份。服务员在餐厅内分布最为广泛，所以这一责任最该肩负。

（15）捡到客人遗留的任何物品，要马上交给经理或预订处，以便及时与客人取得联系还给客人。这对己对人都是尊重。

（16）任何时候、任何场合都要维护所在餐厅的财产和声誉。既然你是餐厅的员工，餐厅的声誉其实就是你的声誉，店兴我荣、店衰我耻的道理不难理解。爱店如家、尽心尽责的员工，哪个老板不喜欢？这比费尽心机去"拍马屁"效果要好得多。

（17）在营业场所无论什么情况下，都不要大声喧哗吵闹，告诫自己声音小一点、再小一点。

（18）认真做好记录，详细写明每天的出勤情况、投诉情况、客流情况、楼面发生的事情、例会内容……当天发生的事情要当天记清楚，以免日后出现问题解释不清。

（19）进入包间或办公室之前先敲门（一般敲三下），在任何时候皆通用。

（20）下班前一定妥善交接好工作，再请示主管是否可以下班，得到允许后再下班。也许领导还有别的事情安排去做，这既是尊重，也是责任心的表现。

餐厅服务过程中的很多细节需要所有的餐饮从业人员用心感触、不断总结和交流，因而餐饮从业人员要多注意在平时的工作中去学习，站在顾客的角度用心地服务，相信还有更多的服务细节会成为餐厅感动顾客的瞬间，为餐厅的经营发展带来新的生机和活力。

第三节　餐厅运营服务管理

一、开餐前的管理准备工作

（一）检查餐饮运营设施设备

1. 检查设备设施状态

（1）桌子、椅子摆放。

（2）衣帽牌、衣架、垃圾桶等物品的摆放。

（3）茶几、沙发，物品摆放齐全。

（4）如果有窗帘，检查窗帘布置。

（5）检查电器运转情况（灯具、电视机、空调和消毒柜等）和所有物品齐全完整。

2. 检查设备设施卫生情况

（1）餐厅门牌完整无尘，门板无尘，无油渍、污渍，门把手无松动。

（2）餐厅地面无垃圾、无杂物。

（3）餐厅台面底布、桌布均匀铺平，无破损、无污渍。

（4）餐具摆放标准，无破损、污渍、油渍和指纹，摆放完整。

（5）卫生间卷纸折叠好，洗手台无灰尘及水迹，马桶干净无水迹污渍，镜面无水迹。垃圾桶整洁无物、地面干净无杂物。

（6）备餐间与工作无关的物品及时清理，毛巾备好整齐摆放，柜内物品归类摆放整齐，茶杯干净无茶渍、无异味，地面干净无水迹。

（7）备餐餐具、银器无油迹、污渍。归类放好，无其他物品。

（8）影音设备无尘、无水迹。

（9）植物（室内外）绿叶无尘，无黄叶，盆内无垃圾，盆身无污秽，底盘内无污水。

（10）壁画无尘，端正挂于墙面。

（11）墙角线干净无尘。

（12）窗台干净无尘。

（13）报纸书刊在茶几的左上角，物品依次摆放整齐。

3. 准备并调试餐前设备

（1）空调设置正确温度，中央空调一样要根据当天温度进行调试。

（2）物品配备芥末、迎宾茶、口布等物品。

（3）影音设备调试无误，并设置为待机状态，随时准备开启。

（4）确保饮品设备在正常使用状态。

（二）执行预订流程

酒店餐厅都接受顾客预订，餐厅经理应安排领位或领班在开餐前根据预订情况，预留餐台餐位。对预订信息要翔实记录顾客预订要求及联系方法，在有条件的情况下开餐前30分钟联系顾客确认预订信息并致以感谢。如有取消预订，及时取消预订以便接待散客。餐厅经理应完全掌握当天预订情况，并清楚了解要客预订。

（三）服务区域分配

酒店餐厅接待服务工作通常是按照餐台和包间数量来划分为不同区域。餐厅经理应根据多重因素将员工安排在不同工作区域。例如，工作经验丰富的服务员应首先考虑安排在包间对客服务，因为包间服务要求更加精准细致。餐厅散客区可以安排一般员工搭配实习生来完成服务工作。而要客则至少要有一名管理级员工配合完成就餐服务。以下是一些在分配服务人员时的重要因素：

（1）餐位及包厢总数。

（2）预期翻台率。

（3）餐厅服务形式。

（4）菜品种类与服务要求。

（5）服务人员个人经验。

（6）班次内人员数量。

（四）召开班前会

开餐前召开简明扼要的班前会，向餐厅员工说明已知客情、当日菜品出品情况、当日菜品沽清情况、当日菜品特色和服务区域分配情况等。此外，班前会还有一个重要工作内容就是检查员工个人卫生状况，如员工工服的整洁度、员工个人卫生、员工妆容情况和精神面貌等。强调相关工作质量要求，召开班前会将会直接影响到该餐厅接待工作效果。

二、开餐中的运营管理工作

开餐中的运营管理工作复杂且灵活，管理人员在餐厅运营的各个环节都应该有一个把控。服务质量控制做得好，会给整个餐厅带来积极意义。而如果运营管理不当，则会给餐厅带来巨大损失。

（一）领位运营管理工作

餐厅经理应对预订和领位工作有很好的监控，因为领位的工作节奏会直接导致餐厅的服务运营工作是否超负荷运行。餐厅经理应在当日运营过程中严格控制领位带入量和带入的区域，如有问题及时调整。餐厅经理还应准确判断领位是否带客入座区域分配不均衡。例如，领位在引领顾客的时候偏好一个区域而导致该区域员工工作量超负荷，而其他区域员工闲置。一个优秀的餐厅管理人员应清楚判断该情况并及时做出决策，从而避免员工对管理公平性的质疑。

（二）呈递菜单运营管理工作

在呈递菜单这个环节，班前会所提到的内容是关键。在班前会上很多重要信息，餐厅经理都应清楚地解释给员工。当员工了解到当天菜品出品情况后，在呈递菜单时就会避免出错。而餐厅经理也应多次检查当日餐单和酒单的准确性。

（三）点餐（酒）运营管理工作

在为客人点餐过程中，餐厅经理虽然不直接打断员工在给客人点餐的过程。但是可以在一旁进行聆听，并研究该服务人员的推介菜品技巧，以便在之后的推介菜品培训上给服务人员进行案例分析。此外，餐厅管理人员还可以通过观察员工为客点餐过程中出现的错误来编辑服务失败案例，在分享会上与员工进行讨论以便提高服务质量。

（四）餐间服务运营管理工作

餐间服务运营管理工作是非常关键的环节，也是服务失败出现最多的环节。餐间服务的内容具体，烦琐且复杂，因此监管应该更加谨慎。例如，在服务白葡萄酒时，如果有实习生忘记为宾客预备冰桶，这时餐厅管理人员应及时发现问题而弥补。另外，餐厅管理人员应及时提醒员工为客人更换餐盘和其他必须用品。此外，餐厅管理人员应在餐间服务过程中随时提醒看台服务人员向顾客推销餐饮产品。例如，客人的饮品喝完了，应马上询问是否还需要添加，这样既可以体现服务的及时性，也对餐厅创收起到了推动作用。另外，作为管理人员，餐间服务中一定要询问客人就餐满意度，以便有机会及时做出服务补救。

（五）结账服务运营管理工作

结账服务中，餐厅管理人员应及时确保每一桌客人都结账无误。坚决避免跑单现象的发生。餐厅管理人员应对餐厅全局有很清楚的认知。有多少桌客人已经结账，还有多少桌或包厢客人还在就餐。当餐厅管理人员有清楚的全局观就可以做到提醒看台人员的作用。此外，当遇到现金结账的时候，管理人员也要格外注意现金的真伪。如果遇到挂房账的住店客人就餐，也一定要注意客人的签名和填写的房间号的真实性。

（六）送客服务运营管理工作

酒店餐厅管理人员要确保所有客人在就餐结束后满意离开，因此在送客的时候也要再次询问顾客满意度，对于要客来说，酒店管理人员必须亲自迎送。此外，管理人员也要确保顾客在离开餐厅的时候带好他们的随身物品。

三、开餐后的运营管理工作

开餐后的运营管理工作也相当重要，因为它不仅是表明一个班次的工作结束，也是预示了下一个班次的工作开始。一般在酒店餐厅里，一个班次的结束，服务人员一定要把所有餐台重新配置成下一个班次的形式。比如，酒店咖啡厅晚班结束时，服务人员不仅需要把餐台收拾干净，还要把餐台摆放成第二天早餐的形式。而早餐的餐台摆放和晚餐有明显的区别。除此之外，作为管理人员，在开餐后要进行很多管理检查工作包括餐厅收益分析、检查卫生清洁、物品整理、垃圾处理、安全检查、下一班次人员核对、下一班次的客人预订情况分析等。由于餐厅开餐后的运营管理工作项目繁多，通常都是以检查表的形式呈现，以便员工和管理人员更好地完成工作。

【案例分享】

案例一　领位的过失

事情经过：

一个晚上，酒店中餐客人络绎不绝，餐厅领位忙着迎来送去。这时六位香港客人在一位女士的引导下来到了二楼中餐厅。领位马上迎了过去，满面笑容地说："欢迎光临，有什么可以帮助您的？"这位女士边走边说："我姓王，上午来过电话做了预订了，牡丹厅。"领位这时马上查看宾客预订单，发现确实有一位姓王的女士在上午预订了"牡丹厅",于是就迅速把这批客人带进了"牡丹厅"。

过了半小时,餐厅门口又来了一批人,共有12位客人,当领队的王女士报出自己昨天已经预订了"牡丹厅"时,餐厅领位发现出了问题,马上查阅预订记录,才发现原来今晚有两位王姓小姐都预订了厅房,而领位在忙乱中将两组客人安排进了同一包间。餐厅领位为了补错,立即把客人带到了"紫荆厅",客人进房一看更加不满意了。王小姐满脸不高兴地说:"我们预订的是一张12人台,这是一张10人台的厅房,我们12个人怎么坐得下?"王女士不耐烦地径直到"牡丹厅"一看,里面的客人已开席了,12人台只坐了7个人。领位看了看这么多的客人,为这不恰当的安排而再次赔礼道歉,但是这12位客人仍然怎么也不愿意坐进这间10人厅房。"你们这么大的酒店,居然连预订都会搞错,还开什么餐厅!同意了我的预订就要兑现,我就要去牡丹厅,其他的厅房我都不去!今天我的客户很重要,这样让我多没面子,把你们的经理找来!"王女士突然生起气来。"十分抱歉,这是我们的工作失误,这几天预订厅房的客人特别多,我们弄乱了,请你们先进房间入座,我们马上给你们加位好吗?"餐厅经理急忙过来好言好语地解释。"我们这么多人坐得如此拥挤,让我多么没有面子!好像我宴请朋友非常小气一样。""对不起,这是我们的错误,今天客人太多,请多多原谅。"看着这群客人进了紫荆厅房,经理和领位才松了一口气,但看到这群客人坐得那么拥挤,领位心里又过意不去,这正是因为自己工作失误带来的错误。

分析:

(1)领位应该在为客人预订的时候把客人的中文全名和联系电话记下来,在客人到达时领位要先核对客人的全名和电话,再把客人带到预订好的厅房就餐。

(2)即使带错厅房也应尽量安排客人到座位数与人数相应的房间。

处理结果:

(1)领位与经理均对客人诚恳道歉。餐厅领位为了补错,立即把客人带到了10人台的厅房"紫荆厅"。

(2)为客人提供额外的优惠,如送果盘、甜品、打折等,以此表达餐厅因为本身工作失误给客人造成麻烦的歉疚之意。

(3)再次当众向王小姐一行客人表示歉意,使她在朋友们面前挽回面子,也充分让客人感觉到他们是餐厅重要的客人。

(4)以此事件作为经验教训,培训全体员工,规范服务流程,务求所有员工明确顾客第一的意识。

案例二 到底是谁说错了

事情经过：

一天，赵先生在酒店的中餐厅请客户吃饭。点菜时，有一位客户点了一道"白灼基围虾"，但记菜名的服务员没注意听，把它误写为"美极基围虾"。

当菜端上来以后，赵先生感到很奇怪，立即把服务员叫来，清楚地表示："小姐，我们要的是'白灼基围虾'，这道菜你上错了，请你赶快给我们换一下。"服务员一听不乐意了，辩解说："刚才这位先生点的就是'美极基围虾'，肯定没错。不信把菜单拿来核对一下。"她的话把刚才点这道菜的客人弄得很不高兴，赵先生的脸也沉下来了，说："请小姐把点菜单拿来给我们看一下吧。要是你错了，得赶快给我们换。"服务员过去拿来点菜单，赵先生等人一看，上面果然写的"美极基围虾"。这一下，大家都感到奇怪了。刚才这位客人明明说的是"白灼基围虾"，大家都听得很清楚，但现在怎么就成了"美极"了呢？那位服务员心里知道，自己当时一定是走神了，根本就没听清楚到底是"白灼"还是"美极"，但想到"美极基围虾"这道菜点的人多，想当然就记成"美极"了。可是，她害怕赔偿，怎么也不肯主动承认是自己记错了，还是指着菜单硬说客人当时点的就是"美极基围虾"，菜根本没上错。这时候，赵先生请的那位客人实在坐不住了，他有些气愤地说："把你们经理叫来，我有话对他（她）说。"服务员极不情愿地去叫来了经理。这位经理大概已经听服务员汇报了情况，他走过来后便说："不好意思，你们刚才点的就是这道菜。我们店服务员都是经过严格考核和培训的，记忆力都很好，在客人点菜时会如实地记下每一道菜名。"大家本以为这位经理会过来赔礼道歉，把菜给换了，但没想到他居然会说出这种话！经理这番话的意思很明显：不是店方错了，而是赵先生等客人错了。事情到这种地步，完全没有回旋的余地了。客人愤怒地拂袖而起，说道："好吧，请你赶快给我们结账吧！以后再也不到这种餐厅来吃饭了！"赵先生见此情景，也觉得很是尴尬，劝也不是，不劝也不是。愣了一会儿之后，他才赶忙对那位客人赔不是说："真对不起，请原谅！"

分析：

（1）在发生类似顾客投诉时，服务人员应明确要多站在顾客的立场为其设想，树立"顾客至上"的意识，餐厅的服务使客人满意才能有长远的生意和对自己有长远的帮助。所以在我方出错时应首先诚恳认错，然后承诺马上给客人换成白灼基围虾，再报告上级，承认错误。

（2）如服务员没有做到位，经理出来面对客人时也应如此处理，并可以根据客人反应给予客人该道菜打折或者全单打折或者送果盘的优惠。

（3）应关注餐厅的员工素质和服务素质，需加强培训，采取适当的奖惩措施，防止以后再发生气走顾客的事例。

处理结果：

（1）餐厅经理出面赔礼道歉，把美极基围虾撤掉，让厨房马上做白灼基围虾，给客人换上。送上水果盘，并优惠打折以示歉意。

（2）让犯错误的服务员赔偿撤掉的美极基围虾。

（3）以此事作为经验教训，培训全体员工，务求所有员工提高对客服务意识。

案例三　一切都是为了提成

事情经过：

王先生带着客户到某星级酒店的中餐厅去吃烤鸭，这里的北京烤鸭很有名气，客人坐满了餐厅。由于没有预订，领位先将王先生一行引到休息室等了一会儿，才能安排他们到一张客人预订未到的餐桌前。大家入座后，王先生一下子就为八个人点了很多菜，除烤鸭外还有十几道菜，其中有一道是"清蒸鲟鱼"。由于餐厅近日推出了推销海鲜提成的方法，服务员小张高兴得没问客人要多大的鱼，就通知厨师去加工了。

不一会儿，一道道菜就陆续上桌了。客人们喝着酒水，品尝着鲜美的菜肴和烤鸭，颇为惬意。吃到最后，桌上仍有不少菜，但大家却已酒足饭饱。突然，同桌的一位客人想起还有一道"清蒸鲟鱼"没有上桌，就赶忙催服务员快点上。鱼端上来了，大家都愣住了！"好大的一条鱼啊！足足有3斤多重，这怎么吃得下呢？""服务员，谁让你做这么大一条鱼啊！我们根本吃不下。"王先生用手推了推眼镜，说道。"可您也没说要多大的鱼呀？"服务员小张反问道。"你们在点菜时应该问清客人要多大的鱼，加工前还应该让我们看一看呀。这条鱼太大，我们不要了，请退掉！"王先生毫不退让。"先生，实在对不起，如果这条鱼您不要的话，餐厅就要扣我的钱了，请您务必包涵一下吧！"小张的口气软下来。"这个菜的钱我们不能付，不行的话就请找你们经理来。"双方僵持不下。

分析：

（1）在点菜时服务人员就应该注意客人点的菜是否够吃了，如果菜差不多够吃的话要提醒客人，或再点些精致的饭后甜品、果盘等。

（2）如果客人要点海鲜，则必须说明价格，问过客人要点的斤两和做法，有需要的话要带客人到海鲜池选择，绝不允许服务人员擅自替客人决定时价海鲜的斤两和做法，更不应该为了个人利益强迫客人消费。

（3）本案例中服务员小张在给顾客点菜时工作存在疏忽，但当顾客提出异议时并没有检讨、反省自己的不足，以致客人坚持要把鱼退掉。

（4）在任何情况下服务人员都要对客人保持礼貌和尊重，不允许对客人说出质疑或讽刺的话语。

处理结果：

（1）小张将鱼撤回厨房，并向主管汇报情况，将鱼从客人账单中划掉。

（2）小张和经理对客人道歉，希望取得客人的谅解。

（3）经理代表餐厅向客人赠送果盘或打折以表歉意。

（4）撤掉的鱼由小张赔偿。并以此事作为教训，餐厅培训全体员工，务求所有员工提高对客服务意识。

案例四　热情推荐的尴尬

事情经过：

某酒店的中餐厅来了两位衣着讲究的男士，根据他们的要求，领位把他们带到安静角落的18号餐台。入座后，服务员小丁忙着为他们送上迎宾热茶、热毛巾，并热情地询问是否可以点菜。客人示意先要两杯酒（价格比较高），过一会儿再点菜。小丁把酒送来后，在他们背后站了一会儿，仍不见他们有点菜的意图，就又上前询问。一位客人不耐烦地说："请不要打扰我们，需要时我叫你，你再来。"小丁见状便退身去为其他客人服务了。

过了一会儿小丁正在忙着，一位服务员突然告诉小丁："18号台的客人正找你呢。"小丁连忙走过去。"你怎么这么晚才来？"客人不高兴地说。小丁忙道了"对不起"，并微笑着问客人要点什么菜。根据客人点酒的情况和他们的衣着、举止，小丁判断客人一定很有钱，便在他们看菜单的时候推介："我们这里海鲜很有名，有鲍鱼、澳洲龙虾、波士顿龙虾、法国进口生蚝等。""好了，你说的这些菜我们天天吃，今天想要一些清淡的菜。""有，我们这里有'凉拌海蜇''蘸酱海参''清蒸海胆'……"小丁又积极推荐道。"不，不，我们不要海鲜，我们想要'花生米''青椒土豆丝'之类的菜。"客人摆着手说道。小丁心里纳闷，这么有身份的人怎么就点这样便宜的菜。于是，又为客人推荐了"扒鱼腐""生菜乳鸽包""鼎湖上素"等菜，但客人仍不同意。没办法只好按客人的意思点了几样简单的菜。进餐完毕时，客人把小丁叫来说："你的微笑服务很好，但我们也不是冤大头，不要总推荐给客人一些高价的菜，要看客人到底想要吃什么菜而相对应地推荐。"客人的话使小丁十分尴尬。

分析：

（1）服务人员在点菜前应该观察客人的衣着打扮和言谈举止，大致判断其消费水平，便于介绍菜品。但也须知道，人不可貌相，所以在点菜时如果不是熟悉的客人，知道其饮食消费习惯的话，介绍菜品应从中档价位开始，如果客人说希望推荐些好点的，就要心里有数，把推介菜品的档次往上调，如果客人表示不喜欢，或者沉默、说有没有别的之类，那就要介绍一些更加实惠大众化的菜式。总之，向不熟悉的顾客介绍菜品时切不可一上来就推介贵菜，让人有被宰的感觉，如果是熟悉的顾客则应根据其平时的饮食爱好和消费习惯来推荐。

（2）与顾客保持长远的良好关系才是让酒店财源不断的明智做法。

处理结果：

（1）小丁向客人诚恳道歉，并请示经理，由经理出面给客人打折以示歉意。

（2）管理人员对小丁进行批评教育。并以此事作为经验教训，培训全体员工，务求所有员工提高对客服务意识。

案例五　无微不至的服务就是好服务吗

事情经过：

一天晚上，徐先生陪着一位美国外宾来到酒店餐厅用餐。点菜后，服务员小吴摆上酒杯，上好餐前小吃，又为外宾多加一份刀叉，再为两位客人斟茶水、换毛巾，又为他们倒啤酒，当汤端上来后便为他们盛汤，盛了一碗又一碗。一开始，外宾以为这是吃中餐的规矩，听徐先生告诉他凭客自愿后，在服务员小吴要为他盛第三碗时他谢绝了。小吴在服务期间满脸微笑，手疾眼快，一刻也不闲着：上菜后即刻布菜，骨碟满了随即就更换，毛巾用过了马上换新的，米饭没了及时添加。他在两位客人旁边忙上忙下，并不时用英语礼貌地询问两位还有什么需要，搞得两位食客也忙上忙下拘谨起来。当外宾把刀叉刚放下，从口袋里拿出香烟，抽出一支拿在手里时，"先生，请抽烟。"小吴忙从口袋里拿出打火机，熟练地打着火，送到客人面前，为他点烟。外宾忙把烟叼在嘴里去点烟，样子颇为狼狈。烟点燃后，他忙点着头向小吴说了声："谢谢！"小吴又在忙着给他的碟子里添菜，客人忙熄灭香烟，用手止住小吴说："谢谢，还是让我自己来吧。"小吴随即把烟灰缸拿去更换。外宾说："这里的服务太热情了，就是忙得让人有点透不过气来。徐先生，我们还是赶紧吃完走吧。"当小吴把新烟灰缸放到桌上后，两人谢绝了小吴的布菜，各自品尝了两口后，便要求结账。去结账时，外宾拿出一张钞票压在碟子下面。徐先生忙告诉他，中国餐厅内不收小费。外宾说"这么'热情'的服务，你就无动于衷？"徐先生仍旧向外宾解释，外宾只好不习惯地把钱收了起来。结账后，小吴把他们送离座位，站在餐厅门口还连声说："欢迎下次光临。"

分析：

（1）在本案例中，由于美国客人在该餐厅受到十分热情的接待服务，结合他过去在国外的就餐经历和经验，使外宾形成一种感觉，就是过于热情干扰了自己的用餐情绪，即感到不自在和尴尬，这使他认为这是服务员在索要小费的提示，尽管最后他也清楚并不是那么回事，但是顾客始终并不认同和接受这样的服务。这样的服务实际上是画蛇添足、多此一举。例如，有些聚在一起想聊聊知心话的朋友、正在热恋的青年男女、爱静静独坐的知识分子或其他一些不想让服务员过多干涉自己的顾客，包括到餐馆洽谈生意的商人，都不愿意接受这种画蛇添足式的服务。所以说服务员并不是越殷勤、周到、热情，就越能得到顾客的好感，而是应当根据不同顾客的具体情况，来确定自己是不是应该那样服务。

（2）餐厅在强调对顾客热情服务的同时，更应该强调以顾客感到自在、舒适和愉快为准则，不注意客人反应的过度热情也可能会把顾客吓跑。

处理结果：

（1）管理人员对小吴进行培训，强调服务应根据不同顾客的具体情况而进行。

（2）以此事作为经验教训，培训全体员工，务求所有员工明确服务应具有灵活性，根据不同顾客的具体情况而进行。

思考与练习

（一）单选题

1. 下列属于餐间服务过程中的销售行为的是（　　）。
   A. 传菜服务　　　　　　　　　　B. 续点菜品
   C. 斟酒服务　　　　　　　　　　D. 询问顾客满意度

2. 下列哪一项不属于开餐前服务管理的内容？（　　）
   A. 检查餐厅收益情况　　　　　　B. 检查餐厅环境
   C. 检查点餐信息化系统　　　　　D. 检查餐桌摆台

3. 下列哪一项是餐饮企业赖以生存和发展的生命线？（　　）
   A. 餐厅服务质量　　　　　　　　B. 餐厅管理水平
   C. 餐厅环境风格　　　　　　　　D. 餐厅菜品设计

4. 为客电话预订时需要按规定顺序对客人进行询问的目的是（　　）。
   A. 提高管理水平
   B. 100%按照酒店规定完成工作
   C. 保障客人需求
   D. 提高工作效率的同时不浪费客人宝贵时间

5. 结账服务中呈递账单的目的是（　　）。

A. 提醒客人结账时有额外的服务费

B. 催促客人结账

C. 让客人对所点菜品和酒水进行核对并确认金额

D. 让客人对所点菜品进行核对

（二）多选题

1. 下列哪些属于结账服务中为客提供客户满意度调查表的目的？（　　）

A. 能够了解当天客人对自己就餐体验是否满意

B. 是为了完成一种常规工作流程

C. 是为了完成经理交代的任务

D. 是为了可以收集到大量客户数据后对餐厅整体经营能力进行分析和评估

2. 餐厅服务基本技巧包括下列哪些？（　　）

A. 语言沟通技巧　　　　　　　　B. 销售技巧

C. 酒水服务技巧　　　　　　　　D. 摆台技巧

3. 下列哪些属于结账服务的内容？（　　）

A. 呈递账单　　　　　　　　　　B. 与客人当面核对账单

C. 收款及提供发票　　　　　　　D. 询问支付方式

4. 点餐过程中询问客人特殊就餐需求的目的是（　　）。

A. 为客人提供满意的服务　　　　B. 确保客人的就餐特殊喜好

C. 保障客人的就餐安全　　　　　D. 记录为了完善客人档案

5. 为客人点餐时，给客人推荐菜品要注意什么？（　　）

A. 适量推荐菜品

B. 推荐最有特色的菜品

C. 推荐主厨当日特推

D. 推荐成本低，售价相对较高的菜品

（三）简答题

1. 简述餐饮服务概念及类型。

2. 简述餐厅零点服务程序。

3. 简述自助餐服务程序。

4. 简述外卖服务程序。

5. 简述处理客人投诉的基本原则和方法。

6. 简述餐前、餐中、餐后运营管理细则。

第十二章 酒店宴会服务与管理

本章导读

宴会又称筵宴，是因习俗或社交礼仪需要而举行的宴饮聚会，是一种社交与饮食的结合产物。人们通过宴会，不仅获得饮食艺术的享受，而且可增进人际间的交往。从广义上讲，当今酒店业中提到的宴会已不再仅仅是就餐的宴席，而是包括各种会议、庆典、宴会等多元化的概念。酒店宴会部以负责宴会接待服务工作为主，酒店销售部（宴会销售）以负责宴会销售工作为主，它们的分工相当明确。当然，无论是会议，还是庆典宴会，都离不开餐饮产品与服务。

学习目标

知识目标
1. 掌握酒店宴会类型及特点。
2. 了解酒店宴会预定流程。

能力目标
1. 掌握酒店宴会服务过程管理。
2. 掌握宴会部的服务流程和标准。

第一节 酒店宴会类型及特点

酒店宴会的类型与社会餐饮企业所承接的宴会有非常大的差异性。社会餐饮企业主要以餐饮产品为核心为客人群体提供服务。而酒店宴会的类型更为多样化，现今的酒店宴会包括四大类：会议、主题宴会、婚庆和庆典。

一、会议

大型会议型酒店宴会部根据自身多功能厅的情况，一般可以承接不同类型的会议，它们包括展览会、产品（新品）发布会、新闻发布会、公司年会、培训会、商务谈判会等。这些会议看似与餐饮产品无关，但实际上它们对于这些会议来说是必不可少的元素。

1. 展览会

展览会是一种综合运用各种媒介、手段，推广产品、宣传企业形象和建立良好公共关系的大型活动。通常如果酒店有足够大的多功能厅，是可以承接展览会的，展览会上酒店可以提供饮品、工作餐等餐饮产品。这些餐饮产品是举办方在设计展览会的时候与酒店宴会销售一起制定的。大型酒店一般可以承接的展览会有汽车展览会、留学咨询展览会、招聘会等。酒店在布置展览会的时候通常是用开放式的展台，不仅可以容纳更多企业，还可以接待众多来宾。

2. 产品（新品）发布会

产品（新品）发布会的常规形式是由某一单位或几个有关单位出面，将单位已有客户和潜在客户邀请到一起，在特定的时间里和特定的地点内举行一次会议，宣布新产品的发售。会议型酒店通常都可以承接此类会议，在承接此类会议时，酒店会根据发布会主办方的要求为来宾提供中、西式茶歇和正餐服务。酒店在布置产品发布会的时候通常是用剧院模式。

3. 新闻发布会

新闻发布会，是政府或某个社会组织定期、不定期或临时举办的信息和新闻发布活动，直接向新闻界发布政府政策或组织信息，解释政府或组织的重大政策和事件。酒店在举办新闻发布会时通常会提供饮用水和餐饮服务，同时也会根据主办方要求安排茶歇。酒店在布置新闻发布会的时候通常是用教室模式。

4. 公司年会

公司年会指某公司一年举行一次的集会，是公司一年一度的盛宴，主要目的是团结员工、激扬士气、制造快乐、营造组织气氛、深化内部沟通、促进战略分享、增进目标认同，并制定第二年的目标，为新一年度的工作奏响序曲。酒店在举办公司年会的时候通常伴随着餐饮服务，由于不同公司的差异化要求，酒店可以提供西式餐饮或中式餐饮宴会服务。酒店在布置公司年会的时候通常是用中西式宴会摆台。

5. 培训会

培训会指某公司在特定时间，以特定目的为本公司员工进行集体统一的学习会议。主要目的是对员工进行有针对性的职业培训。通常酒店在举办培训会的时候，企业一般会为员工安排培训会中的茶歇，如果培训为多日培训，则企业还会为员工预订客房，并安排早餐、中餐和晚餐。这些都为酒店带来了可观收益。酒店在布置培训会的时候通常是用教室模式。

二、主题宴会

主题宴会通常是以客户的个性化要求而指定的宴会。此类宴会的种类，随着客人的要求的不断更新而改变。主题宴会一般伴随着餐饮服务，不同主题的宴会有特定产品和饮品的搭配。除餐饮服务外，酒店宴会部还会根据客人的个性化要求彻底布置宴会厅。酒店宴会部不必完全按照酒店固有模式来布置宴会厅，而是以客人的要求为核心，进行个性化安排。

【主题宴会案例1】

宴会主题：北京小吃街

这个主题宴会再现了北京小吃街，沿街有小吃摊铺和各种绝活表演，如书法、捏面团、制风筝和鹅卵石雕刻等。宾客可以选购纪念品，或到一旁的小吃摊铺品尝中国美食，如北京烤鸭、烤饼以及担担面等。宾客还可以了解面条制作和蒸饺制作的工艺。晚餐后，宾客可以欣赏舞狮表演。在锣鼓铙钹的音乐背景中，为宾客呈上别开生面的中国杂技表演。

【主题宴会案例2】

宴会主题：京剧

"京剧宴"旨在通过轻松的文化主题活动，欣赏历史上曾经辉煌的京剧艺术。酒店在悉心布置的宴会厅中再现了京剧的舞台，宾客可观看京剧演员上妆。宾客在享用传统中式佳肴的同时，还可欣赏精彩的京剧表演，以及其他各种丰富多彩的活动，如杂耍、民谣及民俗舞等。

【主题宴会案例3】

宴会主题：黑与白

黑白晚宴餐前酒会上烛光摇曳，配以精致的餐前酒、夹鱼子烤面包。乐队演奏迷人的背景音乐，戴着白手套的侍者在人群中穿梭来回，为您提供无微不至的服务。在古典音乐的伴奏下，客人来到黑白两色点缀的餐桌前，优雅落座。伴随着美妙的音乐，在高雅的氛围中享受晚宴。

【主题宴会案例4】

宴会主题：中国帝王文化

皇帝宴的灵感源自中国古代皇朝的庆祝仪式。宴会开场，宾客可在民间风情集市中品尝饮料，欣赏书法、捏面团等中国传统才艺表演。之后，身穿华丽清朝服饰的服务员将引领宾客前往餐桌就座，并呈上中式卷轴风格的菜单。晚餐结束后，音乐隆重高奏，皇帝与侍从身着华丽的传统服饰，阔步进场。

三、婚庆

婚宴是指为了庆祝结婚而举办的宴会，在中国婚宴通常称作喜酒。在西方，婚宴通常是在结婚典礼结束之后举行。婚宴是酒店宴会部日常运营中最为常见的一类宴会形式。通常分为两类形式：中式婚庆和西式婚庆。中式婚庆所提供的餐饮服务与西式截然不同。从菜品类型，到服务类型都有相对较大的差异。酒店除了为宾客提供婚庆的餐饮服务之外，通常因顾客需求为客人提供住宿安排和健身房服务。

四、庆典

庆典型宴会通常是为了庆祝某一重要事件的宴会形式。通常包括生日庆典、结婚周年庆典、谢师庆典、合作周年庆典、颁奖庆典等。在酒店举办的大多数庆典通常伴随餐饮服务。每种庆典会有不同的布置安排，如生日庆典通常以中式或西式宴会模式布置多功能厅，颁奖庆典通常会以剧院式布置。

第二节　酒店宴会预订流程

一、宴会销售与宴会客户的沟通

有宴会需求的潜在客户一般会主动通过不同方式联系酒店的销售部对宴会安排进行咨询。通常有经验的宴会销售会利用宴会需求表上的内容询问客户的基本需求并给客户推荐并制订方案。宴会销售需要了解客户的宴会活动主题、需要场地类型、出席人数、时间需求、多媒体需求、用餐人数、客房需求和其他个性化需求。通过了解这一系列客户需求后，宴会销售应该针对自身酒店的宴会多功能厅的分布和预定情况给出合理建议。当客户与宴会销售达成意向后签订合同。图12-1是客户与宴会销售的沟通示意图。

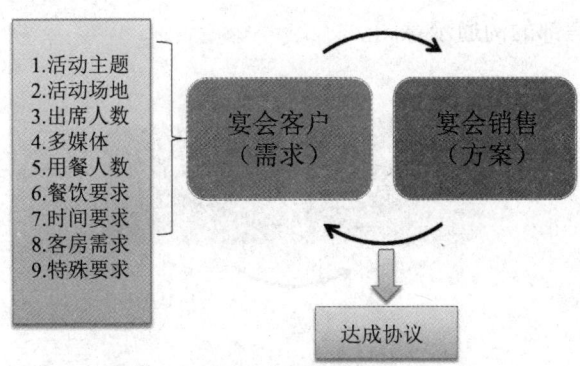

图 12-1　客户与宴会销售的沟通示意图

二、宴会销售与宴会部的沟通

宴会销售与客户签订了协议之后，宴会销售应立即把多功能厅使用信息单填好并转交给宴会部，宴会部是实际实施布置及运营的宴会部门。宴会销售需要与宴会部经理进行宴会布置的具体沟通，一定要注意细节，因为错过任何细节都会导致客户对宴会服务的不满。宴会经理应当清楚自己的运营体量是否有足够的人力、时间和空间进行翻台或布置，当有一定的预估后才可以制定宴会人员需求单，如没有足够员工，应及时在例会中反映并借调其他部门员工确保宴会部的正常运营。如果宴会的规模极大，一些酒店的总经理或中高层管理人员都会参与宴会服务。图 12-2 是宴会销售与宴会部的沟通示意图。

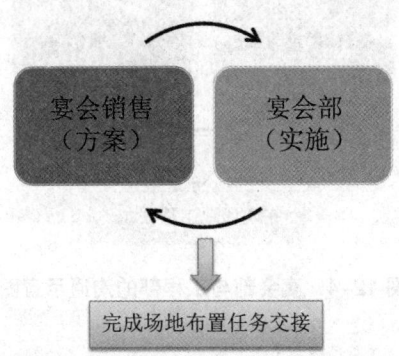

图 12-2　宴会销售与宴会部的沟通示意图

三、宴会部与厨房部的沟通

当宴会部经理完全掌握了宴会需求信息后，就要分类传达客户需求，宴会部首先会把宴会的餐饮要求传递给厨房部，因为餐饮产品的进货有周期性，需要提前准备。图

12-3 是宴会部与厨房部的沟通示意图。

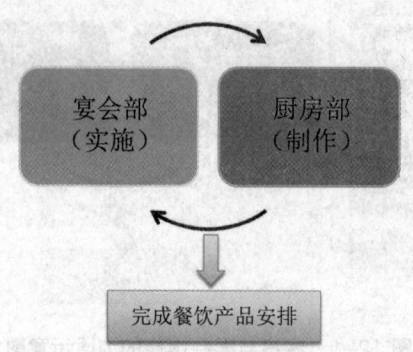

图 12-3　宴会部与厨房部的沟通示意图

四、宴会部与工程部的沟通

宴会部除了需要与宴会销售和厨房部紧密沟通,同时也需要与工程部进行工作衔接。多功能厅通常涉及很多工程部协助的环节。例如,多媒体安装、灯光调试、空调调试、多功能厅分割和合并等。除此之外,工程部还要保证宴会运营过程中的防火安全工作。图 12-4 是宴会部与工程部的沟通示意图。

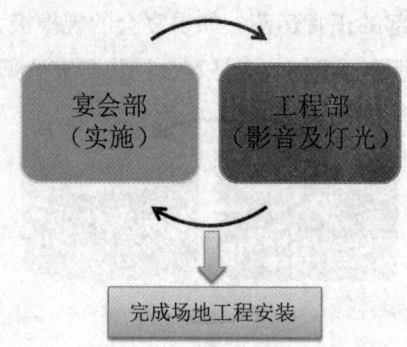

图 12-4　宴会部与工程部的沟通示意图

第三节　酒店宴会服务过程管理

酒店宴会服务过程分为三个阶段，宴会前的准备工作，宴会中的服务及应急措施，宴会后的收尾及整理工作。图 12-5 是宴会服务流程关系图。

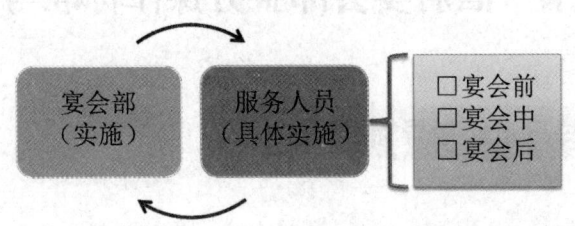

图 12-5　宴会服务流程关系图

一、宴会前的准备工作

宴会前的准备工作分为两步：第一步是场地布置。在场地布置过程中，宴会经理会安排宴会服务人员针对多功能厅使用单上的要求进行场地布置，通常在使用单上会标明宴会场地的具体类型，如酒会式、剧院式、宴会式、教室式、U 形、T 形、董事会型、斜 U 形等。根据多功能厅使用单上的要求宴会部经理指定员工完成桌、椅和布草的布置。第二步是餐具布置。同样根据使用单上的要求宴会经理应安排员工首先对需要摆放的餐具进行清点数量，并清洗和抛光，然后完成宴会餐具的摆放。在场地布置和餐具布置完毕后，需要检查多媒体、灯光和空调的功能。在宴会当天开始前，应布置鲜花。

二、宴会中的服务工作

宴会当天开始前，宴会经理应召开员工例会，在例会上分配好员工的工作职责和具体服务安排。在宴会开始后，宴会经理应对各个宴会服务环节进行把控，通过抽查的形式确保每个阶段的服务都达到标准。同时也要与宴会主办方进行无障碍沟通，随时保持变通，按照客户的合理要求进行适当的改变。同时与客人沟通的目的也在于能够更好地把控客户满意度。

三、宴会后的收尾工作

宴会结束后，宴会经理因根据需要要么进行宴会场地从新布置为第二天或当天的下一场宴会做准备，要么进行宴会厅复位工作，也就是彻底把所有布置还原到最初的样貌。

第四节 酒店宴会部服务操作标准与流程

一、宴会部经理每日工作指导标准

1. 目的

使宴会部经理每日的工作系统化，并使日常工作有条不紊地进行，从而提高宴会部内部管理质量。

2. 范围

适用于餐饮宴会部经理。

3. 职责

（1）宴会销售部经理告知宴会部经理各宴会/会议厅的预订情况；

（2）宴会部经理根据各类宴会/会议的不同时段安排领班工作；

（3）经理在营业时间必须在岗进行管理，检查并全面负责宴会/会议前后的各项管理工作；

（4）宴会厨房大厨在宴会进行中积极配合宴会部经理的工作。

4. 操作程序

（1）与宴会销售部经理进行良好的沟通，详细了解当天宴会/会议预订情况以及今后几天内的活动安排；

（2）每日上午参加餐饮部例会，总结汇报宴会部工作，并接受上级工作指令；

（3）召开全体领班餐前会，对前次各项工作加以总结，提出要求，传达上级工作指令；

（4）检查领班仪表仪容是否符合规范，精神是否饱满，强调当天的重要活动及应注意的事项；

（5）巡视当日宴会/会议的准备情况，督促各场地领班做好充分准备；

（6）巡视宴会场地的环境卫生及装饰布置；

（7）巡视并检查宴会/会议所需的各类设施设备是否完好；

（8）如果当日有重要的宴会/会议，需要亲自督促下属并做好接待工作的准备；

（9）对于重大或特殊宴会及会议的接待，需要做一份详细的服务计划书，分配好具体任务；

（10）宴会进行期间，应注意在宴会进行中巡视，与客人保持良好的沟通，并随时做好处理各种突发事件的准备及宾客投诉；

（11）保持与其他各部门的良好沟通；

（12）做好宾客客史档案的收集、整理工作；

（13）晚间宴会/会议的工作结束后，检查各场地的卫生及节能状况并做好一天的工作报告及审批各种单据。

二、宴会部领班每日工作指导标准

1. 目的
使宴会领班每日工作系统化，从而提高宴会/会议的服务管理水平和宾客满意度。

2. 范围
适用于餐饮部宴会领班。

3. 职责
（1）宴会部经理告知宴会领班宴会部预订情况；

（2）宴会领班根据宴会/会议不同时段落实员工具体任务；

（3）宴会各厨房厨师在宴会进行期间予以配合。

4. 操作程序
（1）参加每日宴会部经理例会，总结前次本班组的工作及服务情况，接受上级指令。

（2）清楚了解当天宴会/会议预订情况及今后几天内的活动安排。

（3）协助宴会部经理做好重要宴会/会议的服务计划书，将具体任务落实到个人。

（4）检查员工仪容仪表，进行简短的服务知识及技能的培训。

（5）准备工作检查内容

1）摆台应该符合标准：餐具整齐、摆放统一、干净、无缺口、餐巾无破损及无污渍。

2）台椅摆设整齐：椅子干净无尘、坐垫无污渍、台椅纵横对齐或摆成图案形。

3）工作台摆放有序：餐柜摆设符合要求、托盘安放整齐划一、餐具布置规范。

4）餐具准备应充足、完好、清洁。

5）各种调料准备充分。

6）冰水、饮料准备充足，并达到规定的温度标准。

7）各种服务用具和布草准备齐全。

8）地毯整洁卫生：做到无任何杂物纸屑。

9）环境舒适：灯光、空调设备完好正常。

10）空调提前半小时开放。

（6）宴会开始后，督导服务员为客人提供礼貌快捷、高效的服务。

（7）宴会进行期间与客人保持良好沟通，并随时做好处理各种突发事件的准备及宾客投诉。

（8）与宴会厨房沟通良好，及时传达宾客所需，掌握出菜时间。

（9）宴会结束后，做好清理场地的工作，并写好本次宴会/会议的总结报告，审批各种取货单及维修单据。

三、宴会前准备工作指导标准

1. 目的

充分做好宴会前准备工作，保证宴会进行期间的各项工作顺利进行，从而提高工作效率和工作质量。

2. 范围

适用于宴会部工作人员和管理人员。

3. 职责

（1）宴会部领班经理制订宴会计划书，布置餐前准备工作内容；

（2）宴会部服务员服从上级指令，根据布置内容做好宴会前准备工作；

（3）宴会领班或宴会部经理对准备工作进行复查；

（4）宴会厨房大厨负责制定宴会菜单。

4. 操作程序

（1）熟悉客情

1）会前通报客人情况，做到九知三了解：知台数、人数、宴会标准、开餐时间、菜式品种、出菜顺序、主办单位或房号、收费方法、邀请对象；了解风俗习惯、特殊需求、生活忌讳。

2）如果是外宾，还应了解国籍、宗教、信仰、禁忌和口味特点，规格较高的宴会，还应掌握宴会的目的和性质、宴会的正式名称、有无席位表、席卡、有无主办单位的要求等。

3）根据宴会要求，对迎宾、值台、传菜、酒水供应、衣帽间及贵宾等岗位人员都要明确分工，落实具体任务。

4）指定各主要环节责任检查人。

（2）熟悉菜单

1）与厨师长沟通，熟悉宴会菜单和主要菜点的风味特色；

2）特殊菜肴准备介绍词；

3）了解出菜顺序；

4）了解点心的名称和制作；

5）菜单必须由餐饮部有关负责人给宴请人认可后，打印装订成宴会菜单。

（3）准备工作

1）布置好宴会所需的台形，台面布置要体现宴会气氛。

2）根据菜单的服务要求，准备好足够的各类用具，分类摆放在固定地方备用。

3）根据菜肴的特色，准备好菜式跟相匹配的佐料以及每人一份调料。

4）根据宴会通知单要求备好鲜花、酒水、香烟等。

5）按宴会厅大小摆放绿色植物、鲜花或主雕。

6）单独放置落台，落台上放置鲜花。

7）根据用餐人数多备几套餐具。

8）如有外宾，根据要求放好刀叉并根据宾客需要放上席位卡。

9）在主人、副主人位各放一本菜单。

10）宴会开始前30分钟按照每桌的数量拿取酒品饮料，并将瓶罐擦干净，摆放在工作台上。

11）开餐前15分钟摆冷菜：取菜时使用托盘，讲究卫生操作，并且小心谨慎，不破坏冷菜造型；根据规定数量拿取，不要多拿、错拿。

12）摆放冷菜时要荤素、颜色搭配摆放，花式正朝主人；并做到冷盘之间的摆放距离相等，离桌边的摆放距离相等。

13）如果是一般的婚宴则应在开餐前10分钟，将小毛巾根据标准折好放入毛巾篮，根据每桌人数，使用托盘将小毛巾摆放在餐桌上；毛巾边一律朝下，折口一律朝左，摆放在每一席位的右手边，顺时针方向进行。

14）开餐前10分钟，将桌上的红酒开启，在每桌的红酒杯内，倒1/5的红酒，每倒一次，将酒杯口向顺时针方向转一下，并用干净的服务巾擦拭瓶口。

15）注：若宴请主人要求不事先开启红酒，则根据要求办。

（4）检查内容

1）检查宴会厅外的海报及指示牌的内容是否与宴会内容相符。

2）宴会指示牌、宴会厅名称、宴会场地示意图是否准确无误。

3）接待桌的位置及所需物品是否备妥。

4）会场上所需物品及使用器材是否准备齐全并维持在良好的状况下。例如，喜宴时会场上的喜字、蛋糕、香槟酒等是否准备妥当；会议时所需的器材是否备妥、功能是否完善，如幻灯机、投影机、麦克风等。

5）检查宴会厅内的窗帘和服务台是否整洁美观。

6）检查花盆中的花草是否新鲜，玻璃、银器是否擦拭光亮。

7）检查桌布和口布是否有破损的状况，应确保其干净卫生。

8）维护服务区域与工作台的整洁。

9）打开空调或新风，空调温度夏季在22~24℃，冬季在18~22℃。

10）调节好背景音响、音量及电视屏幕，检查电器、灯具是否完好。

11）检查台面、摆台是否符合规格，菜单是否到位。

12）检查地毯是否干净。

13）检查服务员是否携带笔、打火机及开罐器等必备物品，仪容仪表是否符合要求。

14）检查各种用具有无破损，调料是否备齐并略有盈余。

四、宴会厅备餐台摆放指导标准

1. 目的

为宴会开始做好充分的准备，从而提高工作效率和工作质量。

2. 范围

适用于宴会部工作人员和管理人员。

3. 职责

（1）宴会部服务员根据以下操作程序做好备餐台的摆放工作；

（2）宴会领班现场负责管理；

（3）宴会部经理检查指导备餐台的摆放工作。

4. 操作程序

（1）要求

1）根据宴会的形式、标准、性质、参加宴会的宾主身份等情况布置工作台。

（2）准备

1）根据铺台标准在宴会台上铺好台布，并围好台裙；

2）把围好台裙的工作台放置在宴会厅内合理的位置；

3）切勿将工作台与墙面靠得太近。

（3）备齐台面用具

1）根据宴会菜肴的数量、宴会人数，列出所需餐具、用具的种类、名称和数量，并且分类进行准备；

2）准备备用餐具，数量是所需餐具总数的 20% 左右；

3）将餐具、用具、酒水类、托盘整齐地陈列在工作台上。

五、中式宴会摆台工作指导标准

1. 目的
使摆台工作标准化、专业化，从而提高工作效率和中式宴会服务总体服务品质。

2. 范围
适用于宴会部工作人员和管理人员。

3. 职责
（1）宴会部服务员根据以下操作流程做好摆台工作；

（2）宴会领班负责现场指挥管理；

（3）宴会部检查指导宴会摆台工作。

4. 操作程序

（1）整理桌椅

1）摆正桌腿和排列桌椅；

2）桌腿呈正方形正对门的方向；

3）餐椅可以三三两两或均匀摆放。

（2）铺台布

1）站在主人位右侧，拉开椅子，将台布一次铺成；

2）台布中心股缝向上，对准正、副主人位；

3）台布四周下垂均匀；

4）台布整洁、挺括、完好。

（3）放转台

1）转台居中，转动自如。

（4）放装饰物

1）装饰物置于餐桌中心；

2）装饰物与宴请的氛围相适应。

（5）拉椅定位

1）从主人位开始，椅子中心要对准台布股缝，然后按顺时针方向进行；

2）椅边恰好触及台布下垂部分，间距均等；

3）检查椅子是否松动。

（6）摆烟缸\酱醋壶

1）烟缸配上底碟摆在转台的四周，对角两只烟缸摆放的边线互相垂直；

2）酱醋适量；

3）大型宴会在主宾席的右侧放上酱醋壶。

（7）摆骨碟

1）骨碟距桌边 1.5 厘米，碟与碟之间的摆放间距相等，盘中图案对正；

2）操作时手要拿盘边缘部分。

（8）摆汤碗、味碟

1）在骨碟左上方 10 点钟方向摆放汤碗，与骨碟相距 1 厘米；

2）汤碗内摆放汤匙，匙柄指向 10 点钟方向；

3）调味碟按照左边酱油碟、右边醋碟的顺序相并摆放于骨碟正上方；

4）位于骨碟 1 厘米并与其相切之处；

5）位于汤碗 1 厘米并与其相切之处。

（9）摆筷架、筷子、长柄汤匙、牙签

1）筷架摆放于距醋碟 3 厘米处，与调味碟、汤碗的中心在同一直线上。

2）筷架上近餐碟一侧放长柄汤匙，外侧放筷子，筷子与餐碟中心线平行，筷子尾部距桌边 1.5 厘米。

3）牙签放在筷子与长柄汤匙中间，与筷子和长柄汤匙距离相等。牙签底部与汤匙柄底部平行，印有店名一侧向上。

4）用品中凡有中、英文说明的一律面朝客人，若两者兼有则中文面对客人。

（10）摆水杯、葡萄酒杯、白酒杯

1）手拿杯柄将葡萄酒杯摆在两味碟中间的正上方处；

2）中心要对正；

3）杯底与味碟边缘距离 1 厘米；

4）水杯摆在葡萄酒杯上方 10 点钟方向；

5）白酒杯摆在葡萄酒杯下方 4 点钟方向；

6）三杯的中心要在同一水平线上，杯和杯的间距为 1 厘米；

7）摆金属公用筷架、公勺、筷子；

8）公用餐具摆放在正、副主人的正上方；

9）公勺在下，公筷在上，公勺、筷尾部向右，勺和筷子中心点在台布中心线上，勺柄距葡萄酒杯底 5 厘米。

（11）放菜单

1）正、副主人右侧各竖放一份菜单。

（12）放口布花

1）将折叠好的口布花摆放在餐盘中；

2）摆放整齐，突出主人位。

（13）全面检查

1）检查整体布置是否适当；

2）检查环境，增放绿色植物。

六、中式宴会服务指导标准

1. 目的

使中式宴会服务专业化、标准化，从而提高宾客满意度和餐饮服务总体品质。

2. 范围

适用于餐饮从事宴会服务的工作人员。

3. 职责

（1）宴会部经理对同时举办的宴会进行走动管理，随时处理突发事件；

（2）宴会领班负责本宴会厅的现场管理，做好管理和协调工作；

（3）宴会部服务员根据布置的任务按照以下操作程序做好具体工作。

4. 操作程序

（1）迎宾工作

1）宴会主管人员和迎宾员在宴会开场前10分钟到达宴会厅门口准备迎候宾客；

2）检查个人仪容仪表是否符合标准，以最好的精神状态准备投入工作；

3）值台服务员提前10分钟站在各自负责的区域内准备服务；

4）宾客到达时，主动上前迎接，微笑问好，尽量称呼客人的姓氏；

5）回答宾客问题和引领宾客时使用敬语，态度和蔼，语言亲切；

6）在引领客人进入场内的途中，根据客人间的交谈，言行举止对主、宾关系做出正确的判断，并与值台服务员之间保持良好的沟通。

（2）入席服务

1）拉椅让座

a. 迎宾员带领宾客来到席位前，值台服务员应面带微笑，拉椅帮助宾客入座；

b. 按照先宾后主，先女士、后男士的原则进行；

c. 客人需要将外套脱去时，主动帮助客人接过衣服，握住衣领，小心谨慎地挂在椅背上，立即拿来椅套将椅背平整地套好，并告知客人保管好自己的随身物品。

2）上毛巾，落口布，撤筷套

d. 一般形式的婚宴开场前10分钟就应将毛巾连同毛巾篮放在客人的餐位上；

e. 高级宴会则在客人坐定后，立即为客人上小毛巾；

f. 客人入座后打开口布，右手在前，将口布一角压在骨碟下，其他部分平整地垂落于餐桌；

g. 右手拿起筷子除去筷套，将筷子整齐地放在筷架上，并注意保持筷套的完好，放回工作台，利于循环使用。

（3）展示酒水，斟酒

1）为宾客斟酒水时，应先征求宾客的意见，根据宾客的要求斟各自喜欢的酒水饮料；

2）从主宾开始先斟葡萄酒，再斟烈性酒，最后斟饮料；

3）根据《白葡萄酒服务指导标准》，1-FB-G-06为客人展示酒水及斟酒，酒斟白酒杯的1/2即可；

4）根据《红葡萄酒服务指导标准》，1-FB-G-07为客人展示酒水及斟酒，酒斟红酒杯的1/3即可；

5）烈酒和软饮料各斟2/3；

6）宾客干杯或互相敬酒时，迅速拿酒瓶到台前准备添酒；

7）主人和宾客讲话前，观察每位宾客杯中的酒水是否准备好；

8）在宾主离席讲话时，准备好酒杯、斟好酒水供客人祝酒。

（4）上菜、分菜做到准、够、稳。

（5）席间服务

1）倒酱醋

a. 站在客人右边，左手拿托盘，右手将客人桌上的调味碟拿到托盘内斟倒，倒至1/4满即可，使用敬语："对不起，为您来点醋和酱油好吗？"

b. 倒好后，将调味碟轻轻放回原处。

2）撤鲜花

上第一道热菜时先询问客人是否可以撤下鲜花，待客人允许后再撤下鲜花，注意台面上如果有遗留下来的绿色叶子，要及时清理。

3）换骨碟

a. 高级宴会中，每上一道菜就为客人换一次骨碟。

b. 其他形式的宴会则在骨碟中的残渣达到1/2时或者在上一些特殊菜（例如螃蟹）后为客人撤换骨碟。

c. 根据客人人数，从工作台上取来干净的骨碟放在托盘内侧，站在客人的右侧，左手托托盘，右手将脏碟撤下，再换上干净的骨碟，使用敬语："对不起，为您换一下骨碟好吗？"

d. 将撤下的骨碟放入工作台上的托盘内，注意摆放标准：装有垃圾的骨碟放在最上面，其余的骨碟将垃圾倒在最上面的骨碟后，再整齐地叠放在托盘的一侧。

4）换烟缸

a. 每个烟缸内有 2 个烟蒂须换，若有半截烟要先问过客人；

b. 具体操作参照《烟缸撤换指导标准》，文件编码：1-FB-G-09。

5）换毛巾

a. 高级宴会应遵从上手抓菜后换、上水果前换、两道菜之间应换毛巾的频率及时为客人更换小毛巾。

b. 上鹅掌等带骨菜肴，则将小毛巾放在客人筷子右侧，统一所有菜肴的方向，跟上一次性手套，不要放在骨碟上。

c. 其他形式的宴会可根据宴会标准在宴会进行到 1/2 时更换，一般形式的婚宴可不更换毛巾，除非客人有特殊要求。

d. 更换小毛巾前应准备托盘和相应数量的毛巾篮，将蒸好的小毛巾用毛巾夹夹入毛巾篮。

e. 左手托托盘，右手从客人右侧递上毛巾篮，放在客人的右手边（毛巾边一律朝下，毛巾折口处一律向左摆放）。

f. 顺时针绕台进行或者根据女士优先、先宾后主的服务原则为客人更换毛巾，使用敬语："对不起，为您更换下小毛巾好吗？"

g. 摆放毛巾篮时，手指不可触碰小毛巾。

6）撤换餐盘

a. 就餐进行到一半时，观察台面，撤去不需要的碗、碟，保持台面整齐；

b. 客人久不问津的菜肴征得客人同意后撤掉或者在征求客人同意后将大的菜盘撤换为小菜盘。

7）上水果

主食吃好后准备给客人上水果，根据一桌的人数，准备好小水果叉放入水果盘的一侧，水果与水果叉摆放方向统一。

8）撤台

a. 先撤去客人面前的餐具：味碟、口汤碗，然后筷架，再撤台面上的菜肴。

b. 撤完后放上鲜花，表示宴会结束，若客人聊天应每人上杯茶水。

（6）结账

1）宴会结束后，宴会部经理可以预先将客人的账核对结算，待客人用完餐后，向宴会组织者结账；

2）结账时应将客人所用的酒水，菜单以外的各种消费计算清楚，及时请客人核对；

3）宴会结束后，宴会部经理可以预先将客人的账核对结算，待客人用完餐后，向宴会组织者结账；

4）结账时应将客人所用的酒水，菜单以外的各种消费计算清楚，及时请客人核对。

（7）撤桌

1）宾客离席时，服务员要检查台面上是否有没灭的烟头、是否有宾客遗留的物品；

2）在宾客全部离去后，立即清理台面；

3）先收起所有银器，再按小毛巾、口布、酒杯、瓷器、筷子、台面的顺序分类收拾。

4）贵重物品要当面点清。

（8）清场

1）将桌椅摆放整齐，地面、地毯打扫干净，关闭电源，关好门窗；

2）由宴会部领班进行最后检查，待一切工作完毕，方可离开。

七、西式宴会准备指导标准

1. 目的

使西式宴会准备工作标准化，规范化，从而提高宴会开始时的工作质量和宾客满意度。

2. 范围

适用于宴会部从事西式宴会服务的工作人员。

3. 职责

（1）宴会部服务员根据以下操作程序做好西式宴会准备工作；

（2）宴会部经理和宴会领班检查指导西式宴会准备工作。

4. 操作程序

（1）准备餐具和其他用具

1）按照宴会规格备足干净餐具和用具，包括桌布和餐巾、副餐刀叉、汤勺、主刀叉、黄油刀、甜品叉勺、咖啡勺、咖啡碟、奶罐、蜡烛台、菜单、火柴、鲜花等；

2）根据宴会通知单上的酒水要求摆放酒水杯。

（2）摆台

1）铺桌布要平整，中缝向上，方向一致；

2）摆餐巾花，位置、方向要一致，间距相等；

3）根据企业标准进行摆台；

4）在餐桌中央摆放鲜花、烛灯、胡椒瓶、盐瓶、牙签盅；

5）如果是圆桌，则将烟缸摆放在圆桌中央的四个角上，成正四边形；

6）如果是长桌，则把烟缸摆放在中央，按两座一烟缸的数量摆放。

（3）准备工作台

1）根据宴请人数，准备宴会临时工作台；

2）台面摆放咖啡用具、茶具、冰水壶、托盘、干净的烟灰缸、服务用具、刀叉、勺；

3）在备餐间内准备面包篮、黄油、各种调味品及酒水。

八、西式宴会服务指导标准

1. 目的

使西式宴会服务专业化、标准化，从而提高宾客满意度和餐饮服务总体品质。

2. 范围

适用于从事西式宴会服务的工作人员和管理人员。

3. 职责

（1）宴会部服务员根据以下操作程序做好西式宴会服务；

（2）宴会领班负责现场组织管理；

（3）宴会部经理走动管理，检查指导西式宴会服务。

4. 操作程序

（1）准备工作

1）在开餐前半小时做好一切准备工作，主要包括：

a. 将水杯注入 4/5 的冰水，蜡烛点燃；

b. 面包要放在面包篮里摆在桌上，黄油要放在黄油碟里；

c. 将餐厅门打开，迎领员站在门口迎接客人；

d. 服务员站在值台前，面向门口。

（2）鸡尾酒服务

1）准备工作按照企业标准进行；

2）在宴会厅门口为先到的客人提供鸡尾酒会式的酒水服务；

3）由服务员托盘端送饮料、鸡尾酒，巡回请宾客饮用；

4）宴会开始前请宾客入厅就座，按照文件《西餐服务礼节/顺序指导标准》之 4.3 为宾客拉椅让座、落餐巾。

（3）斟酒

1）在为客人斟酒前，要先打开瓶盖把酒倒出少许，先让主人尝试，经许可后再为客人斟酒，不同种类的酒根据相应服务标准为客人服务；

2）高级西餐宴会需要亲自将面包用面包夹夹入每位客人的面包碟内。

（4）席间服务

1）根据《西餐服务礼节/顺序指导标准》之4.1（文件编码：1-FB-G-86），为客人上菜。

2）上菜顺序为：头盘、汤、主菜、甜品、咖啡或红茶。

3）客人全部放下餐具后，询问客人是否可撤盘，得到客人允许后，方可从客人右侧将盘和餐具一同撤下。

4）经常巡视台面，做好区域看台工作，为客人添酒水、换烟缸。

5）宾客席间离席，帮助拉椅、重新整理餐巾。

6）客人回座时，帮助客人拉椅、落餐巾。

7）询问客人是否添加面包与黄油，如果需要，立即为客人添加。

8）使用托盘将装有面包的面包篮和黄油摆放在餐桌上，然后再将空的面包篮与黄油碟收回。

（5）清台

1）用托盘将面包、面包刀、黄油碟、面包篮、椒盐瓶全部撤下；

2）从客人的右侧为客人上甜食；

3）待客人全部放下餐具后，询问客人是否可以撤下，得到允许后，将盘和餐具一同撤下；

4）站在客人左边则用左手拿一只干净的面包碟，右手用服务巾清理台面上的面包屑；

5）站在客人右边则用右手拿一只干净的面包碟，左手用服务巾清理台面上的面包屑。

（6）上咖啡和茶

1）咖啡杯保温；

2）使用托盘将糖盅、奶盅摆放在餐桌中央，圆桌放两份，对称摆放。

九、宴会自助餐台布置工作指导标准

1. 目的

为宴会自助餐服务做好充分的准备，从而提高工作质量和工作效率。

2. 范围

适用于从事宴会自助餐服务的工作人员。

3. 职责

（1）宴会部服务员根据以下操作程序做好宴会自助餐布置工作；

（2）宴会领班现场负责管理；

（3）宴会部经理走动管理，检查指导宴会自助餐布置工作。

4. 操作程序

（1）准备

1）必须按照食物数量及预计用餐人数来安排自助餐台的大小；

2）摆放前需和厨师长协商好自助餐台摆放的位置和大小，及所需自助餐炉的数量；

3）将铺好台布、围好台裙的桌子放置于合理的位置。

（2）装饰品

使用不同的装饰点缀台面，使自助餐台显得有生气、有层次感。

（3）餐具

1）按照食物的出品均匀放置自助餐炉；

2）将所需的大盆、甜品碟和汤碗放在相应的食物边；

3）自助餐台上面的所有食品必须有正确的食品名称牌。

（4）酒精膏

将灌好酒精膏的酒精罐放在每个炉子下面。

（5）分更

1）将分勺、分叉、食品夹放在小盆中，置放于每一个餐炉前面，小盆里面装8分满的热水（除油炸食品外）。

2）经常换水：准备两个干净的壶，在其中的一个壶内装满8成热水，再准备一块擦桌的净布，然后到自助餐台前将小盆中用过的脏水倒入空的壶中，再将干净的热水倒入小盆中，按照顺序依次更换。

十、宴会自助餐服务指导标准

1. 目的

使宴会自助餐服务专业化、标准化，从而提高宾客满意度和餐饮服务总体品质。

2. 范围

适用于宴会部从事宴会自助餐服务的管理人员和工作人员。

3. 职责

（1）宴会部经理准备宴会自助餐服务计划书，将具体任务落实到个人；

（2）宴会部经理和宴会领班现场负责宴会自助餐服务；

（3）宴会部服务员根据以下操作程序做好宴会自助餐服务；

（4）其他部门予以配合。

4. 操作程序

（1）会前准备

1）从宴会通知单上了解预订主办单位、参加人数、就餐标准、用餐地点、用餐形式、台形设计、菜肴品种及布置主题的有关事项；

2）按要求摆放好食品台、桌椅及工作台，突出主桌、预留通道，摆放餐桌椅规范一致；

3）按照设计要求，做好食品台的布置工作，食品台用围裙围边，台面上放置好各类装饰的鲜花、黄油雕、冰雕、果蔬雕，准备好各种盛放热菜的波菲炉、固体酒精；

4）按照宴会人数、菜单、菜品特点准备好各类餐具、用具，用量充足，并检查，确保完好无损，符合规定要求，分类整齐摆放在自助餐台最前端；

5）准备所用的酒水饮料及各种服务用具，如开瓶器、酒篮、冰桶、冰夹及各类酒杯；

6）按照方便宾客取菜的原则，将菜肴分类摆放，摆放时需留一定的位置放餐具及各种食品夹；

7）按照相应的菜摆放中英文说明的台签；

8）设施完好，用品清洁，备量充足，准备到位；

9）各种菜肴在宴会开始前15分钟左右按照划分的位置摆放好并加热；

10）领班对餐前准备工作及员工仪容仪表进行认真检查，并做好餐前例会，对各项工作做明确分工；

11）服务员精神饱满地站在指定区域里迎接宾客。

（2）迎领服务

1）迎领员严格按规范站立在工作区域，不得擅自离岗；

2）宾客到达时应礼貌上前问好表示欢迎，面带微笑，指引方向；

3）引领客人入座；

4）问候及时，语言亲切。

（3）席间服务

1）客人入座后，立即为客人套椅套、落口布；

2）主动征询客人要求，及时为宾客续酒水和饮料，如客人前来拿酒水、饮料时要

有礼貌地请客人挑选,并主动介绍所供应的品种;

3)酒会进行中,根据客人的需求补充各种酒水、饮料和冰块;

4)及时更换烟缸;

5)巡视台面,发现食物用到一半时,及时与厨房联系,以便补充食品;

6)适时整理食品台及菜肴,保证食品台的整洁、整齐、美观、丰盛;

7)在客人的允许下及时撤走台面上已经用过的餐盘及杯子,但是至少为每位用餐的客人留下一个杯子在台面。

(4)送客服务

1)主动上前为宾客拉椅;

2)微笑向客人致谢;

3)提醒客人带好随身物品。

(5)收尾工作

1)撤走餐台及桌面上的餐具及酒杯等,并送至指定位置(先撤玻璃器皿,再撤不锈钢餐具,最后撤瓷餐具);

2)做好区域卫生清洁的工作;

3)做好酒水的清点保存工作;

4)做好设施设备的清洁保养工作,操作时动作要轻,内外环境清洁。

十一、咖啡台布置指导标准

1. 目的
使咖啡台布置工作规范化、专业化,从而提高工作效率和工作质量。

2. 范围
适用于宴会部从事咖啡台布置的工作人员。

3. 职责
(1)宴会部服务员根据以下操作程序做好咖啡台布置工作;

(2)宴会领班现场负责管理;

(3)宴会部经理检查指导咖啡台布置工作。

4. 操作程序
(1)查看接待本了解上点心和小食的时间。

(2)安排好煮咖啡时间,咖啡/茶和小食必须新鲜,至少提前15分钟准备好。

(3)布置台面

1)用大理石台面的台子作为咖啡台的台面;

2)咖啡台必须大小合适,在每个台子中央必须放置花盆;

3）如果用咖啡人数超过 25 人，或者他们在 2 个时间段用咖啡，则要放 2 个咖啡台。

（4）区域分布

1）把台子分成 3 个区：咖啡壶、咖啡杯和食品区。

2）把咖啡壶的底座放在台子中央。

3）将咖啡杯和咖啡碟叠起来放在台子的一边。

4）咖啡匙、牛奶、淡奶和糖盅也放在这一区域。

5）确保咖啡和热水在要求使用时间前 20 分钟煮好，不得超过时间。

6）提供有标签的新鲜牛奶和淡奶。

（5）摆放食品

1）食品放在最后空出的一块区域；

2）食品类供应时应跟上服务用具和调料、食品夹、小盘、辣椒酱等。

（6）要点

1）咖啡壶和茶壶在咖啡时间开始前放好；

2）确保咖啡壶光亮无痕迹；

3）咖啡和茶壶应标上标签。

十二、会议摆设指导标准

1. 目的

使会议摆设工作规范化、专业化，从而提高工作效率和工作质量。

2. 范围

适用于宴会部从事会议摆设的工作人员。

3. 职责

（1）宴会部服务员根据以下操作程序做好会议摆设工作；

（2）宴会领班现场负责管理；

（3）宴会部经理检查指导会议摆设工作。

4. 操作程序

（1）准备

1）按照会议通知单的要求，将铺好台布的会议桌和椅子摆放在合理的位置；

2）会议桌和椅子之间的距离是一个人走的距离；

3）检查会议用的纸及文件夹是否干净，有无破损，不得将用过的或者有字迹的纸拿给会议客人使用；

4）如果会议客人将使用铅笔，应将所有的铅笔用卷笔刀削过，保证其可以使用；

5）检查所用的茶杯有无破损，并且确保所有即将使用的杯子无污迹、无水渍。

（2）茶杯

1）将茶杯碟放在客人位置的右上方；

2）茶杯的杯柄向右呈 4 点钟方向；

3）或将冰水杯放在客人位置的右上方；

4）水杯的下面必须放杯垫。

（3）烟缸

1）根据客人的要求，将烟缸摆在会议桌的上方；

2）三人使用一套烟缸。

（4）纸笔

1）将会议纸加入会议文件夹中，并将其工整地摆放在每一席位的中间，距离沿边 3/4 寸，每个会议文件夹中摆放 5 张纸，正面向上；

2）将笔摆在文件夹的右侧，与纸边平衡，笔的商标朝上，笔的底部与文件夹的底部相平。

十三、会议茶点摆设指导标准

1. 目的
使会议茶点摆设工作规范化、专业化，从而提高工作效率和工作质量。

2. 范围
适用于宴会部从事会议茶点摆设的工作人员。

3. 职责
（1）宴会部服务员根据以下操作程序做好会议茶点摆设工作；

（2）宴会领班现场负责管理；

（3）宴会部经理检查指导会议茶点摆设工作。

4. 操作程序
（1）茶水台

1）将铺好台布、围好台裙的桌子设置于合理的位置。

（2）咖啡杯

1）将清洁的咖啡杯、底碟摆在桌子的左面按次序排列整齐，离台的沿边约一个茶碟的距离；

2）咖啡杯杯口向上放在咖啡底碟上，柄向右呈 3 点钟方向；

3）将茶匙放在咖啡底碟上，底部呈 4 点钟方向；

4）准备好放各种咖啡糖的盘子。

（3）甜品

1）将甜品碟放在桌子的右边，和咖啡底碟一样，距离台子的沿边 3/4 寸，呈一排整齐排放；

2）准备一个干净的大盘，铺上一条干净的口布，将甜品叉整齐地排放在盘中，并且在上面盖上一块干净的口布，放置于甜品碟的旁边。

（4）咖啡炉、盅

1）将咖啡炉接好电源，放在桌子的上方，靠近服务员站立的地方，靠近咖啡杯处；

2）将糖盅和装着淡奶的奶盅放在咖啡炉的下方；

3）准备一个甜品碟将纸巾整齐排列摆放在碟上，并将甜品碟放在咖啡炉旁；

4）在摆放咖啡炉、糖盅、奶勺及甜品碟时必须在其之间留有一定的空间，以便放上点心。

十四、会议室服务指导标准

1. 目的

使会议服务工作规范化、专业化，从而提高宾客满意度和餐饮服务总体服务品质。

2. 范围

适用于宴会部从事会议服务的管理人员和工作人员。

3. 职责

（1）宴会部服务员根据以下操作程序做好会议服务；

（2）宴会领班现场负责管理；

（3）宴会部经理检查指导会议服务质量。

4. 操作程序

（1）准备工作

1）接到会议室通知单后，了解会议名称、性质、开会时间、与会人数及布置要求：比如，同声翻译会议室，需报工程部检查各项仪器设备，并落实翻译人员。

2）根据订单的要求先将所需的各种用具和设备准备好（会议桌、椅、台布、台裙、盖杯、开水、茶叶、烟缸、小毛巾、火柴、纸、毛笔、横幅、鲜花等绿色植物、会议牌）。

3）按订单要求将所需设备摆放就位，并调试好相关设备如麦克风、幻灯机、电视机、录像机、投影机、投影仪等。

4）根据订单上的人数和要求，确定会议的台形，也可根据客人要求摆放。

5）会议桌、会议椅摆放要整齐，在一条直线上。

6）盖杯要放在杯垫上，摆在座位的右上方，注意杯把一律朝右侧，摆放位置要求在一条直线上，摆放烟缸三位一只，与杯子成一条直线（中心线）。

7)会议开始前半小时,各项准备工作到位[上小毛巾,备好充足开水、调试音箱,开启灯、空调(22~24℃),灵活控制]。

8)将会议室门打开,检查台形是否符合要求,台面要整洁,各种用具干净、齐全,摆放符合标准。

9)根据客人要求,将指示牌放在特定位置。

10)服务员于开会前15分钟,精神饱满地在门口等候。

11)VIP会议服务于会前30分钟到岗,精神饱满地在门口等候。

12)在会议人员超出150人会场内不放烟缸,并在会场外面的显眼处放上"会议场内请勿吸烟"。

(2)会议中服务

1)客人来到会议室时,服务员应礼貌热情地向客人问好:"您好,欢迎光临!"或"各位早上/下午/晚上好,欢迎光临!"并以手势示意,请客人进入会议室入座。

2)待先到达的客人入座以后,服务员从客人右侧茶水服务,从主席台或领导开始,会议人数到齐后,送上小毛巾,上小毛巾时从客人左侧提供服务,从主席台或领导开始。

3)通常每半小时左右为客人更换烟灰缸、添加茶水等,但要尽量不打扰客人开会,特殊情况可按客人要求服务。

4)会议期间服务员站于会议室门口直至会议结束。

5)会议中间休息时,要尽快整理会场,补充和更换各种用品。

(3)会场结束

6)会议结束时,服务员应站在门口,微笑地向客人道别:"您慢走(各位慢走),再见!"并请会务组人员签单。

7)会议结束后,要仔细地检查一遍会场,看是否有客人遗忘的东西和文件等,设备设施是否有损坏,要认真做好记录。

8)关掉一部分灯光,保留可操作的光线,包括走道的灯,回收干净的杯垫。

9)将会议后用具、设备整理好,关闭空调、风机、电灯,做好充分的节能工作,并关好窗户,锁好会议室门。

10)若产品订货会结束后,服务员协助客人清理会场,保证酒店设备设施不被损坏。

十五、鸡尾酒酒会摆设指导标准

1. 目的
为鸡尾酒会做好充分的准备,从而提高工作效率和工作质量。

2. 范围
适用于宴会部从事鸡尾酒会服务的管理人员和工作人员。

3. 职责

（1）宴会部服务员根据以下操作程序做好鸡尾酒会摆设工作；

（2）宴会领班负责现场管理；

（3）宴会部经理检查指导鸡尾酒会摆设工作。

4. 操作程序

（1）根据宴会通知单的具体要求，布置好酒会的台形、桌椅，准备酒会所需的各种设备，如立式麦克风、横幅等；

（2）根据鸡尾酒会的人数和场地将食品台和酒吧台设置于理想的位置；

（3）准备好干净的服务托盘；

（4）台面必须根据要求铺好台布、围好台裙；

（5）靠墙处放置少量椅子；

（6）将小餐巾折成三角状放置于干净的高脚杯内；

（7）根据宴会单要求备好充足的酒水、冰块、调酒用具及足够数量的玻璃杯具；

（8）检查菜单食品是否正确；

（9）摆放高圆台供客人放餐碟和酒水；

（10）每张圆台放一叠餐巾纸和一个带有底碟的烟缸，或者可以适当地摆放花瓶、牙签盅等物品；

（11）将直立式烟缸放置于理想的位置；

（12）将餐叉用餐巾包裹并放置在一个餐碟上；

（13）将足够的甜品碟、小叉、小勺摆放在自助餐台上的一端或两端，中间则陈列足量的小吃、菜肴；

（14）如果是高级鸡尾酒会，还备有餐具为客人切割肉类食物，如牛柳、火腿等；

（15）根据宴会需要通知工程部准备好立式话筒，事先调好话筒音。

十六、鸡尾酒会服务指导标准

1. 目的

使鸡尾酒会服务专业化、标准化，从而提高宾客满意度和餐饮服务总体品质。

2. 范围

适用于宴会部从事鸡尾酒会服务的管理人员和工作人员。

3. 职责

（1）宴会部经理准备鸡尾酒会服务计划书，将具体任务落实到个人；

（2）宴会部经理和宴会领班现场负责鸡尾酒会服务；

（3）宴会部服务员、酒吧酒水员、调酒师根据以下操作程序做好鸡尾酒会服务；

（4）其他部门予以配合。

4. 操作程序

（1）酒会前分工

1）开鸡尾酒会前，做好一份酒会服务计划书；

2）根据酒会规模配备服务员，一般以 1 人服务 10~15 位客人的比例配员；

3）开好酒会前例会，落实具体任务。

（2）第一轮鸡尾酒准备

1）调酒员提前到达吧台，根据酒会人数调制所需的鸡尾酒以及准备各种饮料；

2）在酒会开始前 10 分钟将调制完成的鸡尾酒和饮料放入托盘内，一个托盘放置 8~10 杯酒水，并放上一只装有纸巾的纸杯；

3）将装满酒水的托盘整齐地陈列在吧台上，等待服务员领取。

（3）迎接客人

1）安排服务员提前 5~10 分钟在宴会厅入口处准备以最好的精神状态迎接客人的到来，站姿正确，面带微笑。

2）客人来到后，立即上前迎接，为客人引路，使用敬语："欢迎光临今天的鸡尾酒会，这边请。"

3）每到一位客人，统计一次人数。

4）开场前 5 分钟安排服务员到吧台，领取酒水与饮料。

（4）服务工作

1）托送酒水

a. 服务员自始至终在客人之间巡回，由客人自己选择托盘上的酒水或另外点订的鸡尾酒，并附上一张纸巾。

b. 随时收客人放在桌上的空杯子或者看到客人手中拿着空杯子时，礼貌地询问客人："请问您用完了吗？需要再来一杯吗？"

c. 示意客人将空杯放入托盘内，若客人要续杯，再让其自主选择托盘内的酒水或饮料。

2）负责菜点

a. 保证有足够量的餐具、餐盘；

b. 保持自助餐台的卫生；

c. 帮助老年人或小孩取食；

d. 及时通知厨房添加点心、菜肴；

e. 用托盘托送特色的点心，巡走在客人中间，让客人自行领取。

（5）照管会场

1）负责托空盘巡走在会场内，及时收回桌上的空盘、废牙签、脏口纸等，并送往洗涤间；

2）经常调换脏的烟灰缸；

3）如地上有食物或酒水打翻时，立即清理；

4）随时保持整个会场的整洁。

（6）吧台服务

1）负责斟倒酒水、调配客人所点的鸡尾酒；

2）做好和服务员之间的协调工作，保证快速、准确地将酒水、饮料交至服务员服务；

3）所有的鸡尾酒调制及酒水饮料的供应都应在收费标准内进行。

（7）送客人离开

1）客人离开时，替客人引路；

2）提醒客人携带好随身物品；

3）客人离开时，微笑着对客人说"谢谢光临"。

（8）结束工作

1）客人全部离去后，方可撤掉所有的物品；

2）将剩余的酒水饮料收回酒吧存放；

3）脏餐具/餐盘送洗涤间清洗；

4）干净餐具送工作间重新消毒后备用；

5）撤下台布，收起桌椅，为下一餐做好准备。

（9）结账

1）包价

a. 按酒会前的协议价格付账。

b. 询问客人用何种方式付款：现金或是信用卡。

c. 根据相应的结账方式为客人提供结账服务。

d. 不得向客人索取小费。

e. 结账后一定要向客人说"多谢"。

（10）记账

1）最后由主办单位一次付清。

（11）零杯零卖

1）由酒吧人员记录，客人点几杯，就付几杯的钱。

【案例分析】

案例一　这瓶酒到底谁来付钱

事情经过：

某酒店宴会厅正在举办一场隆重的婚宴，等到就餐开始，一位客人叫服务员拿一瓶价格相对较高的洋酒，服务员听了后知道本次宴会没有这种酒，但是还是给该客人提供了这瓶酒。服务员认为最后主办方会一起结账，但是当宴会结束后，这瓶酒到底谁付钱出现了争议，主办方说他们预订的套餐中不包含这瓶酒，纯属那位参会嘉宾的个人行为，应该那位参会客人埋单，但是当时那位客人已经找不到了，服务员非常着急。主办方也非常不满意。最后在宴会经理的协调下，主办方愿意以50%的价格支付那瓶酒，但还是给酒店带来了一定的经济损失。

分析：

（1）宴会服务中，服务员一定要理解所有餐饮产品都是主办方与酒店提前协定好的，如果单加任何餐饮产品一定要当时与那位客人结账算清。服务员在这次服务中的随机应变倒显得画蛇添足了。

（2）在整个服务过程中，服务员没有征求经理的意见就直接为宾客上了单点的酒水也是一个非常严重的问题。

处理结果：

（1）销售酒水的服务员要承担另一半酒水的价格。

（2）经理主动向主办方承认工作中的过失，得到客人的理解，并协商酒水账单结算。

（3）针对该事件进行问题提取，并设计相应情景模拟为员工进行培训，并尽可能让所有员工理解该事件的严重性。

案例二　破损的餐具

事情经过：

一位导游带领4位外国客人走进了酒店的中餐厅用餐。入座后，服务员开始让他们点菜。客人要了一些菜，还要了啤酒、矿泉水等饮料。突然，一位客人发出诧异的声音，原来他的啤酒杯有一道裂缝，啤酒顺着裂缝流到了餐桌上。导游急忙让服务员过来换杯。另一位客人用手指着眼前的小碟子让服务员看，原来小碟子上有一个缺口。翻译赶忙检查了一遍桌上的餐具，发现碗、碟、瓷勺、啤酒杯等物均有不同程度的损坏，上面都有裂痕、缺口和瑕疵。

分析：

（1）服务人员没有按照正确的工作流程操作，工作不够细致。

（2）服务人员的顾客意识不够。

处理结果：

（1）首先向客人表示歉意，马上为客人重新更换新的餐具或重新安排位置。

（2）在客人的用餐中适当给客人一些优惠。

（3）餐厅管理人员马上让餐厅每个岗位的工作人员检查餐具，如有破损的马上收起不可再用，以防后来的客人再有类似情况出现。

（4）事后组织有关人员调查此事，并对责任人做处罚、处理。

（5）以此事件作为经验教训，培训全体员工，务求所有员工提高对客服务意识。

（6）加强员工的操作流程培训，务求服务中不出错，给客人提供最专业、最贴心的服务。

（7）将此事作为案例存档，供餐饮部培训学习，以避免日后再次发生同类事件。

案例三　服务英语的重要性

事情经过：

中午 12 点餐厅迎来了几位外国客人用餐，点菜的时候几位外宾其中一位点了一份素饺子，还强调了一定要素饺子。点菜员可能当时没有理解那位外宾说的素食的英文词，只看到了客人在菜单上指出了一盘饺子。服务员认为客人就是要点他指的那盘饺子，就马上下单了。当饺子上桌后，那位客人夹了一个放进了嘴里，但又马上吐了出来，面部表情非常难看。他马上叫来服务员来对"素饺子"进行解释，由于英语沟通问题导致外宾完全没有办法与这名服务员进行沟通，于是服务员请来了经理，经过简单沟通，经理知道了其中的问题，并很诚恳地向客人道歉，还给他们的菜品打了八折，最后送了果盘和甜点。客人虽然还是不开心，但是在经理的补偿下，就餐后结了账离开了。

分析：

（1）服务员在没有 100% 听懂的情况下，执行了下单处理是非常不应该的，这次的服务失败不涉及生命安全，如果是客人对某个食品原材料过敏，而服务员没有听懂还是进行下单操作，那样的话后果会更加严重。

（2）服务员应该加强自身的餐饮英语沟通能力，对一些基本的词汇要熟记于心。这样才不会出现严重服务失败。

处理结果：

（1）经理先要有好的态度聆听客人的投诉，然后向客人表示歉意，再征求客人意见是否愿意稍等马上帮其重新制作一份。

（2）如若需要，应与厨房联系，以最快的速度将菜烹制出来。

（3）如客人不需要，应给客人退掉，并打折优惠以示歉意。

（4）管理人员对点菜员进行批评教育，并以此事件作为经验教训，培训全体员工，务求所有员工做到礼貌待客，提高对客服务意识。

（5）加强员工的服务英语沟通能力，并计划餐饮服务英语培训。

（6）将此事作为案例存档，供餐饮部培训学习，以避免日后再次发生同类事件。

案例四　宴会的菜哪儿去了

事情经过：

某日，某酒店宴会厅接待了一个五桌的寿宴。接待完毕后，客人顺利地结了账。次日，寿宴客人到部门投诉，说当天的宴席上没有上鱼，要讨个说法。经部门调查了解后，客人在预订时是点了"清蒸鲈鱼"，但是营业员在下单时工作粗心，漏了单，厨房负责人和此次宴席服务跟进人没有认真检查，导致无出品，这才有上面客人的投诉。

分析：

（1）这次投诉属营业员工作责任心不够强、不细心所造成。出品部门每日检查每一张进入厨房的菜单、核对清楚每道菜式是否分到每个出品部门。此次宴席服务跟进人没有和厨房负责人核对菜单也是要负一定的责任的。

（2）以上环节如果有检查的话那么类似的错误是可以避免的。

处理结果：

（1）在本案例中，部门负责人接到投诉后马上查明原因，当即给客人赔礼道歉，并再三承认了自己的错误。在征询客人意见后，将五桌"清蒸鲈鱼"菜品的金额退还给客人，并要当事人再三跟客人道歉。

（2）部门内部要对入单的经手人和厨房总厨、宴席负责人进行批评和处罚。

（3）加强营业员的业务培训。每次宴会预订单和点菜单，下单人员必须再三核对清楚、分单清楚，保证万无一失，各管理人员也必须对各项细节严格把关，理顺服务流程。

思考与练习

（一）单选题

1. 以下哪项不是宴会厅餐桌安排的依据？（　　　）

A. 餐厅的形状、室内陈设和特点　　　B. 主办单位对宴会的要求

C. 就餐人数　　　D. 宴会标准

2. 大型宴会应留有一条较宽的通道，宽度应在（　　）。

　A. 1.8 米左右　　　　B. 2 米左右　　　　C. 2.5 米左右　　　　D. 3 米左右

3. 离餐桌较近的地方摆放的设施应该是（　　）。

　A. 物品柜　　　　　　B. 音响设备　　　　C. 低温冷藏柜　　　　D. 服务员工作台

4. 下列哪项上菜方式是台前托让式？（　　）

　A. 法式宴会　　　　　B. 日式宴会　　　　C. 意式宴会　　　　　D. 俄式宴会

5. 餐厅服务员用端托方法展示菜肴时应站在下列哪个视线最佳位置上？（　　）

　A. 主人　　　　　　　B. 第一主宾　　　　C. 全体宾客　　　　　D. 副主人

（二）多选题

1. 宴会布置常见类型有（　　）。

　A. 董事会型　　　　　B. 剧院型　　　　　C. 教室型　　　　　　D. U 形

2. 宴会服务工作分为宴会前、中和后三个阶段，以下属于宴会中服务阶段的工作是（　　）。

　A. 餐具布置　　　　　B. 餐饮服务　　　　C. 与客沟通　　　　　D. 场地布置

3. 以下属于开餐后服务管理内容的是（　　）。

　A. 检查当天餐厅收益，并评估餐厅服务运营情况

　B. 检查餐厅卫生情况

　C. 检查餐厅安全情况

　D. 检查餐厅餐桌布置情况

4. 在与客沟通预订宴会时，宴会销售应该了解哪些客户需求？（　　）

　A. 活动主题　　　　　B. 客房需求　　　　C. 多媒体需求　　　　D. 人员数量

5. 宴会部可以承接的宴会类型有（　　）。

　A. 产品发布会　　　　B. 中式婚宴　　　　C. 鸡尾酒会　　　　　D. 生日宴

（三）简答题

1. 简述酒店宴会类型及特点。

2. 简述酒店宴会预定流程。

3. 简述酒店宴会服务过程管理。

4. 简述宴会部各个环节的服务流程和标准。

第十三章 菜单与酒单设计

本章导读

酒店餐厅菜单和酒单是连接餐厅与客人的桥梁,菜单的优劣体现了餐厅的管理水平,而且直接影响餐厅经营效益。在当今餐饮营销中,所有餐饮运营环节都是以菜单和酒单的设计为中心。通过学习本章,学习者可以了解菜单的重要性,充分掌握菜单的分类方法和概念,同时理解菜单的设计依据。通过以上学习内容制定符合经营需要的餐单和酒单。

学习目标

知识目标
1. 了解菜单与酒单的含义。
2. 掌握菜单与顾客的关系。
3. 掌握菜单与餐厅的关系。

能力目标
1. 掌握各类菜单的类型与特点。
2. 掌握各类酒单的类型与特点。
3. 掌握菜(酒)单的设计依据。

第一节 菜单与酒单的重要性

一、菜单与酒单的含义

(一)菜单的含义

广义的菜单是指餐厅中一切与该餐饮企业产品、价格及服务有关的信息资料,它包含各种文字图片资料、声像资料以及模型与实物资料，供顾客从中进行选择，根据不同的分类方式有不同形式的菜单。

狭义的菜单则指的是餐饮企业为便于顾客点菜订餐而准备的介绍该企业产品、服务与价格等内容的各种印刷品。

菜单经常与菜谱的概念混淆，它们有着明显的区别。菜谱是指描述某一菜品制作方法及过程的集合，通常是指导厨师如何进行烹饪的工具书。很显然，当客人走进餐厅拿到的是菜单而非菜谱。

（二）酒单的含义

酒单是餐厅和酒吧为顾客提供酒水产品和酒水价格的一览表，是一种销售工具书。由于酒水需求量的不断增大和酒水类型的多样化，酒店餐厅会不断地根据自身经营需要对酒单进行设计和调整。

根据酒店餐厅类型不同，酒单的内容也会有一定区别。例如，酒店酒吧会在酒单上设计多种不同类型酒水，它包括不同烈酒、鸡尾酒、啤酒、葡萄酒等。酒店酒吧在酒单上侧重各类酒水的同时，还有一些小吃可供客人选择，如鸡翅、薯条和汉堡等。而酒店西餐厅的酒单则更偏向于葡萄酒，此外，酒店中餐厅的酒单会包含大量中国传统酒水和茶品。当然有的酒店中餐厅除了菜单和酒单之外，还会单独设计茶单来满足客人餐饮需求的同时争取利润最大化。

二、菜（酒）单与客人的关系

（一）菜（酒）单是连接顾客与餐厅的桥梁，起媒介作用

酒店餐厅通过菜（酒）单向客人介绍餐厅的不同餐饮产品，推销餐饮服务，顾客通过菜（酒）单来选择自己所喜欢的菜品和酒水饮料，两者通过菜单进行书面沟通，因此菜单是连接顾客与餐厅的媒介。菜单要迎合特定目标市场的需求。

（二）菜（酒）单设计的好坏直接反映了酒店餐厅的经营水平和档次

通过浏览菜（酒）单上菜品和酒水饮料的种类、价格，以及封面设计、装帧布局，顾客很容易判断出餐厅的风味特色以及档次的高低。近年来，有的菜单上还详细地列出了菜肴的原材料、烹饪方法和服务方式，以此来体现餐厅的经营特点，给人留下了良好和深刻的印象。

三、菜（酒）单与餐厅的关系

（一）菜（酒）单反映了餐厅的运营方针

餐饮工作相当复杂，它包括原料的采购、菜品的烹调制作、酒水的调配和营销服务等。这些都是以菜（酒）单为依据来进行运营的。为了制作合理且科学的菜（酒）单，菜（酒）单设计者应严格根据餐厅的运营方针，经过客源分析和目标市场需求设计并制定出来。

菜（酒）单一旦设计制定完成，该餐厅的经营目标也就确定了。当餐厅开始运营后，菜（酒）单在短时期内是不可以有较大变动的，因此设计制定一个科学合理的菜（酒）单是一项非常核心且重要的工作。

（二）菜（酒）单影响着餐厅设备与用具的采购

酒店餐厅的设备与用具的采购都不是没有系统和随便开展的。它必须考虑餐厅经营什么样的菜品和酒水饮料，使用什么样的烹饪和餐饮设备及用具可以制作这些餐饮产品。

菜（酒）单的菜式品种、酒水饮料品种水平和特色决定了餐厅所要购置的设备用具的种类、规格和数量。例如，某酒店餐厅计划打造一家全市藏酒最全的西餐厅，如果要在酒单上列举大量葡萄酒产品，那么餐厅就要考虑到如何储藏大量酒水，需要采购什么样的设施设备才能对这些酒水进行正确储藏。

（三）菜（酒）单直接影响着餐厅人员的筛选及服务要求

菜（酒）单的多样化对餐饮服务水平有不同的细节要求，而要达到不同的服务规格水平，就必须配备相应的餐饮服务专业人员。因此，餐厅在配备厨房和餐厅员工时，应按菜（酒）单的要求，招聘具有相应水平和能力的人员，或通过培训使员工达到技术水平的要求。

此外，不同的菜单对员工的工种和数量也有不同的要求。例如，某酒店一家专门经营法式料理的餐厅菜单设计上出现了很多法语，这样对于服务人员来说，对基础的法语要有一定的了解。除此之外，烹饪人员在烹饪法餐的时候也有一些特殊要求。例如，法式甜点厨师需要为客人现场制作一些含酒精类的甜点，如法式可丽饼。这些都需要有一定基本素养和技术能力的餐厅制作和服务人员。

（四）菜（酒）单直接影响着食品原料的采购与储藏

菜（酒）单内容限定了烹饪的采购产品方向，菜（酒）单类型决定了采购和储藏活动的规模、方法和要求。例如，使用固定菜单的餐厅，由于菜式品种在一定时期内固定不变，对所需食品原料的品种、规格等也相对不变，这就使餐饮企业在原料采购方法、采购质量标准、货源、储藏方法等方面能保持相对稳定。

如果餐厅使用循环菜单，原料的采购和储藏则变得麻烦，对于经营西餐的餐厅来说，尤为如此。西餐餐厅根据菜单上制定的菜品类型，应配备不同的储藏室，如冷冻储藏室、果蔬储藏室、冷藏储藏室、葡萄酒酒窖和干货储藏室等。

（五）菜（酒）单直接影响餐饮成本及利润

菜（酒）单不仅仅是一个供客人参考的餐厅菜品及酒水饮料的目录工具书，对于酒店餐厅的运营来说，菜（酒）单也是餐厅利润的直接影响者。菜（酒）单上产品的定价是一个餐厅经营者重要的考验。

如何利用合理的定价来吸引顾客，还能保证餐厅的利润最大化是所有餐厅追求的目标。用料考究、价格高的菜品必然导致菜品原料成本的增加，而制作精美的菜品过多，必然导致人员成本的提升。

（六）菜（酒）单直接影响着厨房布局与餐厅装潢

厨房布局是指厨房内各个业务操作中心的位置以及各种设备的摆放模式。合理的布局应该是便于食品的加工与制作，减少冲突和干扰。由于不同的菜单对设备的要求不同，因此厨房布局必须考虑菜单的要求。餐厅的装饰应体现餐厅经营的特色，如果经营西餐的餐厅内使用大量中式元素进行装潢必然不合适。

（七）菜（酒）单既是艺术品又是宣传品

菜（酒）单也是酒店餐厅核心广告宣传品。一份设计精良、科学的菜（酒）单可以提高顾客就餐体验，能够反映餐厅的档次与氛围，可以使顾客对所列的美味佳肴留下深刻印象，并可作为一种艺术欣赏品，予以欣赏，甚至留作纪念，引起客人美好的回忆。例如，北京一家以环保为宗旨经营素餐的餐厅为客人提供的菜单是以中式传统书写方式印刻在卷轴上为客人呈现的。客人就餐结束后可以带走留为纪念。

第二节 菜单的种类与特点

对于酒店餐饮来说，菜单的种类不用以非常复杂的形式进行分类，因为酒店餐饮的对客菜单基本属于固定菜单，所谓固定菜单，顾名思义，就是不经常变动的菜单。这种菜单是经过酒店餐饮部详细且周密的设计而制定的。而在固定菜单中又分为零点菜单、套餐菜单、试餐菜单、宴会菜单和客房送餐菜单。

一、零点菜单

零点菜单是指每道菜都单独标价的菜单。菜单上菜式丰富多样，可供顾客自由选择，满足了顾客个性化需求，因此是餐厅的一种基本菜单形式。

零点菜单是酒店餐厅使用最广泛的一种菜单形式。是餐厅使用最为广泛的、最基本的菜单，它按一定的程序排列餐厅所提供给客人的各式菜点，每道菜都有独立的价格，就餐宾客可以根据其口味喜好来自由选择所需菜点的菜单。一般来说，零点菜单适用于各类酒店正餐餐厅、咖啡厅等。受餐饮形式限制，零点菜单不适合于酒店宴会餐饮。

（一）酒店西餐厅零点菜单

酒店西餐厅零点菜单根据餐厅经营的菜系有不同的程序结构。如果是法餐厅，菜单上会呈现几大类餐饮产品，它们包括：冷头盘、热头盘、汤、扒类主菜、其他肉类主菜、海鲜主菜、素食主菜及各式配菜。高档酒店西餐厅还有单独的甜点单。如果是意大利餐厅，在菜单上呈现的菜品类型又有一定的区别，它们会在冷（热）头盘、汤、肉（海鲜）类主菜和素食主菜的基础上增加意大利面类主食，包括意面和意式比萨。

（二）酒店中餐厅零点菜单

酒店中餐厅的菜单一般与一些社会餐饮中的中餐厅餐单相类似，会配有图片以便客人选择菜品。但也有一些酒店中餐厅会以西式的零点菜单的方式体现中餐菜品并用多国语言来标识菜品名称。这样的菜单不仅对中国客人适用，对外宾也同样适用。由于大多五星酒店为涉外酒店，因此有很多外国宾客来店就餐，外国宾客在看传统中式菜单的时候会有很多疑问。例如，一份菜品可以几人分食？鲜活鱼类是按斤来计价，哪些菜品可以作为主菜、头盘等。

二、套餐菜单

套餐菜单的设计与制作可以分为两种。第一种是酒店餐厅自行根据经营特点定制的套餐；第二种是顾客根据自身需求和酒店协商后定制的套餐。

（一）酒店餐厅定制套餐菜单

酒店餐厅定制的套餐菜单一般是根据餐厅特色、市场餐饮热度和应季餐饮原材料定制的餐饮特定菜单。酒店餐厅的基础套餐菜单是以餐厅特色菜品制定而成。这样的套餐菜单会减轻首次来店客人点餐负担，因为该套餐菜单上汇聚了餐厅内部各大类菜品的精华与特色。以市场餐饮热度而定制的套餐菜单也是常常出现在酒店各类餐厅中。例如，龙虾套餐的定制，一度市场上顾客对龙虾等海鲜类产品极度追捧，因此一些酒店餐厅也相应设计出龙虾套餐菜单来吸引客人来店用餐。以应急或特殊餐饮原材料定制的餐饮特定菜单也是常见，如某酒店采购到稀有菌类，为此而制定了套餐来吸引猎奇的客人。

（二）酒店针对客人需求定制的套餐菜单

通常这类套餐菜单也是基于酒店餐厅厨师的能力范围之内的，通常是从零点菜单里选出一些有代表性的菜品或顾客偏好的菜品自由组合而成。往往多用于餐厅包间和餐厅包场客户。对于宴会客户来讲协商制定套餐菜单一般是唯一的选择。

三、试餐菜单

试餐菜单是许多高级餐厅基于套餐菜单的形式提供的一种特殊菜单。这可能是餐厅客人品尝餐厅几乎所有菜肴的一个机会，也可能是厨师为宾客制作不在常规菜单上的量小但极具创新的菜肴，厨师用这样的方式来证明其高超的烹饪技术和存在于餐厅的自身价值。通常试餐菜单的价格是固定的。这意味着客人只需支付一个价格就可以享受该菜单上所有菜品。

尽管试餐菜单上有大量的菜肴，但菜量通常相对较小。事实上，菜品的种类越多，它们的分量往往越小。厨师们不想给顾客太多的食物，但他们也不想让食客饿着肚子离开。因此，厨师会精心准备每一道菜，而当制作一份试餐菜单时，一个重要目标就是菜单设计者要确保所供应的食物的总量大约等于西餐三道菜的总量（头盘、主菜和甜点）。

有许多酒店餐厅在提供套餐菜单供客人选择的同时会为菜单上的每一道菜品搭配适合的酒水，酒水通常为葡萄酒。搭配的酒水都是专业的侍酒师经过自身体验而精心设计的，从而真正做到餐酒搭配。

四、宴会菜单

宴会菜单是酒店餐饮部为大型会议或不同庆典制定的菜单，这类型菜单就是套餐菜单的一种。在酒店中该菜单的设计是酒店员工与客人一同完成的。一般是酒店餐饮销售人员为客人进行专业性的推荐，并结合客人的个人喜好来共同打造而成。

五、客房送餐菜单

客房送餐菜单是一个集合了酒店内部所有餐厅特色菜品的菜单。它不仅包括了早餐，还包括任何时段的简餐和正餐。该菜单的制定是为了住店客人在客房内就餐所设计的。针对这一需求，高档型酒店都会在餐饮部下设置一个送餐二级单位来保证送餐服务的顺利运营。

第三节　酒水单的种类与特点

在酒店中酒水的利润是相当高的，如一瓶听装可乐，在超市里购买要 3~5 元。而在酒店中需要 35~45 元外加 15% 的服务费。因此酒店餐饮部运营过程中是非常注重酒水销售这一部分的。从而设计和制定既精美又科学的酒单是酒店餐饮部各餐厅的重要任务。

酒单是酒店餐厅和酒吧为顾客提供酒水产品和酒水价格的一览表，也是酒水产品的细节说明书和销售宣传册。随着酒水需求的不断增加和多样化，酒店餐饮部各二级单位都尽自身最大努力制定优秀的酒单来吸引客人并提高销售量从而创收。在酒店餐饮部下酒单一般分为酒吧酒单、西餐厅葡萄酒单、中餐厅酒单、大堂酒廊酒单和客房酒单。

一、酒吧酒单

酒店独立酒吧是以酒水销售为主、餐食为辅的一个餐饮部二级单位。酒吧中的酒水应该是最齐全的。它包括啤酒类、利口酒类、烈酒类、鸡尾酒类、葡萄酒类和软饮类，此外在酒店酒吧酒单中还应设计一些相对应的下酒小吃，如鸡翅、玉米脆、薯条和三明治等。酒吧酒单上应明确酒水的各种信息，并分类清晰以便顾客点单。

二、西餐厅葡萄酒单

酒店里的西餐厅需要设计并制定一本专门展示并销售葡萄酒的餐单。西餐和中餐一样讲究餐酒搭配。西餐的餐酒搭配中的酒通常以各葡萄酒产品为主。这类酒单中对葡萄酒的分类一般可以分为两类，葡萄酒产地和葡萄酒酿制葡萄品种。以葡萄酒产地制定葡萄酒单对于大众来说是非常易懂的。而以葡萄品种分类的葡萄酒单更为专业。葡萄酒单对于一些价位适中的葡萄酒可以按杯销售，因此在制定葡萄酒单时应该把按杯销售的葡萄酒单列一类。

三、中餐厅酒单

中餐厅酒水单应包含各类中式酒水、葡萄酒、软饮和茶品。酒店中餐厅的酒水产品应以中式酒水为主，因为主要宾客为中国人，当然也有外宾来中餐厅就餐，但他们也想要尝试中式酒水。在制定中餐厅酒单时要注意分清大类。价格由低到高，标清酒水该有

四、大堂酒廊酒单

国内的高档酒店的大堂酒廊提供和酒吧类似的各式酒水产品，然后下午茶服务往往是在大堂酒廊提供的。大堂酒廊能提供的餐品要比酒店酒吧更为丰富。大堂酒廊酒单上还应包括大量中、西式茶饮。

五、客房酒单

客房酒单分为两类：一类是基于客房内的小冰箱中含有的各种酒水，一般是6种烈酒，包括伏特加、威士忌、朗姆酒、金酒、白兰地和龙舌兰酒；还有软饮，包括碳酸类汽水、咖啡和茶等。这些酒水有一部分为免费，一部分的标价会在小冰箱上方明显位置展示。这类型酒单设计非常简单。另一类客房酒单是在送餐餐单中呈现的，它主要包含了酒店提供的特色葡萄酒。

第四节 菜（酒）单设计原则

一、市场需求

当今的餐饮运营指导思想是由市场和社会营销观念衍生而出，要使酒店餐厅的菜单具有吸引力，就必须对市场进行深入的调研从而了解市场需求，确定目标市场，根据顾客的餐饮需求来设计科学合理的菜单。因此，以下问题应该值得被酒店餐饮管理人员思考。

（一）目标市场

酒店餐厅吸引的顾客群体是哪一类型的？谁才是餐厅的潜在客人？任何一个酒店餐厅在开始运营前都必须首先回答这两个问题。当然对于酒店餐厅而言，酒店高层管理人员或酒店集团管理层在酒店开业前就对其餐饮市场进行了详细的市场调研，因此酒店餐饮部二级管理人员可以省去这部分的工作。但是这个部分的工作是决定该酒店餐厅是否盈利的基础。

酒店餐厅应当适当选择一类或多类具有相似消费特征的食客作为目标市场，以便更有效地满足他们的消费需求。只有在及时、详细地调查了解和深入分析目标市场的各种特点和需求的基础上，酒店餐饮部门才能有目标地在菜品种类、规格档次、价格组成、营养成分、烹调技法等方面进行规划和调整，从而设计出使顾客满意的菜单。

酒店不同餐厅所吸引的目标顾客是不同的。而酒店不同餐厅的不同开餐时段吸引的顾客群体也是截然不同的。例如：

（1）高档度假型酒店的自助餐厅早餐时段吸引住店的客人；

（2）商务型高档酒店的大堂酒廊下午时段吸引商务会谈的客人；

（3）会议型高档酒店的宴会厅吸引的是会议结束后就餐的客人；

（4）团队旅游型酒店的中餐厅午餐和晚餐时段以接待旅游团队客人为主。

（二）可任意支配收入情况

可任意支配收入是指总收入扣除所有必要的开支以后所剩余的可任意支配的部分。如果一个人的收入是 8000 元，8000 元是这个人的收入情况，而可任意支配收入则是在 8000 元基础上扣除所有该人的每月负债包括房租或房贷、水电煤气费、孝敬老人、养育子女，很明显该人剩下的可任意支配收入是有限的。通常情况下，收入越高，可任意支配收入也越高。

如果餐厅的目标市场是 CBD 商务区的白领，或是高收入阶层，其菜单应以中、高档菜品为主；如果是一家位于郊区的中档次酒店，其菜单中呈现的菜品应以大众菜品或中低档菜品为主。

（三）年龄结构

在菜单的设计过程中，顾客的年龄结构也是重要因素之一。年龄结构不同的食客在饮食口味、菜品质量、热量需要、菜品样式、价格构成、分量大小、营养成分、服务质量、烹调技法等许多方面都有较大的差异。

（四）宗教背景

近年来的餐饮研究表明，一些顾客的菜品投诉与宗教信仰所带来的饮食禁忌有关。餐厅的顾客来自五湖四海、世界各地。部分宾客的饮食习惯与他们的宗教背景有关。餐饮服务既要满足顾客品尝中国名菜美点和各地风味的需求，又要尊重其地方风俗和饮食禁忌。因此在菜单设计中，餐厅管理者或菜单设计者必须尊重顾客的宗教信仰，充分考虑到不同宗教顾客对饮食的需求。

（五）饮食习俗及过敏原

不同的民族、不同的地区，甚至不同的个体在饮食习俗上都有很大的不同。例如，大多欧美客人不能接受海参、动物的内脏（心、肝、肺、肚、大肠）、鸡爪、猪、蛇等，而中国人则正好相反，这些都是美味佳肴。即使是在同一个民族，同一种文化背景下，由于区域的差异也会造成饮食习俗上的差异。例如，中国的南方人和北方人在饮食的口味、原料选择、烹调技法上有很大的差异。因此，菜单设计者在进行菜单设计时，一定要了解顾客的饮食习俗，征求顾客对菜品偏好的意见，实现顾客的最大满意度。此外，过敏原标注近些年是菜单设计上的重要元素，随着人们越来越重视自身的饮食健康，酒店餐厅也关注到这些细节，因此在设计菜单时也去思考不同的方式标注过敏原以便客人可以清楚识别，避免吃到自己过敏的食品原材料导致危险情况发生。

（六）性别比例

无论是酒店餐厅的书面菜单，还是宴会菜单，在设计分量和菜品组成时，一定要考虑到顾客的性别。因为不同性别的顾客在对热量和原料品种选择上有很大的差异。成年男性日需热量是女性的1.5倍。这种对热量需求的不同可以通过菜品分量控制来实现。另外，女性大多很关心身材与体重，在菜品原料上也大多喜欢蔬菜或清淡的食品，而许多男性则很少考虑这些。当然在酒店餐厅点餐，厨师不会因为客人是女性而烹制的食物量小于男性，但是有经验的厨师在设计餐单上会找到平衡点，让男性客人不会觉得菜品量少，也不会让女性客人觉得菜品量太大。

二、食品原料的供应情况

（一）在菜单里的菜品，厨房应尽力保证供应

这个原则看似简单，但在实际工作过程中经常被忽视。一些酒店餐厅没有坚持好这一原则。在运营过程中，一些客人点了菜单上的菜品，但会出现菜单上呈现的菜品厨房无法供应。这可能因为食品原料采购出现问题，或者某些餐厅为了夸大自身经营能力而罗列众多自己无法采购到原材料的菜品在菜单上。这种情况如果经常出现会严重影响餐厅的声誉。因此餐厅在设计菜单时根据这个情况，要遵循两个原则，一是不要夸大经营范围，二是使用活页餐单夹设计，因为在设计菜单时必须考虑食品原料的供应情况，如果某些食品原料因市场供求关系、采购和运输条件、季节、餐厅的地理位置等客观条件而不能保证供应的话，餐厅最好不要把需要这些原料制作的菜品放到固定的印刷菜单上。因此活页的菜单是最好的选择。

（二）根据不同季节的变化，及时调整菜单，增加应季菜品

酒店餐厅的菜单并不是永远固定不变的，而应根据季节的变化，及时调整菜单，增加时令菜品，这也是出自对食品原料供应情况的考虑。由于餐饮原料大都是农畜产品，有较强的季节性。旺季来临时，进货价格较低；而在冬季，许多食品原料进价上行，进

货成本增加，这样如果菜单不进行调整，肯定会造成利润的减少，这是从餐厅角度看的。即使从顾客的角度看，及时提供时菜品，也会满足顾客的需要。例如，在大闸蟹上市的时间，酒店中餐厅可以以大闸蟹为特色开发一系列菜品或以大闸蟹为核心开发套餐来吸引客人到餐厅就餐。

三、食品原料品种的平衡和多样化

（一）不应添加相同或相近味道的食品

在制作菜单时，尤其是在制作套餐或宴会菜单时，要注意千万不能加入太多相同味道或相近味道的菜品。一般情况下，顾客的口味需求呈多样化发展趋势，即使顾客喜欢吃酸甜口的菜品，假如菜单内菜品都是比较相似的话，顾客也会感到不适应的。对于酒店餐厅零点菜单来说，顾客可以从中任意选择，但是，如果该餐厅是度假型饭店的餐厅，或长住型饭店的餐厅，或是企事业单位餐厅，过多的味道重复也会使顾客感到厌烦的。

（二）食品原材料品种应多样化

一般酒店的餐厅在菜单项目中应该有比较多的样式，应尽量满足顾客对各种原料菜品的需求。从性质上，食品原料可以分为以下八大类。

（1）肉类：包括猪肉、牛肉、羊肉等。

（2）海鲜类：带壳类海鲜和非带壳类海鲜。

（3）禽类：包括鸡、鸭、鹅、火鸡和其他飞禽等。

（4）蛋类：主要指鸡蛋、鸭蛋和鹌鹑蛋等。

（5）蔬菜类：各种蔬菜。

（6）豆制品类：包括豆腐、豆皮和腐竹等。

（7）奶制品类：包括鲜奶、黄油和奶酪等。

（8）谷物类：包括米饭、面条、面包以及其他面制品等。

在中国，近年来又翻起了一阵"野味"风，许多野禽、野菜成了餐桌上的佳品。菜单制定者也应尽可能使菜单上的菜品品种多样化，不要仅局限于某一种或某几种原料上。

四、酒店餐厅本身设施条件和厨师烹调水平

餐厅设施条件和厨师的烹饪能力很大程度上直接影响着菜单菜式的种类和规格。因此，不考虑这些因素而盲目设计的菜单，即使菜单设计得再精美，也是徒劳无功。

（一）根据厨房设施设备制定相应菜单

菜单的设计制定与厨房设施设备采购相互影响。在餐厅开业准备期间，菜单对于设备选择购置有直接指导功能；而在餐厅真正运营开始后所进行的菜单从新设计工作，只能根据现有的生产设备和条件来进行。

（二）厨师烹饪水平因素

高档酒店的中餐厅与西餐厅一样，对厨师的技术水平要求极高。以中餐为例，由于中国菜系众多，明星厨师也大都只能擅长某一菜系菜品的制作，一般不会有全才的情况。此外，食客对菜系与厨师籍贯的一致性看得很重。如果在北京某酒店中开设一家粤菜高级餐厅，那么其厨师也应从广东或中国香港请来。这并不是说只有广东人或中国香港人才会做广东菜，北方厨师也有可以完美胜任该工作的案例，但食客对于"外来的和尚会念经"这种观念已经根深蒂固。这样，厨师的技术水平就成为菜单设计不得不考虑的问题。如果现有的厨师只能制作川菜，那么菜单上就尽量不增设其他菜系的菜品。

（三）制作效率

当菜品制作效率不高时并不一定是厨师的技术不熟练，也可能是指厨房的整体生产能力低。一个大型婚庆活动要求众多的菜品同时上桌，或在最短的时间内上齐，这对于厨房的生产能力和效率是一个严峻的考验。因此在设计这种菜单时，一定要考虑到在菜单上的菜品制作效率是否可以满足服务要求，不能不切实际想当然地设计菜单上的菜品。

（四）菜单应呈现合理的菜品类型比例

菜单上的菜品类型应合理分布以免造成过度使用厨房中某些设施设备。如果菜品分布不合理，某些烹饪设备得不到充分利用，这种情况在西餐中较易出现，因为西餐设备功能相对单一。烤箱只能用于烤制食品，而不像中餐的炒勺功能多，煎、炒、烹、炸，都可以用炒勺完成。除了考虑设备的利用情况外，合理的菜式比例应能避免造成某些厨师负担过重，而另一些厨师闲着无事的情况。

五、食品原材料成本及菜品的实际利润

菜单设计是酒店餐饮部门为盈利所必须开展的第一项管理计划任务。因此，菜单设计制作人员必须自始至终清楚餐饮部的成本核算，即目标成本或目标成本率，这在食品原材料进货价格经常浮动的情况下尤为重要。如果选择的食品原材料中成本过高的较多，该饭店即使有完善的食品成本控制措施，也难以获得预期的盈利。

六、食品的营养结构

随着人们生活水平的不断提高,大家对食品的营养构成也存在着自身的认知。过去,人们只关心自身食用的菜品能否提供足够的营养。而现在,人们考虑更多的是如何防止摄取过多的营养,以保持适中的体重和良好的健康状况。酒店餐厅在设计菜单时应适应这一新的要求,考虑人体营养需求这一因素。酒店菜单设计者必须考虑菜品的营养价值与搭配组合。

七、符合国家的环保要求和有关动植物保护法规

环境保护与可持续发展是当今社会的重要议题。菜品的制作应符合国家有关环境保护的制度规定。值得说明的是,由于顾客的求新、求异消费需求,餐厅也极力推出一些奇特菜品,以迎合这些顾客的消费需求。但一些餐厅为获取暴利,迎合某些顾客的病态饮食需求,将受国家保护的一级、二级野生动物也搬上了餐桌,这就违反了国家野生动物保护法规。饮食不仅体现了民族文化,也体现了民族的素质。

【案例分享】

案例一 昂贵的账单

事情经过:

电脑公司的王经理请几位大学教授到某星级酒店的中餐厅用餐。服务员小黄很有礼貌地把他们请到餐桌前入座后,便开始请他们点菜。老朋友见面就聊个没完,王经理接过菜单看了眼,立即把它递给身边的李教授请他点菜。李教授对菜名不熟,便请服务员一边讲解一边点菜。在点了几个中高档的菜后,李教授又对小黄说:"我们年纪都大了,很想要一些清淡的汤菜。""我们这里没有太清淡的,但是有'燕窝鱼翅羹',是我们的特殊羹汤。"小黄不失时机地推荐道。此时,王经理正在和其他人谈话,李教授以为价钱不贵就点点头说:"请给我们每人要一碗吧。"

过了一会儿,酒水和菜都上桌了,大家边吃边聊,非常高兴。席间服务员给每人端上一小罐羹汤,并告诉大家这是"燕窝鱼翅羹",当时大家并没有在意,就用小汤匙喝了起来,特别是李教授几口就把羹汤喝完了,嘴里还说着:"好喝,味道鲜甜,只是有点像粉丝汤。"

谁知结账时,当小黄告诉王经理餐费共4300元人民币时,大家一时间都傻了,"我们实在没有要很多菜呀!"王经理忙让服务员把账单拿过来,一看"燕窝鱼翅羹"一项就记录着近2000元。"小姐,这羹多少钱一碗?"李教授有些张口结舌了。王经理安慰

大家说:"既然是我请客,我就要让大家高兴。"他告诉收银员身上只带了2500元现金,其他的欠款明天再来交。但餐厅的收款员不同意赊账。于是,大家都翻开口袋帮凑钱。

分析:

(1)点菜时小黄没有与客人说清楚,像燕窝鱼翅羹这么贵的菜应告诉顾客菜肴的单价。

(2)虽然顾客也有责任,比如请客的人自己没有看菜单的标价,没有主动询问单价,但是餐厅抓住这一点,毫不反省自己,没有坚持把"对"留给客人,没有主动承担餐馆工作没有做到家的责任,向客人赔不是。

(3)当客人所带的现金不够,要求赊账时,餐厅又不肯赊账给他,一点面子都不给顾客,使得请客吃饭的顾客王经理和点了鱼翅羹的李教授心里很不舒服,可想而知,以后王经理和李教授还敢、还愿意到该餐厅用餐吗?所以,餐厅服务一点点细节都不能忽视,服务员一定要站在顾客的立场,从顾客的角度出发,为顾客着想,考虑的是顾客的利益,细心周到地为顾客服务,才能给顾客留下美好的用餐体验。

处理结果:

(1)餐厅经理向客人道歉解释,并给客人提供打折优惠。

(2)管理人员对小黄进行批评教育,并以此事作为经验教训,培训全体员工,务求所有员工提高对客服务意识。

(3)加强员工的操作流程培训,务求给客人提供最专业、最贴心的服务。

案例二　蛋炒饭里的头发丝

事情经过:

一次一位客人走进一家餐馆想品尝异国菜品。他一看店内那气势与装潢,真让其心悸,一翻看菜谱,真正是天价。无奈之下,他只好硬着头皮翻到最后,才发现新大陆一样,看到了便宜又不失体面的蛋炒饭,于是他心安理得地点了一份,慢慢品尝起来。他正吃着,发现饭中夹着一根细细的头发,立即呼来服务员指给他看。服务员一个90°的鞠躬,急忙把有头发的饭端到后堂。不一会儿,由经理陪同又端来一份新的蛋炒饭,还端着那已经吃了一半的蛋炒饭以证明确实是新炒的。经理说了数不清的道歉的话。事已至此,客人也平静了。最后,当客人离开餐厅的时候,那经理竟亲手拿着一份100元代金券送上,第一再次表达歉意,第二欢迎他再次光临餐厅。

分析:

(1)本案例中的顾客只是要了一份蛋炒饭,但出现问题时,餐馆并没有因为他的消费额少,或者他可能是一个寒碜的客人就对他歧视,结果只能是使顾客非常满意。当服务员发生失误时，顾客特别想要的是正义和公平，美国著名的研究服务补救专家布朗和塔科斯已经总结出3种顾客在投诉后所寻求的特别公平类型：结果公平、过程公平、相互对待公平。结果公平指的是顾客希望结果或赔偿与其不满意水平相匹配。这种赔偿可采用实际货币赔偿、一次正式道歉、未来免服务费、折价或更换等形式。在本案例中，顾客得到如下的补偿：一份新的蛋炒饭、一份代金券。事实上客人原本并没有料到会有这样的补偿，补偿肯定是足够的。

（2）除公平的赔偿外，顾客希望抱怨过程的政策、规定和时限公平。他们希望很容易进入投诉过程，并且希望事情被快速处理。公平过程的特点包括清晰、快速和无争吵。不公平过程使顾客感到缓慢、拖延和不方便。相互对待公平，指顾客希望被有礼貌地、细心地和诚实地对待。如果顾客感到公司及其员工态度漠不关心和几乎没做什么以试图解决问题，这种形式的公平会支配其他公平形式。

（3）在本案例中，当服务员发现饭里有头发丝时，就已经90°的鞠躬以示歉意，忙不迭地将饭碟端到后堂，又由经理陪同见客，当面说了数不清的道歉话。最后经理诚心诚意地送上代金券，这都使客人感受到尊重。也充分表现出餐馆店大不欺客，无论客人花多少钱，都能公平地对待客人。

（4）服务在行动上。当客人吃出了头发、虫子之类就是店家的问题，换了新饭也让人感到遗憾，经理再诚心诚意地送上代金券，看似有点"冤大头"，实则换回了千金难买的店家信誉。

处理结果：

（1）培训全体员工，务求所有员工提高对客服务意识。

（2）加强与厨房的沟通和对员工的操作流程培训，务求服务中不出错，给客人提供最专业的服务。

（3）将此事作为案例存档，供餐饮部培训学习，以避免日后再次发生同类事件。

思考与练习

（一）单选题

1. 在进行中餐菜单的设计时，通常中档菜品约占到菜品总量的多少？（　　）
A. 30%　　　　　　B. 40%　　　　　　C. 50%　　　　　　D. 60%

2. 在餐饮管理中，（　　）一经确定，餐厅的产品风味、花色品种、技术要求和产品价格就基本确定了。

A. 风格　　　　　　B. 目标顾客　　　　C. 菜单　　　　　　D. 市场

3. 特定菜单是在零点菜单的基础上，为（　　）设计的补充式菜单。

A. 特定节日　　　　B. 特定原料　　　　C. 特定主题　　　　D. 特定客人

4. 按用餐与定价方式分类，菜单可分为零点菜单、套餐菜单、宴会菜单和下列哪项？（　　）

A. 即时菜单　　　　B. 团体菜单　　　　C. 客房菜单　　　　D. 循环菜单

5. 下列叙述中，不属于菜单设计原则的是（　　）。

A. 体现经营风味，树立餐厅形象　　　　B. 花色品种适当，刺激消费需求

C. 创造竞争优势，保证利润目标　　　　D. 紧跟市场潮流，不断推陈出新

（二）多选题

1. 下列描述中，属于套餐菜单的特点是（　　）。

A. 菜点品种较少　　　　B. 成套或按人次定价

C. 根据客人要求设计订制　　　　D. 以团队客人为对象

2. 下列描述中，哪些是在确定菜单菜点花色品种结构比例时要考虑的因素？（　　）

A. 不同类型的菜点结构　　　　B. 不同营养成分的菜点结构

C. 不同价格水平的菜点结构　　　　D. 不同盈利能力的菜点结构

3. 下列叙述属于菜单作用的是（　　）。

A. 餐饮市场定位的集中体现　　　　B. 餐饮市场营销的依据

C. 餐厅产品推广的广告　　　　D. 客人消费需求的凭借

4. 下列菜单中，属于即时性菜单的是（　　）。

A. 美食节菜单　　　　B. 宴会菜单

C. 情人节菜单　　　　D. 客房菜单

5. 目标市场的客人需求主要表现在以下几方面：客源档次、客人消费方式、客人用餐目的、（　　）。

A. 客人支付能力　　　　B. 客人饮食习惯

C. 客人宗教信仰　　　　D. 客人性别结构

（三）简答题

1. 菜单与酒单的含义是什么？
2. 菜单与顾客的关系如何影响餐厅效益？
3. 菜单的设计对餐厅本身有什么影响？
4. 简述各类菜单的类型与特点。
5. 简述各类酒单的类型与特点。
6. 简述菜（酒）单的设计依据。

第十四章　酒水销售与服务管理

本章导读

所谓酒水，是含酒精类和非酒精类饮料的统称。酒店是酒水销售与服务的经营场所，酒店在运营过程中，应该以满足顾客需求为核心，为顾客提供种类丰富的酒水产品，通过本章学习，学习者能够了解酒水的分类方法及特点、酒水销售管理原则和酒水服务技巧等。

学习目标

知识目标
1. 掌握酒水与酒精度的概念。
2. 掌握常见酒水的分类方法及国际饮酒礼仪。
3. 掌握不同类别的酒水特点。
4. 了解酒水销售原则。

能力目标
1. 掌握葡萄酒种类及侍酒服务。
2. 掌握蒸馏酒种类及服务。
3. 掌握咖啡的种类及特点。

第一节　酒水的分类方法

一、酒水和酒精度的含义

（一）酒水的含义

酒水（Beverage）是酒类和软饮类的统称，可指酒、水、饮料等液态可直接入口的饮品。酒水也可以按酒精类与非酒精类来区分，其中酒精类的饮品主要化学成分为乙醇，酒精类饮品是以粮食和水果为主要原料经过发酵等工艺酿造而成的，我国是最早酿酒的国家之一，早在 2000 年前就发明了酿酒技术，并不断改进和完善。如今，我国已经可以生产各种浓度、各种香型及类型的酒精类饮料。非酒精类饮品包括茶、咖啡、果汁、碳酸饮料和各式水类饮品等。通常酒店在销售非酒精类饮品时分为两大类：热饮和冷饮。

（二）酒精度的含义

酒精的化学式为 C_2H_5OH。酒精的度数，表示酒中乙醇的体积与酒体积的比化为的百分数，以 V/V 作为酒精度的单位。例如，7%（V/V），其意思是 100 单位体积的酒中含有 7 单位体积的乙醇，也表示 100 升酒中含有 7 升的乙醇。

酒精度的测量分为三种类型：标准酒精度、英制酒精度和美制酒精度。标准酒精度（Alcohol% by volume）是法国著名化学家盖·吕萨克（Gay-Lussac）发明的。它是指在 20℃条件下，每 100 毫升酒液中含有多少毫升的酒精。这种表示法比较容易理解，因而使用较为广泛。标准酒精度又称为盖·吕萨克酒精度，通常用百分比表示此法，或用缩写 GL 表示。英制酒精度（Degrees of proof UK）是 18 世纪由英国人克拉克（Clark）创造的一种酒精度计算方法。美制酒精度（Degrees of proof US）用酒精纯度（Proof）表示，一个酒精纯度相当于 0.5% 的酒精含量。

二、酒水的分类方法

（一）酒精类饮品的分类方法

酒精类饮品的种类划分多种多样，其可以通过制作工艺、酒精浓度、酒的特色、酒的功能等因素分类。

1. 根据酒精度分类

酒精浓度划分	基本特点及案例
低度酒	低度酒精类饮品通常指酒精度在 15 度以下，包括 15 度的饮品。根据酒的生产工艺，酒来源于原料中的与酵母的化学反应。发酵酒的酒精度，通常不会超过 15 度。当发酵的酒精度达到 15 度时，酒中的酵母全部被乙醇杀死。因此，低度酒主要是指发酵酒。例如，葡萄酒的酒精度约是 12 度，啤酒的酒精度约是 4.5 度。
中度酒	中度酒精类饮品通常指酒精度为 16~37 度的饮品。这种酒常由利口酒、鸡尾酒和餐前酒等组成。例如，百利甜酒酒精含量 17 度，茴香酒酒精含量 25 度左右，咖啡酒酒精含量 31.5 度左右等。

续表

酒精浓度划分	基本特点及案例
高度酒	高度酒又称为烈性酒，是指酒精度高于38度的蒸馏酒，包括38度。根据调查，不同国家和地区对酒的酒精度有不同的认识。例如，白酒、威士忌、朗姆酒、金酒、龙舌兰酒、伏特加酒等均属于烈性酒。

2. 根据酒体颜色分类

颜色划分	基本特点及案例
透明无色	透明无色酒通常酒精浓度较高。例如，中国白酒、俄罗斯伏特加等。
色酒	所谓色酒是指带有颜色的酒精类饮品。例如，利口酒、开胃酒等。

3. 根据酿酒原料分类

酿酒原料	基本特点及案例
粮食	通常以谷物为原料，经过发酵或蒸馏酿制成的酒精类饮品。例如，啤酒、白酒、威士忌、米酒等。
植物	通常以植物为原料，通过复杂酿制工艺而制成的酒精类饮品。例如，龙舌兰酒、咖啡利口酒等。
水果	通常以水果为原料，经过复杂配置工艺而制成的酒精类饮品。例如，葡萄酒、梅子酒、樱桃酒、水果类啤酒（苹果、梨）等。

4. 根据生产或配制工艺分类

生产工艺类型	基本特点及案例
发酵酒	发酵酒（Fermented Alcoholic Drink）又称酿造酒、原汁酒，是借着酵母作用，把含淀粉和糖质原料的物质进行发酵，产生酒精成分而形成酒。其生产过程包括糖化、发酵、过滤、杀菌等。典型发酵酒有葡萄酒、啤酒、黄酒、清酒等。
蒸馏酒	蒸馏酒是乙醇浓度高于原发酵产物的各种酒精饮料。其制作过程为先经过酿造，后进行蒸馏后冷却，最终得到高度数的酒精溶液饮品。典型蒸馏酒有白兰地、威士忌、朗姆酒和中国的白酒等，大多蒸馏酒是度数较高的烈性酒。
配制酒	配制酒是一种混合的酒精类饮料，配制酒是一个比较复杂的酒品系列，它的诞生晚于其他单一酒品，但发展却是很快的。配制酒主要有两种配制工艺，一种是在酒和酒之间进行勾兑配制，另一种是以酒与非酒精物质（包括液体、固体和气体）进行勾调配制。典型配制酒有百利甜酒、茴香酒、橙味利口酒等。
鸡尾酒	鸡尾酒是一种混合酒精类饮品，是由两种或两种以上的酒或饮料、果汁、汽水混合而成，有一定的营养价值和欣赏价值。鸡尾酒通常以朗姆酒、金酒、龙舌兰、伏特加、威士忌、白兰地等烈酒或葡萄酒作为基酒，再配以果汁、蛋清、苦精、牛奶、咖啡、糖等其他辅助材料，加以搅拌或摇和而成的一种混合饮品，最后还可用柠檬片、水果和薄荷叶作为装饰物。典型鸡尾酒有龙舌兰日出、大都会、玛格丽特、新加坡司令、血腥玛丽等。

5. 根据餐酒搭配分类

配餐酒类型	基本特点及案例
餐前酒	餐前酒又称开胃酒，即可以刺激食欲的酒都可以称为餐前酒或开胃酒。餐前酒的基本特性是可以刺激食欲，还能提供滋养、健胃等功效。典型的餐前酒有味美思、苦艾酒、茴香酒等。
餐酒	餐酒通常指在就餐过程中与菜品搭配的葡萄酒。随餐搭配的葡萄酒可分为白葡萄酒、红葡萄酒、粉红葡萄酒和香槟等。
甜品酒	甜品酒通常是搭配甜品饮用的，它也是葡萄酒的一种，因具有甜味又称为甜品酒。甜品酒的生产制造过程通常是在葡萄酒发酵过程中，把酒精加进去，则发酵不再继续，而糖分仍留酒中，保持葡萄酒的甜味，酒精成分则提高至 19% 或以上。典型的甜品酒有匈牙利托卡伊甜葡萄酒、德国莱茵高甜葡萄酒、法国波尔多苏玳甜葡萄酒等。
餐后酒	餐后酒通常在正餐与甜点之后享用，餐后酒分冷、热和常温三类，大多数餐后酒以冷或常温餐后酒为主，如利口酒、奶酒、薄荷酒、君度酒等。而热餐后酒通常与咖啡勾兑而成，如爱尔兰咖啡（威士忌与咖啡混合）、百利甜咖啡（百利甜酒与咖啡混合）等。餐后酒的类型还有很多，如香蕉酒、杏仁酒、陈皮酒、咖啡甘露酒都是较常见的餐后酒。除此以外意大利的加里安诺被称为是融入了浪漫与英雄主义的配制酒，也属餐后酒。

6. 根据酒产地分类

产地	类型
中国	产地为中国的酒精类饮品众多，如茅台、五粮液、汾酒、竹叶青、泸州老窖、古井贡酒等。
法国	产地为法国的酒精类饮品，有法国葡萄酒、香槟、茴香酒、苦艾酒、橙味利口酒等。
意大利	产地为意大利的酒精类产品，有意大利葡萄酒、咖啡利口酒、水果利口酒等。
西班牙	产地为西班牙的酒精类产品，有西班牙葡萄酒、西班牙雪莉酒等。
爱尔兰	产地为爱尔兰的酒精类产品，有爱尔兰黑啤、爱尔兰威士忌、爱尔兰配制酒等。
葡萄牙	产地为葡萄牙的酒精类产品，有葡萄牙葡萄酒、葡萄牙波特酒等。

（二）非酒精类饮品的分类方法

1. 水的类型分类

水的类型	基本特点及案例
饮用纯净水	饮用纯净水是指自来水深度处理后彻底去除了污染物，改善了感官指标，同时也基本去除了人体必需的微量元素和矿物质，可直接饮用的水。例如，酒店一般会在厨房或酒吧专门建立纯净水龙头，通过对自来水的过滤，从这些水龙头流出的水是可以直接饮用的。
矿泉水	矿泉水是从地下深处自然涌出的或者是经人工揭露的、未受污染的地下矿水；含有一定量的矿物盐、微量元素或二氧化碳气体；在通常情况下，其化学成分、流量、水温等动态在天然波动范围内相对稳定。矿泉水是在地层深部循环形成的，含有国家标准规定的矿物质及限定指标。例如，法国依云矿泉水、挪威芙丝微量矿泉水、斐泉矿泉水等。

续表

水的类型	基本特点及案例
天然起泡矿泉水	天然起泡矿泉水是指来自泉水深处的天然水源,它的气泡是永冻层的冰块在外力挤压下天然形成的,含微量的天然矿物质。例如,意大利圣培露起泡矿泉水、法国巴黎起泡矿泉水、法国博多起泡矿泉水等。
苏打水	传统苏打水是含有碳酸氢钠的水溶液,不添加甜味剂。

2. 碳酸类饮料类型分类

碳酸饮料类型	基本特点及案例
可乐	可乐,是指有甜味、含咖啡因但不含酒精的碳酸饮料。可乐主要口味包括香草、肉桂、柠檬香味等。名称来自可乐早期的材料之一:可乐果提取物,最知名的可乐品牌有可口可乐和百事可乐。如今,随着健康饮食的概念引入千家万户,碳酸饮料公司研发了多类无糖型饮料。
雪碧	雪碧主要包括:水、果葡萄浆、白砂糖、食品添加剂(二氧化碳、柠檬酸、柠檬酸钠、苯甲酸钠)、食用香精。
七喜	七喜(英文原名7-Up)是 Dr. Pepper/Seven Up 公司的柠檬汽水品牌,从1987年开始生产瓶装产品。在美国境外,七喜是百事公司的注册商标。
芬达	芬达(Fanta),是1955年可口可乐公司在意大利推出的一款橙味汽水。芬达目前拥有橙、苹果、葡萄、青柠、杜果、水蜜桃、菠萝、西瓜八种口味。
汤力水	汤力水又称奎宁水,是由苏打水、糖、水果提取物以及奎宁调配而成的液体。亦称通宁水(英语:tonic water,又称印度通宁水,汤力水)是一种汽水类的软性气泡饮料,使用以奎宁(Quinine,又称为"金鸡纳霜"为主的香料作为调味,带有一种天然的植物性苦味,经常被用来与烈酒调配各种鸡尾酒。
干姜水	干姜水又称姜味汽水,是由苏打水、糖、姜提取物等调配而成的液体。
苦柠檬	苦柠檬又称苦柠檬汽水,是由汤力水、柠檬等调配而成的略带苦味的汽水。

3. 果蔬类饮料类型分类

果蔬饮料类型	基本特点及案例
浓缩类果汁	浓缩果汁是在水果榨成原汁后再采用低温真空浓缩的方法,蒸发掉一部分水分做成的,在配制100%果汁时须在浓缩果汁原料中还原进去果汁在浓缩过程中失去的天然水分等量的水,制成具有原水果果肉的色泽、风味和可溶性固形物含量的制品。
鲜榨果(蔬)汁	鲜榨果(蔬)汁,是以新鲜水果或蔬菜为原料,经过挑选、清洗消毒、漂洗、沥干、整理、机械榨汁而成的不经任何杀菌处理,供就餐顾客饮用的非定型包装饮料。
果蔬混合类	鲜榨特定的水果和蔬菜混合而成的非酒精类饮料。

4. 咖啡、可可与茶饮料类型分类

咖啡、可可与茶饮料类型	基本特点及案例
咖啡	咖啡，是用经过烘焙的咖啡豆制作出来的饮料。
热巧克力	热巧克力（亦可称为热可可/饮用巧克力）是一种饮料，一般是热饮。典型的热巧克力由牛奶、巧克力或者可可粉和糖混合而成。一般热可可不含有可可脂，而热巧克力含有可可脂。热巧克力从新大陆引进欧洲后非常受欢迎。由白巧克力做成的热巧克力，则称为白热巧克力。有的热巧克力在顶部会加生奶油。
茶	茶叶中含有儿茶素、胆甾烯酮、咖啡因、肌醇、叶酸、泛酸等成分，可以增进人体健康。

（三）国际饮酒礼仪

1. 选用正确的酒杯

在国际的各种宴请和用餐中，饮用不同的酒应使用不同的酒杯。酒杯的式样与菜肴的色香味具有同样的效果。使用不同酒杯可以增加餐饮特色的效果，同时在国际交际礼仪中也是表示对他人的尊重。几乎每种酒都有适合的酒杯：啤酒杯、酸酒杯、利口酒杯、鸡尾酒杯、雪利杯等。用错酒杯被认为是不懂饮酒礼仪，从而破坏个人形象。

2. 正确摆放酒杯

通常酒杯摆在台位右上角。根据西餐用餐顺序，先选用酒杯摆在右上角的最下方，后用的酒杯摆在右上角的最上方。为了便于确定位置，通常红酒杯摆在主菜刀的正上方，其他酒杯围绕红酒杯排列。中餐的酒具通常摆放在骨盘的正上方。最左边摆放果汁杯，中间摆放葡萄酒杯，右边摆放中国白酒杯。

3. 手持酒杯的姿势

在正式宴请场合，饮酒时拿杯的姿势非常重要。通常平底杯拿中下部，高杯拿杯颈中上部。持杯时应以手指捏着酒杯柄。千万不要用手把持高脚杯的主体，以免手心温度影响酒的品质。纯饮白兰地酒时要用手掌接触杯子的底部，利用手掌的温度将白兰地酒温热，使酒香挥发出来。饮用红葡萄酒时应用手指轻轻握住杯柄，然后转动杯中的酒液让酒与空气充分接触。

4. 讲究饮酒礼仪

欧美国家把饮酒作为品酒，讲究饮酒礼仪和程序。饮酒礼仪包括使用正确的饮酒器皿和酒杯、在适当的饮酒场合讲究饮酒程序。

5. 讲究饮酒次序

在国际宴请中，饮用两种以上相同的酒，从较低级别酒开始。如果是饮用两种以上的葡萄酒，应从味道淡的酒开始。饮用相同种类的烈性酒，先从年代较近的酒开始，渐至陈年老酒。按照国际惯例和习惯，比较正式的宴请要饮用3~4道酒。每道酒的概念就像上菜一样，先喝餐前酒，吃主菜时饮用正餐酒，吃点心时饮用甜点酒。

6. 斟酒礼仪

为他人倒酒时要谨慎，好的葡萄酒要有沉淀，尤其是红葡萄酒。通常红葡萄酒瓶底都有凹下的部分用来聚集沉淀物。斟酒时不必端起酒杯。按照餐饮礼节，服务员或他人为自己斟酒时，在没有例外的情况下，不可端起酒杯。同时注意将杯子凑近对方是不礼貌的。

第二节　酒水销售原则

酒店酒水销售的环境与酒水销售量和效率有着紧密的联系。因此，销售不同酒水的酒店餐饮场所必须具有各自的环境特点，特别应注意其文化氛围、客人消费需求、客人消费目的等。酒店酒水经营场所不仅应满足顾客的酒水类型需求，还应具备特定的消费环境、适当的价格和个性化的服务方法。

高档酒店的餐饮部通常会设置多样性的餐饮单元。其中包括咖啡厅、大堂酒廊、西餐厅、中餐厅、酒吧、多功能厅、客房酒吧和茶社等。而不同的餐饮单元销售的酒水类产品也有一定的差异化。

一、咖啡厅

酒店咖啡厅通常是一家酒店的全日制餐厅。它为客人供应早、中和晚的自助餐及零点餐食。该餐厅通常以早餐客人和晚餐（活动类）自助客人为核心客人群体，早餐自助就餐的客人通常不会饮酒，晚餐自助餐客人通常只饮用自助餐费包含的品种有限的基础葡萄酒和啤酒。因此该餐厅设置了几款基础款葡萄酒、啤酒、冷和热类的非酒精饮料。

二、大堂酒廊

大堂酒廊顾名思义是以酒水为主的酒店内部餐饮单元，该餐厅主要提供各类型的酒水。酒精类包括烈酒、葡萄酒、鸡尾酒等。非酒精类包括果汁、碳酸类饮料、茶、咖啡等。大堂酒廊的酒水销量非常大，因此酒水的类型也相对丰富，而且营业时间会延续到午夜，大量喜欢饮酒的客人会聚集此地消费。

三、西餐厅

高档酒店中的西餐厅酒水中酒精类饮品以各式葡萄酒为主，开胃酒和甜品酒为辅。因为客人来西餐厅就餐注重餐酒搭配，对就餐期待有高要求。因此葡萄酒的品种及价位有很大跨度，有经济实惠的基础款葡萄酒，也有价格昂贵的稀有葡萄酒。而西餐厅的非酒精类饮品也相当丰富，一般包含不同类型的水、鲜榨果汁、碳酸类饮料、调和类饮料、咖啡和茶等。西餐厅的酒水销售额非常可观。

四、中餐厅

高档酒店中的中餐厅的酒水不仅以中式酒水为主，还提供多种葡萄酒与餐搭配。其中中式酒水包括白酒、黄酒、米酒、啤酒等。葡萄酒的种类虽然没有西餐厅的丰富，但也足够满足客人的需求。中餐厅的非酒精类饮料主要以茶为主，果汁和碳酸类饮料为辅。

五、酒吧

高档酒店的酒吧不仅仅提供其他餐厅可以供给的葡萄酒、烈酒，还可以提供更多洋酒的选择，它包括各类利口酒、开胃酒、鸡尾酒和扎啤。是喜欢酒水的顾客不可错过的好场所。酒吧还提供了种类更全的咖啡饮品和各式软饮。

六、多功能厅

酒店多功能厅是举行各种宴会、酒会、自助晚宴、鸡尾酒会等不同宴会活动的场所。多功能厅通常根据活动主办方的需求，临时设置酒水服务区域。临时酒水服务区域的大小和台形由宴会的档次和规模决定，酒水品种随意性大，通常是活动主办方指定。酒水包括一般类的葡萄酒、啤酒、浓缩及鲜榨果汁、咖啡和茶等。

七、客房酒吧

在高档酒店的客房中会有一个小冰箱，在小冰箱上的开放式柜子中会摆放迷你装的烈酒。例如，伏特加、朗姆酒、金酒、威士忌、白兰地和龙舌兰酒等。在小冰箱中会陈列啤酒、天然起泡矿泉水、矿泉水、碳酸类饮料等。除此之外，客房酒吧中还提供了咖啡和茶袋，通常是免费为客人提供的。而酒精类饮料和迷你冰箱里的酒水均为收费产品。一些高级套房在预订时，顾客也可能会被告知可以无限畅饮迷你吧。

八、茶社

酒店中的茶社是专门经营茶水的场所,通常在酒店中的茶社是外包经营的。

茶社主要经营的酒水类饮品为中国茶叶。茶社经营的茶水虽然价格高,但有一定的品质保证。

第三节 葡萄酒种类特点与服务

一、葡萄酒种类特点

葡萄酒的种类可以分为佐餐葡萄酒、起泡葡萄酒、强化葡萄酒和加味葡萄酒四类。

(一)佐餐葡萄酒

佐餐葡萄酒也被称为静止葡萄酒,它一般包含红葡萄酒、白葡萄酒和桃红葡萄酒三种类型,由天然葡萄发酵而成,酒度在15°以下。在温度20℃的条件下,瓶内气压低于一个大气压的都是无气葡萄酒。

红葡萄酒选用紫皮葡萄连皮和种子一并压榨取汁,经自然发酵酿制而成。由于葡萄皮中的色素进入酒液中,使酒液呈相适应的红色。红葡萄酒一般贮存时间4~10年的,其味道正好。通常都在室温下饮用,15~22℃为最佳饮用温度。

白葡萄酒是用白葡萄去掉皮和种子后,压榨取汁发酵制成的。一般在4~12℃饮用最为合适。它的贮存时间较短,一般2~5年即可饮用,饮用前需降温处理。

桃红葡萄酒在酿造过程中采用了特殊的方法,如用紫葡萄和白葡萄混合榨汁,有的在白葡萄酒中浸入紫葡萄皮,使酒液呈现出玫瑰红色。贮存期较短,一般2~3年即可饮用。饮用温度为7~13℃,即稍微冷却一下饮用。

佐餐葡萄酒的生产国很多,一般分为旧世界和新世界两大区域。旧世界所产的佐餐葡萄酒一般来自于欧洲国家。比如,法国、意大利、德国、西班牙和葡萄牙等。而新世界所产的佐餐葡萄酒一般来自中国、美国、澳大利亚、新西兰、阿根廷、智利、南非和加拿大等。

(二)起泡葡萄酒

起泡葡萄酒分为两类,它们是香槟酒和除法国香槟产区所生产的起泡葡萄酒。香槟酒是法国香槟地区生产的起泡葡萄酒,其制作工艺讲究,酒味独特。法国政府以法律形式规定,只有在香槟地区生产的气酒才可称为香槟酒,其他地区生产的只能称为起泡葡萄酒。香槟酒是用去皮和种子的紫葡萄和白葡萄酿制而成的,由于葡萄汁在发酵过程中产生大量的气体,酒液中的二氧化碳气体是天然形成的,所以独具一格。饮用温度以4~8℃为宜。酿造香槟酒一般需要3年时间,以6~8年的陈酿最受人欢迎。香槟酒一般以生产者命名,较著名的有:酩悦香槟(Moet & Chandon)、堡林爵香槟(Bollinger)、巴黎之花(Perrier Jouet)、唐佩里侬香槟(Dom Perignon)等。

(三)强化葡萄酒

强化葡萄酒是指在葡萄酒生产过程中加入少量白兰地,而终止其发酵的酒精浓度较高(17°~21°)的一种葡萄酒。强化葡萄酒的典型代表包括葡萄牙的波特酒、西班牙的雪利酒等。

(四)加香葡萄酒

加香葡萄酒也被称为加味葡萄酒。它是以不同的工艺方法,在葡萄酒中添加少量可食用香味物质混合而成,具有特殊风味的芳香。加香葡萄酒色泽浅时为淡黄,深时至棕红。由于所加的主要香味物不同,有苦味型、果香型、花香型和芳香型。加香葡萄酒的品种虽多,但一般以"苦艾酒"即"味美思"为代表。

二、葡萄酒侍酒服务

(一)葡萄酒侍酒服务前准备工作步骤

步骤	红葡萄酒	白葡萄酒	香槟及起泡葡萄酒
第一步	准备全新干净平整的白色口布一条,红酒篮一个,醒酒器一个,酒刀一把,小碟子一个,餐巾纸多张。	准备全新干净平整的白色口布一条,冰桶一个,冰桶架一个,酒刀一把,小碟子一个,餐巾纸多张。	准备全新干净平整的白色口布一条,冰桶一个,冰桶架一个,酒刀一把,小碟子一个,餐巾纸多张。
第二步	银托盘一个,用白色口布铺好。酒杯若干。(视人数定)	银托盘一个,用白色口布铺好。酒杯若干。(视人数定)	银托盘一个,用白色口布铺好。酒杯若干。(视人数定)
第三步	酒放入酒篮内,酒标向上,口布叠好搭在瓶身上。	酒放入盛好冰的冰桶内,酒标向上,口布叠好搭在瓶身上。	确保酒在服务前是静置状态,然后将酒放入盛好冰的冰桶内,酒标向上,口布叠好搭在瓶身上。

（二）葡萄酒的为客展示服务步骤

步骤	红葡萄酒	白葡萄酒	香槟及起泡葡萄酒
第一步	让客人确认酒的品牌、等级。	让客人确认酒的品牌、等级。	让客人确认酒的品牌、等级。
第二步	客人表示认可后，需要对客人进行询问是否开酒。	客人表示认可后，需要对客人进行询问是否开酒。	客人表示认可后，需要对客人进行询问是否开酒。
第三步	客人对酒认可后，将酒放回台面上，准备开酒。	客人对酒认可后，将酒放回冰桶中，准备开酒。	客人对酒认可后，将酒放回冰桶中，准备开酒。

（三）葡萄酒的开酒服务步骤

步骤	红葡萄酒	白葡萄酒	香槟及起泡葡萄酒
第一步	开酒时左手扶住瓶颈，右手用酒刀割开铅封，并用口布擦拭瓶口。	开酒时左手扶住在冰桶中酒的瓶颈，右手用酒刀割开铅封，并用口布擦拭瓶口。	开酒时，确保酒在冰桶中放置的角度与冰桶底部为45%。左手扶住在冰桶中酒的瓶颈，右手拧开并取下木塞上的铁丝，然后按住橡木塞。
第二步	将酒钻垂直钻入酒塞，注意钻入时不能转动瓶身。待酒钻完全钻入酒塞后，轻轻缓慢拔出酒塞，拔出时不应有声音，不能带出酒液。	将酒钻垂直钻入酒塞，注意钻入时不能转动瓶身。待酒钻完全钻入酒塞后，轻轻缓慢拔出酒塞，拔出时不应有声音，不能带出酒液。	轻轻缓慢拔出酒塞，拔出时不应有声音，不能带出酒液。
第三步	将酒塞从酒钻上取下，放置于小蝶中（垫餐巾纸一张），放在点酒人酒杯右侧，供客人鉴别。	将酒塞从酒钻上取下，放置于小蝶中（垫餐巾纸一张），放在点酒人酒杯右侧，供客人鉴别。	将酒塞从酒钻上取下，放置于小蝶中（垫餐巾纸一张），放在点酒人酒杯右侧，供客人鉴别。

（四）葡萄酒的斟酒服务步骤

步骤	红葡萄酒	白葡萄酒	香槟及起泡葡萄酒
第一步	先询问客人是否需要醒酒。如客人需要，要问清需要醒酒的时间，之后，再为客人提供侍酒服务。如客人表示不需要，则可立即为客人服务。	斟酒前，侍酒师首先向点酒的客人杯中注入大约1oz的酒请客人试酒。	斟酒前，侍酒师首先向点酒的客人杯中注入大约1oz的酒请客人试酒。
第二步	斟酒前，侍酒师首先向点酒的客人杯中注入大约1oz的红酒请客人试酒。	待客人确认后，按人数相应数量的杯中倒入酒水（每杯1/3）。女士优先。	待客人确认后，按人数相应数量的杯中倒入酒水（每杯1/3）。女士优先。

续表

步骤	红葡萄酒	白葡萄酒	香槟及起泡葡萄酒
第三步	待客人确认后，按人数相应数量的杯中倒入酒（每杯1/3）。女士优先。	侍酒过程中，当酒不多时，应及时征求客人的意见，是否需要准备另外一瓶酒。	侍酒过程中，当酒不多时，应及时征求客人的意见，是否需要准备另外一瓶酒。
第四步	侍酒过程中，当酒不多时，应及时征求客人的意见，是否需要准备另外一瓶酒。		

第四节 蒸馏酒种类特点与服务

蒸馏酒的原料一般为甘蔗、甜菜、水果和玉米、高粱、稻米、麦类和马铃薯等富含天然糖分或容易转化为糖和淀粉等的物质。糖和淀粉经酵母发酵后产生酒精，利用酒精的沸点（78.5℃）和水的沸点（100℃）不同，将原发酵液加热至两者沸点之间，就可从中得到酒精成分和香味物质。

在酒店日常运营中常见的蒸馏酒包括中国白酒、白兰地、威士忌、伏特加酒、兰姆酒、龙舌兰酒和金酒等。蒸馏酒由于酒精含量高，杂质少，因此可以在常温下长期保存，一般情况下可放5~10年。即使在开瓶使用后，也可以存放一年以上的时间而不变质。所以在酒店餐饮运营中，蒸馏酒可以散卖、甚至可以经常将蒸馏酒开盖而不必考虑其是否很快变质。蒸馏酒还是鸡尾酒制作中不可缺少的基础酒。

一、中国白酒特点及服务

中国白酒主要集中在贵州仁怀、四川宜宾、四川泸州三角地带。这里有着全球规模最大、质量最优的蒸馏酒产区。中国白酒是以谷物为原料，具有以酯类为主体的复合香味，以曲类、酒母为糖化发酵剂，利用淀粉质（糖质）原料，经蒸煮、糖化、发酵、蒸馏、陈酿和勾兑酿制而成的烈性酒。

酒店运营中，中国白酒通常以整瓶销售，服务前为客人展示包装，经过客人认可后当面拆开包装，开瓶并把酒水斟入分酒器，之后用分酒器为客人斟酒。

二、威士忌酒的特点及服务

威士忌酒通常按产地可分为四大类，它们是爱尔兰威士忌、苏格兰威士忌、美国威士忌和加拿大威士忌。威士忌的酿制工艺过程分为六个步骤：发芽、糖化、发酵、蒸馏、陈年、混配。威士忌的发源国一直受到争议，爱尔兰人确信威士忌的发源地是爱尔兰，而苏格兰人却认为他们才是发源国。无论如何，在如今酒店餐饮运营中威士忌是一款非常受欢迎的蒸馏酒。它的饮用方法非常多，因此在服务威士忌的时候就需要酒店员工丰富的专业知识及技巧。

在服务威士忌的时候，客人会有不同需求。有人认定只有纯饮才能获得单一麦芽威士忌的真谛。因此服务人员应当将威士忌直接倒入酒杯，并将含有酒液的酒杯放在酒垫上并配上酒店标准的酒吧小吃。

而当客人要求威士忌加水的服务时，服务人员应当理解将威士忌加水稀释到20%的酒精度，是最能表现出威士忌所有香气的最佳状态。不过加水的主要目的是降低酒精对嗅觉的过度刺激，然而酒精对嗅觉的刺激度，并非单单取决于酒精浓度。就威士忌而言，同样的酒精浓度，低年份比较高年份有更强的刺激性，因此要达到最佳释放香气的状态，低年份威士忌所需稀释用水的量就会高于高年份威士忌。

当客人要求威士忌加冰的时候，服务人员应该理解客人的这种要求是想要降低酒精刺激，但这种要求同时也会降低酒自身的香气，难以尝出威士忌原有的风味特色。

客人也会要求用威士忌作为基酒，在其中加入汽水，通常是可乐或健怡可乐。服务人员在服务过程中应理解这种服务方式并更好地为客人提供饮品服务。

三、金酒的特点与服务

金酒又称杜松子酒，是世界名酒之一。它起源于荷兰，在英国发扬光大。金酒具有芬芬诱人的香气，无色透明，味道清新爽口。17世纪中叶，荷兰拉艾顿大学教授西尔维斯首创的以大麦、黑麦、谷物为原料，经粉碎、糖化、发酵、蒸馏、调配而成的方法，是制作金酒的传统法。金酒也是鸡尾酒中使用最多的一种酒，有鸡尾酒心脏的美誉。

虽然金酒可以单饮，但在酒店运营中很少有顾客单饮，一般是搭配汤力水一起饮用。而以金酒为基酒的鸡尾酒则数不胜数。例如，金汤力、长岛冰茶、新加坡司令、干马天尼、汤姆柯林、丁香俱乐部等。

四、朗姆酒的特点与服务

朗姆酒是古巴的一种传统酒精类饮品，口感甜润、芬芳馥郁，它无与伦比的口味成为古巴人日常热爱的一种国酒。朗姆酒属于天然产品，是用甘蔗压出来的糖汁，经过发酵、蒸馏而成。根据不同的原料和酿制不同方法，朗姆酒可分为白朗姆、金朗姆、黑朗姆等，含酒精38%~50%。酒液有琥珀色、深褐色，也有无色的。

朗姆酒在酒店中通常搭配可乐为客人提供饮品服务。朗姆酒也是鸡尾酒常用的基酒。例如，自由古巴、莫吉托、椰林飘香、达奇利、飓风等。

五、伏特加酒的特点与服务

伏特加酒是俄罗斯的传统酒精饮品，伏特加酒的主要原料为谷物或马铃薯。它经过蒸馏，制成高达95度的酒精，再用蒸馏水淡化至40~60度，并经过活性炭过滤，使酒质更加晶莹澄澈。它的口感清爽，不甜、不苦、不涩，只有烈焰般的刺激，形成伏特加酒独具一格的特色。因此，在各种调制鸡尾酒的基酒之中，伏特加酒是最具有灵活性、适应性和变通性的一种酒。

伏特加酒在酒店中通常可以搭配雪碧或可乐进行饮用。当然伏特加酒也是鸡尾酒基酒的一种。以伏特加酒为基酒的鸡尾酒有：血腥玛丽、黑俄罗斯、螺丝起子、白俄罗斯、大都会等。

六、白兰地酒的特点与服务

白兰地是以葡萄为原料，经过榨汁、去皮、去核、发酵等程序，得到含酒精较低的葡萄原酒，再将葡萄原酒蒸馏得到无色烈性酒。将得到的烈性酒放入橡木桶储存、陈酿，再进行勾兑以达到理想的颜色、芳香、味道和酒精度，最终得到优质的白兰地。世界上生产白兰地的国家很多，但以法国出品的白兰地最为驰名。而在法国产的白兰地中，尤以干邑地区生产的最为优美，其次为雅文邑（亚曼涅克）地区所产。除了法国白兰地以外，其他盛产葡萄酒的国家，如西班牙、意大利、葡萄牙、美国、秘鲁、德国、南非、希腊等国家，也都有生产一定数量风格各异的白兰地。

酒店客人在点白兰地的时候通常会搭配干姜水一起饮用。当然上等的干邑单饮也是非常好的选择。以白兰地作为基酒的鸡尾酒也非常多。例如，亚历山大、边车、热蛋诺、白兰地姜汁、史汀格等。

七、龙舌兰酒的特点与服务

作为一种植物，龙舌兰要经过12年才能成熟。龙舌兰成熟后酿酒人把龙舌兰外层的叶子砍掉取其中心部位。这种布满刺状的果实，最重可达150磅，果子里充满香甜、黏稠的汁液，然后再把它放入炉中蒸煮，这样是为了让甜汁浓缩，并且把淀粉转换成糖类。经煮过，再送到另一机器挤压成汁发酵，果汁发酵达酒精度80度即开始蒸馏。龙舌兰酒在铜制单式蒸馏中二次蒸馏，未经过木桶成熟的酒，透明无色，味道较呛，称为白龙舌兰酒。另一种金龙舌兰酒，因其淡琥珀色而得名，通常在橡木桶中至少贮存一年，味道与白兰地近似。

客人在酒店的酒吧中为寻求酒精刺激，会纯饮龙舌兰酒配盐与柠檬。龙舌兰酒也是大量鸡尾酒的基酒成分。以龙舌兰酒为基酒的鸡尾酒，如玛格丽特、特其拉日出、地狱龙舌兰、野莓龙舌兰等。

第五节 咖啡种类特点与咖啡文化

一、咖啡的概念

咖啡（Coffee）是以咖啡豆为原料，经过烘焙、研磨或提炼并经水煮或冲泡而成的饮品。咖啡豆是咖啡树的果实。咖啡树属于热带作物，是一种常绿的灌木或小乔木，从栽种到结果实需要 3 年时间，每年结果实 1~3 次。咖啡含有蛋白质 12.6%，脂肪 16%，碳水化合物 46.7%，少量的钙、磷、钠、维生素 B_2 和少量咖啡因（约 1.3%）。咖啡可使人精神振奋，扩张支气管，改善血液循环，并有助于消化。饮用过多的咖啡会导致失眠，容易发怒和心律不齐。

二、咖啡豆的分类

（一）主要分类

咖啡豆主要分为以下三个品种：巴西咖啡（Brazils）、高级柔和咖啡（High Grown Milds）和强壮咖啡（Robustas）。

1. 巴西咖啡（Brazils）

巴西咖啡并不是指在巴西种植采摘处理的咖啡，作为一种商业名词，巴西咖啡是指种植于低海拔地区，批量生产，采用天然烘干方法处理的中低档咖啡。这种咖啡广泛地种植于巴西地区，在东非和太平洋地区也有种植。质量较差的巴西咖啡口味较为粗糙、酸涩，伴有发酵的酸腐味。优质的巴西咖啡口味平衡、气味淡雅。由于巴西咖啡品质较差，所以销售价格较低因而大多数超市销售的罐装咖啡大都采用巴西咖啡混合少量高级柔和咖啡而成。

2. 高级柔和咖啡（High Grown Milds）

高级柔和咖啡与巴西咖啡都来自于阿拉伯咖啡树（Coffea Arabica）。这种咖啡树现在仍然广泛地种植于埃塞俄比亚地区和阿拉伯半岛的也门地区。如同现今世界范围内种植的葡萄品种都来自欧洲的葡萄品种一样，阿拉伯咖啡树是咖啡树的鼻祖，世界其他地方种植的咖啡树都是阿拉伯咖啡树的后裔和亚种。阿拉伯咖啡树耐霜冻能力差，适应高温气候能力差，因此该种咖啡树只适宜种植于雨量充足的热带山地地区。

高级柔和咖啡和巴西咖啡的主要区别在于咖啡树种植的海拔高度与咖啡豆采摘和处理的细致程度。高级柔和咖啡树种植于海拔 600 米以上的山区，通常种植于海拔 1200~1800 米的山区。只有咖啡豆完全成熟后才可以采摘，并且对咖啡豆的烘焙等工艺也要求更为细致认真。

3. 强壮咖啡（Robusta）

强壮咖啡来自原生长于非洲大陆的强壮咖啡树（Coffea Canephora Var Robusta）。强壮咖啡树也被称为专业咖啡树（Coffee Professionals），生长于低海拔地区，抗病虫害能力强。强壮咖啡在外观、口感上类似于以上两种咖啡，但香气和口味略逊于阿拉伯咖啡树出产的咖啡豆。强壮咖啡所含有的咖啡因比阿拉伯咖啡树出产的咖啡豆多 30%~40%。这种咖啡是三种咖啡中质量最差但是产量最高的品种，因此价格较低适应了低端咖啡市场的需要，通常被用来生产速溶咖啡。

（二）具体分类

至今咖啡豆也没有一个统一明确的分类方法，世界上有超过 30 种不同种类的咖啡豆，但是这些咖啡豆种类是根据不同的分类方法进行分类的，同一种咖啡豆可以隶属于几种不同的咖啡豆种类。咖啡豆的主要分类方法包括：按名称分类、按产地商标分类、按等级分类等。

1. 按名称分类

按名称分类咖啡是指按照咖啡的生产地和制造商对咖啡的烘焙工艺来进行分类的分类方法。

（1）按欧洲名称分类

按欧洲名称分类，咖啡可以分为：法国咖啡（French）、意大利咖啡（Italian）、维也纳咖啡（Viennese）和大陆咖啡（Continental）。这种分类方法并不是指咖啡在当地种植生产而是指咖啡烘焙的程度，即咖啡豆从绿色变成浅棕色到深棕色直至黑色的变化程度。例如，意大利咖啡是指将咖啡豆烘焙到深棕色的咖啡，通常颜色深于维也纳咖啡。如果所有烘焙的咖啡豆都来自同一个特定产区例如哥伦比亚地区，那么该咖啡豆可以被称为意大利烘焙哥伦比亚咖啡（Italian-Roast Colombia），如果烘焙的咖啡豆来自不同的产区，那么该咖啡豆只标明意大利咖啡（Italian Coffee）而不能标注咖啡豆的原产地。

（2）按非欧洲名称分类

按非欧洲名称分类，咖啡豆可以分为：苏门答腊咖啡（Sumatra）、肯尼亚咖啡（Kenya）、墨西哥咖啡（Mexican）、哥伦比亚咖啡（Colombia）等。这种分类方法是根据咖啡豆的原产地进行分类的,各种咖啡豆的烘焙程度与方法相近。由于咖啡豆对生长的环境、气候、土壤等要求较高,所以同一地区不同地域出产的咖啡豆品质也千差万别,如牙买加地区出产的咖啡豆中质量等级最高的是蓝山咖啡(Blue Mountain),而同一地区其他区域出产的咖啡豆质量就略逊一筹,所以按非欧洲名称分类的咖啡豆不仅在包装上标注有产地还标注有具体产区和质量等级。例如,肯尼亚AA咖啡(Kenya AA)、巴西波旁桑托斯咖啡(Brazil Bourbon Santos)、苏门答腊曼德林咖啡(Sumatra Mandheling)等。

2. 按产地商标分类

尽管咖啡市场上有众多的咖啡生产商,有数以万计的咖啡品牌和商标,但是由于消费者对某一品牌的咖啡青睐有加,形成了咖啡品牌的忠诚度,因此咖啡还可以按照品牌进行分类。分类的原则包括:许多咖啡品牌和商标来自咖啡产区的州县市,有的品牌以咖啡种植的山区地形命名,其他的品牌是以咖啡种植园附近的重要城市命名,或以咖啡出口运输的港口命名。例如,墨西哥的奥克萨卡咖啡(Oaxaca)是以墨西哥的奥克萨卡省命名的。坦桑尼亚的基里曼雅洛咖啡(Kilimanjaro)是以栽培咖啡的山脉命名的,埃塞俄比亚的阿赫尔咖啡(Harrar)以阿赫尔市命名,巴西的桑托斯咖啡是以当地咖啡主要的出口运输港口桑托斯港命名的。

3. 按等级分类

按等级分类是指按照咖啡种植、采摘、处理工艺和咖啡豆的质量进行分类的咖啡分类方法。咖啡等级是控制咖啡豆质量,保证咖啡公平交易的保证和标准。各个咖啡生产国和产地都有自己独特的咖啡等级制度。例如,肯尼亚地区采用AA、A和B作为等级标准,AA是咖啡的最高等级,质量好于A级和B级咖啡。哥伦比亚地区采用Excelo和Supremo作为咖啡等级标准,Supremo是当地咖啡的最高等级,Excelo由于混有其他等级的咖啡所以等级低于Supremo。

三、咖啡豆的处理过程与咖啡质量

咖啡豆的处理过程如同葡萄酒的酿造过程,涉及农学、化学、园艺学等多方面的科学,是一个烦琐复杂的生产过程。咖啡豆的处理过程需要经历咖啡豆的种植、采摘、干燥、处理、烘焙、研磨、混合和冲泡等过程才能成为我们餐桌上饮用的一杯咖啡。

(一)咖啡豆的采摘

从植物学角度上讲,咖啡豆不是我们传统意义上的豆子,它是相当于我们小拇指尖大小的咖啡树红色果实的两个种子。这种红色的果实被称为咖啡浆果(Coffee Berry),咖啡豆运输和处理之前咖啡豆(或称为咖啡种子)要与咖啡浆果分离,分离过程包括除去三层咖啡浆果果皮和一层咖啡浆果果肉的一系列过程。分离过程直接影响到咖啡最终的气味和口味以及销售价格。

咖啡果实成熟后需要及时采摘，采摘当天需要将咖啡果实的外皮分离，让果肉暴露在空气中。然后将果肉包裹的咖啡豆送入发酵罐中进行发酵，发酵完毕后需要及时清洗除去发酵过的果肉。经过发酵、清洗的咖啡豆就可以进入烘干程序了。

（二）咖啡豆的烘干处理

烘干程序可以分为两种：第一种传统法，即将咖啡豆自然暴露在阳光下利用阳光和空气的热量将咖啡豆烘干。第二种现代法，即挑选优质的咖啡豆采用人工烘干法烘干。采用第二种方法生产的咖啡豆质量优秀，而且咖啡豆带有咖啡果实自然独特的风味。

（三）咖啡豆的烘焙过程

咖啡豆的烘焙是决定优质咖啡最重要的处理环节。烘焙过程决定了成品咖啡的等级、色泽和口感。烘焙过程越长、烘焙稳定性越高，咖啡豆的色泽越深，成品咖啡的口味就越浓烈。

1. 烘焙过程的化学反应

咖啡豆如同我们平时食用的坚果一样富含脂肪、蛋白质、纤维组织和其他多种成分。咖啡之所以具有浓郁的芬芳是由于咖啡豆中含有咖啡油（Coffee oil）物质，这种物质只有通过烘焙干燥咖啡豆才能从咖啡豆中萃取出来。咖啡油的含量是咖啡重量的2%，易溶于水，能够吸收其他气味，而且咖啡油的挥发过程很快，因此只有在咖啡冲泡后的几分钟内饮用咖啡才能有效地感受到咖啡独特诱人的芬香。如果咖啡豆中不含有咖啡油，那么冲泡的咖啡只是一杯深棕色、口感微酸、具有一定咖啡因的饮料，咖啡也就失去了其独特的口味和气味。烘焙的初期，随着烘焙热量的不断升高，咖啡油逐渐挥发到咖啡豆表面形成一层光泽的油膜。烘焙的中期，随着烘焙热量的上升和烘焙时间的增加，咖啡豆内的糖分逐渐焦糖化（Caramelize），咖啡豆的色泽逐渐由淡褐色变成深棕色，咖啡独特的口味也是在烘焙的中期形成的。在烘焙的最后阶段所有的糖分都被焦糖化了，咖啡豆的纤维组织逐渐烘焙成形，生产出深棕色、口味独特的咖啡豆。通过以上烘焙工艺生产的咖啡通常称为深色法国咖啡、意大利咖啡或西班牙咖啡。

深度烘焙咖啡咖啡因含量少于轻度烘焙咖啡，而且酸度较低，口感微甜。一些深度烘焙咖啡苦涩味较重是由于粗糙的烘焙工艺或品质较差的咖啡豆造成的。优质的烘焙咖啡应该具有色泽闪亮的咖啡油膜，颗粒完整，气味芬芳，口感微酸，苦中带甜。

2. 不同烘焙方法与咖啡品质关系

烘焙色泽	烘焙程度与时间	咖啡豆表面状态	常用名称	特点
浅棕色（Light Brown）	浅焙时间短	干燥	浅桂皮咖啡（Light Cinnamon）	酸度较低，谷物香味，通常用于混合低档的咖啡
中等棕色（Medium Brown）	浅焙时间长	干燥	中等美式咖啡（Medium American）或普通棕色咖啡（Regular City Brown）	传统的美式咖啡，气味芬芳，有明显的酸度
中深棕（Medium-Dark Brown）	中焙时间短	表面开始形成咖啡油层	维也纳咖啡（Viennese） 法国浓咖啡（Espresso） 大陆咖啡（Continental） 餐后咖啡（After Dinner）	非传统咖啡，咖啡的酸度、水果花卉的芬芳降低，苦味与甜味混合表现出来，通常称为意式浓咖啡（Italian Style Espresso）
深棕色（Dark Brown）	中焙时间长	咖啡豆表面闪亮	法国浓咖啡（Espresso） 意大利咖啡（Italian） 土耳其深咖啡（Turkish Dark）	酸度消失，苦味与甜味混合明显，通常称为美式浓咖啡（American Style Espresso）
棕黑色（Very Dark Brown）	深焙时间短	咖啡豆表面闪亮	意大利深咖啡（Italian Dark） 法国拿破仑咖啡（French Neapolitan） 西班牙浓咖啡（Spanish Heavy）	口味气味浓郁，苦中带甜，带有轻度的碳焦味
黑色（Black Brown）	深焙时间长	咖啡豆表面闪亮	法国深咖啡（French Dark）	碳焦味明显，其他气味与口味消失

（四）混合过程（Blending）

混合过程是指由于不同地区、不同品种、不同烘焙方式的咖啡豆各具特点，为了满足消费者的需求和维持咖啡品质的稳定性，咖啡生产商将各种咖啡豆混合生产出品质稳定的咖啡。作为基础的咖啡豆用量须在30%以上，并且是混合豆中所占比例最大的。

1. 混合的原则

（1）避免混合气味、口味、口感等相似的咖啡豆，如尽量避免混合肯尼亚咖啡和津巴布韦咖啡。

（2）可以混合哥伦比亚咖啡和任何一种中美洲咖啡得到色泽明亮、清新干爽、酸度适中的咖啡。

（3）可以混合采用干处理法处理的巴西桑托斯咖啡和苏门答腊曼特宁咖啡得到口味饱满厚重、气味浓郁的咖啡。

（4）可以混合采用干处理法的巴西桑托斯咖啡和优质印度咖啡得到口味饱满、甜度适中的咖啡。

(5)可以混合采用干处理法的肯尼亚咖啡和摩卡咖啡得到气味浓郁,具有巧克力和坚果口味的咖啡。

2. 混合的方法

(1)基本混合法

日常混合:10%乞力马扎罗 AA 咖啡豆、30%墨西哥 AL 咖啡豆、30%巴西 NO2-S19 咖啡豆、30%危地马拉 SHB 咖啡豆。

苦味较重的混合:50%巴西 S19、50%哥伦比亚 SUP 咖啡豆 50%。

浓咖啡混合法:80%巴西 Doraionturi 咖啡豆、20%印尼 Karosi 咖啡豆。

(2)其他混合法

摩卡混合法:以最高级的埃塞俄比亚摩卡为主,配以巴西和哥伦比亚咖啡豆。

标准混合法:以巴西咖啡豆为基础、混合了哥伦比亚 SUP 咖啡豆,富于层次感。

(五)研磨过程(Grinding)

研磨过程是指将混合后的咖啡豆采用机器或人工方法研磨成用于冲泡咖啡的咖啡粉末的过程。适当的研磨过程是保证咖啡最终品质的重要环节之一。一方面,咖啡豆研磨得越细腻,冲泡过程中咖啡(小颗粒状)与水接触的程度就越深,咖啡油就挥发得越快,咖啡的口味和气味释放得越快。同时细腻的研磨还避免了咖啡豆中粗糙的、不易溶于水的化学物质的释放,保证咖啡具有浓郁气味和独特的口感。另一方面,咖啡豆研磨得过于细腻(成粉末状),破坏了咖啡油的质地,使得咖啡油在研磨和冲泡过程中迅速挥发,冲泡后的咖啡失去了应有的品质,影响咖啡的质量。

(六)冲泡过程(Brewing)

冲泡过程是咖啡生产的最后过程,也是影响咖啡品质最重要的过程。冲泡使用的设备、水质、冲泡方法都会影响到咖啡的质量。

冲泡优质咖啡的原则:

(1)咖啡豆研磨过程保证不流失咖啡应有的气味和口味,不能将咖啡豆研磨至粉末状,通常只将咖啡豆研磨到中等大小即可。

(2)使用正确重量的咖啡,一杯普通咖啡需要 2 汤匙咖啡,即 5~6 盎司咖啡。

(3)避免使用碳酸钙含量较高的硬水,建议使用软水或瓶装水。

(4)避免使用温水或开水冲泡咖啡,理想冲泡咖啡的水温度应该在华式 200 度,即将开水放置 1~2 分钟后冲泡。

四、咖啡的传说

咖啡的起源至今没有一个准确的考证,据传说在 850 年,阿拉伯地区有一个名叫卡尔迪的牧羊人,一天晚上他放牧的羊群没有按时归来,第二天早上在他寻找羊群时发现羊群围着一些深棕色叶子结有红色果实的灌木在跳舞,他突然意识到是那些果实造成羊群不同寻常的行为。受到好奇心的驱使他品尝了那种果实之后也像羊群那样翩翩起舞。来自当地阿訇(Imam)受到这一事件的启发开始研究红色果实,试图找到他们起舞的原因。其中一个试验就是饮用蒸煮果实的汤汁,结果饮用过汤汁的所有修道士在祈祷期间都精神矍铄、神采奕奕。红色果实(也就是咖啡)所具有的消除疲劳提神的功效从一个修道院传到另一个修道院,直至传到民间。后来咖啡从非洲大陆逐渐传到欧洲并拓展到全世界。

(一)咖啡的起源

欧洲人最早在阿拉伯半岛的南端发现当地人种植咖啡树,所以一直以来他们认为咖啡最早起源于也门地区。但是植物学的研究表明阿拉伯咖啡树最早种植于埃塞俄比亚海拔几千米的高山之上。525 年,埃塞俄比亚入侵南阿拉伯半岛将咖啡树及咖啡文化带到了也门地区。在占领也门地区的 50 年间咖啡文化逐渐在阿拉伯半岛流行开来。

在阿拉伯地区咖啡最早只是作为药品来饮用,当时只有宗教人士时常饮用咖啡。随着咖啡提神的功效不断为人所知,咖啡逐渐为大众所接受。在阿拉伯地区出现了现代意义上的咖啡馆(Coffee House),来自世界各地的旅游者在开罗和麦加饮用咖啡后,对咖啡的口味和神奇作用赞不绝口。阿拉伯人为了控制咖啡贸易,垄断咖啡的种植方法与处理工艺,要求除非将咖啡豆蒸煮过否则不允许将新鲜的咖啡豆带出阿拉伯地区。1650 年左右,来自印度的穆斯林朝圣者 Baba Budan 将新鲜咖啡豆藏于身上带回印度南部,之后咖啡开始在南亚地区种植兴盛起来。

(二)咖啡欧洲之旅

法国、荷兰和葡萄牙的商人对种植咖啡的经济效益十分感兴趣,但是移植到欧洲大陆的咖啡树经受不住欧洲严寒和霜冻的考验纷纷病死,因此荷兰人开始将印度地区种植的咖啡树移植到斯里兰卡地区,后来拓展到爪哇地区(今天的印度尼西亚地区)。欧洲人当时饮用的咖啡主要来自也门地区和爪哇地区,由于运输路途遥远饮用咖啡对于欧洲人来讲还是一种奢侈的享受。法国国王路易十三痴迷于所有的奢侈品包括咖啡,他请求荷兰人帮助他得到一棵咖啡树。荷兰人为了讨好这位国王,从阿拉伯地区的摩卡(Mocha)取得了咖啡树并转运到巴黎。路易十三对这棵咖啡树爱不释手,建造了欧洲第一座温室来培育保护这棵咖啡树。这棵树就是未来欧洲大陆和南北美洲种植的咖啡树的鼻祖。

（三）咖啡加勒比海之旅

1720 年，法国人 Chevalier Gabriel Mathieu de Clieu 将咖啡树苗从欧洲大陆移植到法国在加勒比海的殖民地马提尼克岛（Martinique），当地的气候和地理环境十分适合咖啡树的种植生长，在他的努力下咖啡树在当地茁壮成长。50 年后当地已经有了 18680 棵咖啡树，并且加勒比海的周边地区，如海地、墨西哥等地区也开始大量地种植培育咖啡树。Clieu 被称为咖啡种植英雄，在加勒比地区的咖啡种植园中至今流传着赞颂其对咖啡种植伟大贡献的民谣和诗歌。

（四）咖啡向世界拓展

咖啡树在加勒比地区茁壮成长之际，咖啡树也被引入印度洋的瑞纽因岛（Réunion），后来被称为波旁岛（Bourbon）。此时阿拉伯咖啡树种植方式得到了改良，生产出颗粒较小的咖啡豆，这些咖啡豆就是未来巴西和墨西哥地区种植的咖啡豆的祖先。如今波旁咖啡树仍然是拉丁美洲主要的咖啡树种。1893 年随着殖民主义的发展，欧洲殖民者在埃塞俄比亚地区南部的肯尼亚和坦桑尼亚地区建立了咖啡种植园，咖啡也完成了 6 个世纪以来的全球旅行回到了咖啡的发源地非洲。此时咖啡树的种植已经遍布世界 5 大洲 50 多个国家和地区。

咖啡对人体健康的功效主要依靠咖啡因的作用，咖啡因能够刺激中枢神经，提高人的反应性和警觉性。一杯美式咖啡（American Style）中含有 100~150 毫克的咖啡因，一杯意大利浓咖啡（Expresso）含有 80~120 毫克咖啡因，速溶咖啡中含有 40 毫克咖啡因。而我们平时所饮用的可口可乐，每一听可乐含有 40~60 毫克的咖啡因。正常人每天咖啡因的摄入量应该在 300~500 毫克，是 3~5 杯咖啡。过量摄入咖啡因不仅有害于身体健康甚至导致死亡。长期的研究表明适量饮用咖啡有助于身体健康，咖啡中含有 4 倍于绿茶的防癌抗氧化剂（Cancer Fighting Anti oxidants），可以有效地降低结肠癌 25% 的发病率，25% 气喘的发病率，80% 肝硬化的发病率和 50% 帕金森综合征的发病率。

过量饮用咖啡同样也会对身体健康产生负面影响，最常见的症状被称为"咖啡神经"。咖啡神经包括慢性焦虑症（Chronic Anxiety）、过于兴奋（Restless）、易怒烦躁（Irritable）、失眠（Insomnia）甚至腹泻（Diarrhea）等不良症状。如果一天内饮用的咖啡超过 10 杯，咖啡就会对身体产生毒害作用，如呕吐（Vomit）、发烧（Fever）、发冷（Chill）和思维混乱（Mental Confusion）。特别是孕妇长期过量地饮用咖啡会对未来胎儿的健康造成不良影响，所以孕妇应该在妊娠期间减少咖啡因的摄入量。

五、咖啡的种类

至今咖啡还没有一个较为明确统一的分类标准,通常来讲可以根据咖啡的功效、冲泡工艺来进行分类。

(一)按咖啡的功效分类

1. 绿色咖啡(Organic and Cause Coffee)

绿色咖啡是指由国际或当地政府的绿色农业和食品监督机构监控的咖啡种植园生产的无公害咖啡豆冲泡的咖啡。无公害咖啡豆生产过程中要求不使用任何化学肥料和农药,采用害虫天敌来自然灭虫。这种咖啡豆的产量较小,价格较为昂贵。绿色咖啡由于不使用化肥和农药保留了咖啡豆中的蛋白质和多种氨基酸、维生素,适当饮用有利于身体健康。绿色咖啡的烘焙、冲泡过程与一般的咖啡没有区别。

2. 普通咖啡(Ordinary Coffee)

普通咖啡是指世界各地生产的不同种类、不同口味风格的咖啡经过烘焙、研磨、冲泡等过程生产的咖啡。这种咖啡在种植过程中可以使用化肥和农药,咖啡豆的加工过程中不添加任何香料保留了咖啡原有的口味。例如,蓝山咖啡保留了其独特的芬芳、顺滑、味甜的风味。

3. 香料咖啡(Flavored Coffee)

香料咖啡是指在咖啡豆的加工或咖啡的冲泡过程中加入药草、香料或利口酒等原料来丰富咖啡的口味。早在咖啡刚刚出现时,阿拉伯地区的也门人就在冲泡咖啡的过程中加入不同种类的香料来增添咖啡口味。17世纪时欧洲人第一次将巧克力与咖啡结合生产出今天我国所熟知的摩卡咖啡,之后人们开始在咖啡中加入柠檬、橙子、蒸馏酒和利口酒等生产出特殊口味的咖啡,如将意大利榛子口味的利口酒 Frangelico 加入咖啡中生产出榛子口味的咖啡,在咖啡中加入爱尔兰奶油利口酒生产出爱尔兰奶油口味的咖啡,加入桂皮和杏仁口味的利口酒 Amaretto 生产出杏仁口味的咖啡。直到20世纪70年代,香料咖啡开始风靡全球,主要的口味包括:榛子口味(Hazelnut)、爱尔兰奶油口味(Irish Cremes)、巧克力山莓口味(Chocolate Raspberry)等。

4. 低咖啡因咖啡(Decaffeinated Coffee)

生产低咖啡因咖啡的咖啡豆在加工处理之前至多含有1/14普通咖啡含有的咖啡因含量。由于咖啡因作为一种兴奋剂是没有任何味道的,只是略微增加了咖啡的苦涩感,所以低咖啡因咖啡的口味应该和普通咖啡一样基本没有区别。但是由于除去咖啡因的工艺较为复杂而且技术仍不成熟,所以大多数的低咖啡因咖啡在研磨、烘焙、除去咖啡因的过程中失去了咖啡应有的芬芳和浓郁的口味。为了提高低咖啡因咖啡的质量,生产商将咖啡豆从原产地运输到欧洲和北美地区再由技术先进的加工工厂加工成低咖啡因咖啡，而且通常在研磨过程中加入一定比例的普通咖啡增加低咖啡因咖啡的口味。除去咖啡因的主要方法包括：溶解法（Solvent）、水或木炭过滤法（Water and Charcoal Filter）、二氧化碳法（Carbon Dioxide）。低咖啡因咖啡适合对咖啡因过敏、糖尿病和心血管疾病患者饮用。

（二）按咖啡的冲泡工艺进行分类

1. 过滤咖啡（Filter Coffee）

过滤咖啡是指采用现代过滤咖啡机或古典虹吸壶（如比利时壶）生产的咖啡。过滤咖啡要求使用研磨好的咖啡粉末倒入过滤咖啡机中，利用水的冲刷作用和过滤纸的过滤作用萃取出咖啡粉末中的精华。或者利用虹吸现象将咖啡豆粉末浸泡在水中经过过滤网处理进行萃取。过滤法冲泡的咖啡除去了咖啡豆中的杂质，保证了咖啡顺滑柔和的口感，但是在过滤过程中由于水压较小、冲泡时间较短不能完全萃取出咖啡独特的气味和口味，并且由于水和咖啡的比例较大（5:1左右），所以过滤咖啡的口感质量较差，失去了部分咖啡应该具有的气味和口味。过滤咖啡是咖啡厅或西餐厅中常销售的咖啡，但是由于质量较差，生产工艺简单，所以价格也相对较低。

2. 意大利浓咖啡（Espresso）

（1）意大利浓咖啡的概述

意大利浓咖啡是指将烘焙至中等褐色的咖啡豆经过研磨、压实，使用高压热水冲泡的浓缩型咖啡。意大利浓咖啡咖啡与水的比例在 1:1.25~1:1.5。如果是美式的意大利浓咖啡（Americano）两者的比例在 1:2 左右。意大利浓咖啡不同于过滤咖啡，过滤咖啡通常使用已经研磨包装好的咖啡粉末直接冲泡，而意大利浓咖啡的冲泡对设备的要求相当高，冲泡过程需要经历研磨、压实、高压冲泡等过程。如果制作其他以意大利浓咖啡为基础的咖啡如卡布基诺（Cappuccino），还需要制作发泡牛奶等辅助原料。一杯优质的意大利浓咖啡要求使用新鲜咖啡豆，现做现磨，使用 85~97℃ 的热水一次性高压冲泡而成。意大利浓咖啡香味浓郁、色泽深褐色，表面漂浮一层棕褐色的油脂，口感苦中带甜。

（2）意大利浓咖啡历史

使用蒸汽压力冲泡咖啡的方法出现于 1821—1824 年的欧洲。1843 年 Edward Loysel de Santais 发明了大型意大利浓咖啡冲泡机并于 1855 年巴黎世界博览会面世，当时这台机器可以在一小时内冲泡 2000 杯咖啡。但是当时这种咖啡机使用的只是热水冲泡而不是现在通常使用的压缩蒸汽，而且必须先将咖啡注入一个大罐中而不能直接注入咖啡杯中。20 世纪初意大利人 Milanese Luigi Bezzera 改进了该咖啡机的工作原理，使用压缩蒸汽来冲泡咖啡，而且咖啡机可以一次同时生产出许多杯意大利浓咖啡。1848 年 Achille Gaggia 重新改进咖啡机的结构设计，形成现代意大利浓咖啡机的雏形，并标准化了咖啡的冲泡过程，如要求采用 10 个步骤来冲泡咖啡，压缩蒸汽的压力必须达到 9 个大气压以上等。

（3）与意大利浓咖啡相关的咖啡

如今在餐厅、酒店、咖啡厅销售的咖啡基本上是以意大利浓咖啡为基础发展起来的，主要类型包括：

卡布奇诺（Cappuccino）——由 1/3 意大利浓咖啡，1/3 热牛奶，1/3 牛奶泡依次叠放构成。

摩卡（Mochaccino）——由巧克力糖浆、意大利浓咖啡、热牛奶混合而成。

拿铁（Coffee au lait）——由意大利浓咖啡和热牛奶构成。

3. 速溶咖啡（Instant Coffee）

速溶咖啡是家庭和餐厅经常饮用的咖啡。速溶咖啡一般使用巴西咖啡作为原料，经过烘焙研磨等工序生产出直接冲泡饮用的咖啡。速溶咖啡一般呈颗粒状、浅褐色，味道香醇。

六、咖啡的质量特征

（一）酸度（Acidity）

咖啡酸度是指饮用咖啡后在口中上下腭以及舌边留有的干涩感觉，这种感觉通常是指辛辣、生涩并伴有一丝甜意的口感。咖啡酸度不同于醋酸和柠檬酸，是指咖啡中令人不悦的生涩刺激感。不同品种的咖啡其酸度特征也不同，哥斯达黎加咖啡的酸度强烈明显，肯尼亚咖啡的酸度饱满如同红葡萄酒或浆果，苏门答腊咖啡的酸度浓重。咖啡酸度直接影响咖啡的口感、芬芳等质量特征，酸度强烈明显的哥斯达黎加咖啡口感干涩，而酸度饱满的肯尼亚咖啡口感微甜，强壮咖啡（Robusta）通常没有较为明显的酸度，因此口感平而淡雅。

（二）质地（Body）

咖啡质地是指咖啡在口中形成的厚重、饱满的层次感。通常咖啡的质地可以描述为油脂感（Oily）、黄油感（Buttery）、轻薄感（Thin）等。咖啡质地影响咖啡的品质特征。哥斯达黎加咖啡质地最为饱满、口感醇厚，肯尼亚咖啡质地轻薄、口感淡雅。一些特殊的咖啡品种具有与众不同的质地，如苏门答腊咖啡具有明显的油脂感。

(三)芬芳(Aroma)

咖啡芬芳是与咖啡的酸度与味道密不可分的。酸度较高的咖啡会产生浓郁的酸味,而质地饱满的咖啡具有浓郁的芬芳。咖啡的芬芳与咖啡豆品种、地域、烘焙工艺等密切相关。例如,中度烘焙的中美洲咖啡如哥斯达黎加咖啡具有浓郁的香草(Vanilla)和浆果的芬芳,苏门答腊咖啡具有烟熏(Smoky)、刺激性(Pungent)和香料(Spice)的芬芳。

(四)味道(Flavor)

咖啡的味道是指饮用咖啡时除了我们以上提到的酸度、芬芳和质地以外的其他所有咖啡质量特征。咖啡的味道是咖啡最为直观的品质特征,香甜、苦涩等味道是饮用咖啡时最明显的感觉。咖啡味道可以采用以下四个标准进行衡量描述:

(1)厚重(Richness)厚重不仅指咖啡的质地也用于形容咖啡的口味。厚重是指咖啡具有的令人愉悦欢快满足的饱满感。

(2)范围(Range)范围是指味道的浓郁程度,是酸度、芬芳和质地在口味特征上的分布状况。如果咖啡的酸度、芬芳、质地对比性较强,那么咖啡的味道范围就较广,反之范围较窄。例如,肯尼亚咖啡酸度中等、芬芳明显、质地较为饱满,因此肯尼亚咖啡味道范围较广。苏门答腊咖啡酸度较高、芬芳淡雅、质地平淡,因此苏门答腊咖啡味道范围较窄。

(3)复杂性(Complexity)复杂性是指咖啡酸度、芬芳、质地甚至是回味在饮用过程中的依次表现。例如,肯尼亚咖啡的酸度、芬芳、质地等品质特征在饮用过程中的不同时间表现出来,因此肯尼亚咖啡味道较为复杂。

(4)平衡性(Balance)平衡性是相对复杂性而言的,是指咖啡的酸度、芬芳、质地等各个品质特征较为均匀地释放表现出来,同时某一项品质特征又较为突出能够展现出该品种咖啡与众不同的特质。平衡性与复杂性相辅相成,平衡性不能掩盖咖啡的复杂性,否则不能表现出该品种咖啡的质量特征。同样复杂性也不能过于突出,否则会掩盖该品种咖啡的均匀稳定的质量特征。哥斯达黎加咖啡的平衡性最佳,肯尼亚咖啡次之,苏门答腊咖啡刺激的气味和较为粗糙的质地破坏了咖啡应该具有的平衡的味道,因此其平衡性最差。

(五)回味(Finish)

咖啡回味是指饮用咖啡后在口中残留的咖啡气味和口感。咖啡的回味如同葡萄酒的回味一样是咖啡品质特征中重要的特征之一,优质咖啡回味时间较长,具有令人愉悦的口感,质量较差的咖啡回味时间短,平淡无奇。同样咖啡的回味与咖啡豆品种、地域、烘焙工艺等密切相关。苏门答腊咖啡尽管酸度较高但是其回味带有柔和的可可、巧克力口感，而肯尼亚咖啡的回味香甜，具有浓郁的水果芬芳。

七、咖啡的主要产区

咖啡原产于北非和中东的阿拉伯地区，由于咖啡树对种植环境、气候、土壤、水分的要求较高，所以通常只有在热带多雨的山脉地区才出产优质的咖啡。咖啡的产地遍及5大洲的热带多雨山地地区，主要产区包括：

（一）美洲——包括南美洲、中北美洲及加勒比海地区

美洲的咖啡种植区沿北美的落基山和南美的安第斯山从墨西哥南部通过中美洲延伸到南美洲的哥伦比亚、玻利维亚和秘鲁地区，还包括加勒比海和巴西的高原山脉地区。中美洲和哥伦比亚地区的咖啡豆色泽较暗、酸度高、颗粒饱满、纯度高。加勒比海地区的咖啡包括著名的牙买加蓝山咖啡，颗粒饱满、口味醇厚、酸度较低。尼加拉瓜咖啡颗粒较大具有肉质感（Meaty），而秘鲁地区出产的咖啡具有独特的香甜口感。

1. 墨西哥咖啡（Mexico）

墨西哥咖啡主要出产自墨西哥南部。咖啡的产区沿落基山脉向东延伸，瓦尔克鲁兹州（Veracruz State）出产的 Altura Coatepec 咖啡是当地最好的咖啡之一。靠近危地马拉边界的奇阿帕斯州（Chiapas State）尽管咖啡的产量较低但是这里出产的咖啡代表墨西哥最好的咖啡。这种咖啡口感柔和淡雅，具有独特的干爽、微酸的口感，犹如饮用一杯干白葡萄酒。

2. 牙买加咖啡（Jamaica）

牙买加的蓝山地区具有独特的非常适宜咖啡生长的地形和气候。该地区海拔在1800米左右，咖啡种植园常年雾气缭绕。雾气遮蔽了部分阳光减缓了咖啡生长的速度，因此蓝山咖啡的果实更为饱满。蓝山咖啡是世界上品质最好、价格最为昂贵的咖啡品种。早在19世纪初时牙买加咖啡就受到了咖啡品尝家的重视，当时牙买加地区引领着世界咖啡种植发展的方向。"二战"之后，英国政府为了保证蓝山咖啡的品质，对咖啡的种植、烘焙、研磨等工艺进行严格的控制，获得独立后的牙买加政府仍然沿用这一政策，要求咖啡生产商必须根据政府的规定，在政府指定的加工厂对咖啡豆进行干燥、研磨、清洁和等级划分。蓝山咖啡口感饱满厚重、口味柔和、酸度低。

3. 哥伦比亚咖啡（Colombia）

哥伦比亚是世界上除巴西以外的第二大咖啡生产国，其产量占世界总产量的12%，而且在被评为世界最严格、最优秀的哥伦比亚联邦咖啡种植协会监督和控制下，在哥伦比亚只有高海拔的小种植园才能生产优质的咖啡。哥伦比亚咖啡一般有三个等级：

Supremo、Extra 和 Excelso。Supremo 是最高等级，Extra 次之。Excelso 是 Supremo 和 Extra 的混合产品，通常为第三等级。

然而在咖啡市场上通常以哥伦比亚咖啡的种植产区来识别和鉴别咖啡的品质和等级。优质咖啡的种植产区分布在哥伦比亚南部包括 Narino、Cauca 和 Huila 等省份。哥伦比亚咖啡质量稳定，各个产区出产的咖啡在品质和等级方面差别不大。典型的哥伦比亚咖啡口感适中、酸度适中，具有淡雅的水果口味。

4. 巴西咖啡（Brazil）

巴西不仅是世界上最大的咖啡生产国，而且巴西咖啡的生产也是世界上最为复杂的。巴西既生产价格便宜用于生产速溶咖啡的咖啡豆，又出产等级品质优秀的用于生产意大利浓咖啡（Espresso）的咖啡豆。巴西有多达 4 种的咖啡豆采摘处理工艺，并且同一生产商可能同时使用 4 种工艺处理咖啡豆。相对于中美洲和哥伦比亚地区，巴西咖啡种植的海拔较低，在 600~1200 米。低海拔种植令巴西咖啡酸度较低、口味圆润微甜、口感柔和细腻。巴西最为传统的咖啡品种是桑托斯咖啡（Santos），该咖啡产自阿拉伯咖啡树的南美亚种——波旁咖啡树（Bourbon），该咖啡是巴西品质最为优秀的咖啡品种。

巴西主要有三个咖啡产区——Mogiana、Sul Minas、Cerrado。

Mogiana 是巴西最古老的咖啡产区，坐落于圣保罗（Sao Paulo）和米纳斯杰瑞斯（Minas Gerais）的边界。该地区生产的咖啡色泽深褐色、口感饱满圆润、口味甜度适中。

Sul Minas 坐落于米纳斯杰瑞斯州南部的褶皱山脉地区，是巴西咖啡的中心产区，包括 Ipanema 和 Monte Alegre 两个重要种植园。

位于圣保罗（Sao Paulo）和巴西利亚（Brasilia）之间的 Cerrado 是巴西新兴的咖啡产区，当地气候干爽适宜咖啡豆的干燥，是巴西未来最有发展的咖啡产区。

（二）非洲和阿拉伯地区

世界上最优质咖啡主要出产于非洲和阿拉伯地区。该地区位于南北回归线之间，从阿拉伯半岛的也门延伸到非洲南部的津巴布韦地区，贯穿了埃塞俄比亚、肯尼亚、坦桑尼亚、津巴布韦等地区。该地区出产的咖啡口感独特，具有浓郁的花卉或水果口味和芬芳，如埃塞俄比亚咖啡具有香水般独特的芬芳，肯尼亚咖啡酸度较高，具有浆果的香气。该地区咖啡来自世界上最古老、最传统的咖啡品种埃塞俄比亚咖啡和也门咖啡，17世纪时这些品种受到了威尼斯和维也纳商人的喜爱，并开始在欧洲流行，今天在欧洲只有高级酒店和餐厅才销售这些种类的咖啡。

1. 也门（Yeman）

也门地区最著名的咖啡就是摩卡咖啡，但是至今在咖啡界关于摩卡咖啡（Mocha，Moka，Moca，Mocca）定义仍然存在争议。最初摩卡咖啡种植于也门南部的山区，并经由摩卡港口运输销售到世界各地。因此由于历史的原因摩卡咖啡就被定义为也门咖啡或者是阿拉伯咖啡。之所以摩卡咖啡的定义存在争议是因为在东非的埃塞俄比亚地区也出产一种品质类似于摩卡咖啡的咖啡,并且这种咖啡假借摩卡咖啡的名声远销世界各地,所以如今很多人认为埃塞俄比亚出产的咖啡才是摩卡咖啡。

另一种关于摩卡咖啡的误解是由于摩卡咖啡豆天然的巧克力芬芳和口味让很多人误以为将热巧克力与任何咖啡(包括速溶咖啡)混合后就成为摩卡咖啡。所以,今天摩卡咖啡的定义更为复杂多样,摩卡咖啡可以是也门咖啡的名称,也可以是埃塞俄比亚咖啡,同时也被认为是一种由热巧克力和咖啡组合的咖啡饮料。

也门咖啡至今仍保留着传统的咖啡处理工艺,采用天然方法干燥咖啡豆,使用石磨为咖啡豆去壳。

市场上销售也门咖啡主要有以下品牌:

Mattari 是出产自 Bani mattar 高海拔地区的咖啡品种,是也门地区最著名的咖啡品种。Mattari 咖啡酸度很高、口感复杂、气味芬芳。

Hirazi 产自 Sana 地区的高山地区,Hirazi 咖啡酸度适中、水果口味、口感较为清淡。

Ismaili 相对于上面两种咖啡口味更为清淡柔和。

2. 埃塞俄比亚(Ethiopia)

世界上最早咖啡树——阿拉伯咖啡树原产于埃塞俄比亚的高原地区。埃塞俄比亚地区的咖啡是世界上种类最为复杂、最为独特的咖啡,其中 Yirgacheffe 是埃塞俄比亚的顶级咖啡。埃塞俄比亚优质咖啡通常采用湿处理法(Wet Processed),湿处理法是指在咖啡豆成熟后立即将咖啡豆种子和咖啡果实分离,然后对咖啡种子进行干燥、烘焙等处理过程。出产于埃塞俄比亚西南地区的 Yirgacheffe 采用湿处理法,具有强烈的花卉、柠檬和橙子的味道。

但是另一种优质咖啡 Harrar 是例外,它采用干处理法(Dry Processed),即咖啡豆种子与咖啡果实一起干燥,增添咖啡水果的芬芳。Harrar 咖啡既可以采用人工方法干燥,也可以将咖啡豆直接留在咖啡树上利用阳光直接干燥。Harrar 咖啡具有浓郁的水果香气、口味香甜,和也门咖啡共同被称为摩卡咖啡(Mocha)。

3. 肯尼亚

肯尼亚地区是非洲大陆另一个主要的咖啡生产国,获得独立后肯尼亚政府仍然沿用了英国殖民者的咖啡种植、加工处理和研究等政策与技术。如今肯尼亚地区具有非洲地区最先进、最系统的咖啡种植、研究系统,并且肯尼亚政府从人力、财力和技术上支持中小型咖啡种植园发展。另一项保持当地咖啡质量的举措是所有的咖啡交易都需要在政府的监督下经过拍卖才能经销到出口商手中。出口商根据经验和顾客对某种咖啡的喜好来自由地选择咖啡品种。

肯尼亚的咖啡种植区位于首都内罗毕（Nairobi）附近的肯尼亚和乌干达边境的埃尔甘山区（Mt.Elgon）。肯尼亚咖啡是根据等级进行分类的，AA 是最高等级，A 为第二等级，B 是第三等级。肯尼亚咖啡酸度较高，伴有淡雅香甜的水果口感，适合大多数人饮用。

（三）印度和太平洋地区

太平洋地区咖啡主要产于马来群岛，包括：印度尼西亚、帝汶（Timor）和巴布亚新几内亚（Papua New Guinea）。当地采用两种咖啡豆处理法，采用传统的干处理法的咖啡具有水果、泥土的芬芳，采用湿处理法的咖啡色泽艳丽，具有花卉浓郁的芬芳，酸度较高。

印度出产的咖啡豆是阿拉伯咖啡的亚种，口味香甜、花卉香气浓郁、酸度较低。印度同时也出产世界上最优质的强壮咖啡（Robusta），包括 Kaapi Royale Robusta 和 Malabar Robusta。

1. 印度（India）

印度咖啡的历史悠久，可以追溯到 15 世纪，当时一位穆斯林的朝觐者 Baba Budan 从麦加（Mecca）将咖啡种子带到印度。直到 1840 年印度咖啡才开始出口，如今印度是仅次于巴西、哥伦比亚、墨西哥和埃塞俄比亚地区以外的第五大咖啡出口国。

印度咖啡种植区集中在印度的南部，共有 8 个主要种植园，其中最为著名的是 Baba Budan、Niligris 和 Shevaroys。大多数的印度咖啡采用湿处理法，Arabica Plantation A 是印度咖啡的最高等级。

2. 苏门答腊（Sumatra）

苏门答腊地区也是世界上最为重要的咖啡豆产地之一。苏门答腊咖啡具有与其他咖啡与众不同的柔和口感和芬芳。

苏门答腊林彤（Lintong）和曼特宁（Mandheling）咖啡是苏门答腊北部品质最佳的阿拉伯咖啡亚种。林彤咖啡特指生长于科卡玛坦（Kecamatan）的拓跋（Toba）湖西南地区的咖啡品种。林彤咖啡是在没有任何人工干预的条件下种植生长的，而且只采用小种植园方式生产，所以其产量较少，价格相应较高。曼特宁咖啡的定义较为复杂，既是指林彤咖啡也可以被认为是种植于拓跋湖（Toba）北岸迪亚利地区（Diari）的咖啡品种。

苏门答腊地区潮湿的土壤和气候以及特殊的烘焙工艺，造就了苏门答腊咖啡独特的气味与口感。苏门答腊咖啡色泽饱满、口感柔和淡雅，其中一些品种还具有一定酒精芬芳。

八、咖啡文化（Coffee Culture）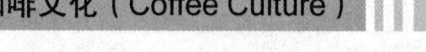

（一）咖啡的宗教礼仪（Sacrament）

咖啡很早以前就在人们祭祀、洗礼等宗教活动中扮演了重要的角色。在非洲两个和亲部落将咖啡豆的两个种子同时栽种一起表示两家世代友好和睦。

在日本，咖啡则被和尚用作庆祝祈福的饮料。在欧洲，基督教徒最早认为咖啡是撒旦（Satan）黑色痛苦的诅咒，他们认为葡萄酒才是上帝的恩赐。直到16世纪克莱门特八世主教品尝咖啡后才纠正了人们以前对咖啡在宗教上的误解，明确了咖啡欢乐、喜悦和祝福之意。

（二）咖啡厅文化（Coffeehouse Culture）

咖啡厅的出现要归结为咖啡醒脑提神的功效，古代的穆斯林将咖啡称为思想、梦想和辩证的饮料（the beverage of thought, dream, and dialectic），咖啡是思想者和对弈者的牛奶（the milk of thinkers and chess players）。因此从古代以来，咖啡厅成为人们读书、对弈、沉思和交流的安静、舒适的场所。自从咖啡文化在欧洲发展之后，数以万计的咖啡厅出现在欧洲主要城市的大小街道，咖啡厅是人们休憩、聊天的理想场所，19世纪在意大利罗马市中心就开设有2000家咖啡厅。今天咖啡厅文化已经成了欧洲文化的标志，罗马和阿姆斯特丹的咖啡厅每年吸引了大量的游客。

（三）世界咖啡文化（Coffee Culture Worldwide）

咖啡文化于"二战"后在世界广大地区不断发展，深受当地消费者的喜爱。在欧洲的英国、法国、奥地利等地咖啡文化一直伴随着主流文化的发展而发展。美国在20世纪50—60年代出现的咖啡厅逐渐代替了快餐店成为人们餐饮的主要场所。这种咖啡厅代表着美国传统文化，咖啡厅中云集着持不同政见者、诗人、作家及艺术家，咖啡厅的主题也随着时代的变迁而更替。20世纪70—80年代以曼哈顿的Caffè Reggio和旧金山的Caffè Trieste为代表的意大利风格咖啡厅受到美国人的欢迎并逐渐取代传统的美式咖啡厅。

九、咖啡礼仪

（1）饮用咖啡时应当心情愉快。将咖啡趁热喝完，不要一次喝尽，应分作三四次。饮用咖啡前，先将咖啡放在自己方便的地方。

（2）咖啡可以不加糖、不加奶或伴侣，直接饮用。也可只加糖或只添加牛奶。如果同时加糖和牛奶，应先加糖，后加牛奶，这样使咖啡更香醇。糖可以缓和咖啡的苦味，牛奶可缓和咖啡的酸味，常用的比例是糖占咖啡的8%，牛奶占咖啡的6%，也可以根据自己的口味定。

（3）饮用咖啡时，用右手持咖啡匙，将咖啡轻轻搅拌，然后放置于咖啡杯垫上，用右手持杯柄饮用。

【案例分析】

案例一 气泡矿泉水

事情经过：

午餐时分，中餐厅里熙熙攘攘，热闹非凡。服务员小方见领位又迎来一桌10人客人，忙上前为客人上茶、倒水，然后恭立一旁，静候客人点菜。客人先点了几个冷盘，犹豫了一下，问道："请问，你们这儿今天都有什么好的海鲜？"小方一时有点答不上来，"这就难说了，我们餐厅的海鲜品种很多，档次不同，价格也不同，再说，客人的口味也各有不同，所以很难说哪种好。"客人听了难免有些失望，于是随便点了几个海鲜和其他菜肴。点完菜后，小方又问："请问先生要些什么酒和饮料？""每人一罐青岛啤酒。另外，饮料都有哪些品种？"小方突然想起了什么，忙说道："对了，我们餐厅刚进了一批法国高档矿泉水，有气泡的和不起泡的两种。""矿泉水？"客人感到有些意外，看来矿泉水本来未在他考虑的范围内。"先生，这可是世界上最有名的矿泉水呀！"客人一听这话，觉得不能在朋友面前丢面子，便问了一句："那么哪一种更好呢？""那当然是气泡那一种。""那好吧，一人一瓶矿泉水吧。"客人无可奈何地接受了小方的推销。

餐后，主人见到账单大吃一惊：1400多元的餐费中，矿泉水竟占了350元！他怎么也没有想到，居然有这么贵的矿泉水！

分析：

（1）在该案例中，服务人员犯的失误首先是推销时机把握不准。客人主动询问有哪些好的海鲜菜肴时是服务员推销的最佳时机，服务员应趁机详细介绍餐厅的各种海鲜，重点推荐其中的特色品种，甚至因势利导地推销名贵海鲜，客人也可能会乐意接受，这样既满足了客人的需求，又增加了餐厅的营业收入。

（2）其次是服务人员过度推销。餐饮推销必须掌握分寸，超过了一定限度，就会适得其反。法国名牌矿泉水一般是为某些客人的特殊需求而准备的，需要的客人会主动提出来。不要向一般客人推销，否则会使客人陷入尴尬境地，虽能勉强达到推销目地，却引起客人心中不满，很可能从此失去了这位客人，这样是很不值得的。

处理结果：

（1）餐厅经理出面向客人道歉解释，并给客人提供打折优惠。

（2）管理人员对小方进行批评教育，并以此事作为经验教训，培训全体员工，务求所有员工提高对客服务意识。

（3）加强员工的操作流程培训，务求给客人提供最专业、最贴心的服务。

（4）将此事作为案例存档，供餐饮部培训学习，以避免日后再次发生同类事件。

案例二 没有表情的服务员

事情经过：

某日早上，顾客林先生在某五星级酒店某餐厅饮早茶，当天生意较旺，座无虚席。林生点了几款点心和一壶茶，但过了比较久才上。当时，林先生询问当班领班小杨为什么点心这么长时间还没上齐。

当时，小杨答复林先生时，脸上没有笑容，讲话时也无表情，令林先生很不满意，也觉得很扫兴，而且茶水也没有及时更换，这样让林先生非常不开心，但是没有当时表达出来，等他用餐后回家后感觉心里非常不舒服，然后写了一封信来投诉小杨待客没有热情的笑容。

分析：

（1）作为五星级酒店的服务人员应该时刻带着亲切的笑容，以热情的语言为客人提供服务。

（2）在操作过程中，应时时注意客人的动态，遇到客人所点的东西很久没有上的情况时，应及时采取有效措施，耐心向客人解释清楚。

处理结果：

（1）餐厅经理和小杨向客人道歉，并应给客人相应的合理解释从而取得客人原谅，如果客人还是不能理解，应该给予适当的补偿。

（2）管理人员对小杨进行批评教育，并以此事作为经验教训，培训全体员工，务求所有员工提高对客服务意识。

案例三 弄脏了的衣服

事情经过：

酒店会议中心西门子地铁开通庆典的晚宴，小李负责一号台的服务。宴会一直顺利进行，但到将近结束时，服务员已开始将台面的餐具撤换，准备上甜品、水果。此时也是该宴会的高潮，客人纷纷离座，三五成群的举杯畅饮。

当时小李正在收撤餐具，刚走到餐桌与餐桌之间的过道上。她的托盘已有一些餐具，刚好有位女宾驻足在那里谈话。小李手里拿着一个味碟，内有少许酱油。她刚想请女宾让一让，不料一转身手里的味碟的一滴酱油已倒在了那女宾名贵的泰国真丝外套上。小李马上道歉并拿小毛巾想为客人擦干净衣服。但女宾坚持不让小李擦她的衣服，并表示不要紧。但过了几分钟，客人对小李讲要求第二天由我们将她的衣服拿去洗涤部清洗。后来，领班小梁怕衣服时间长洗不掉污迹，便请客人马上将衣服交给我们拿去清洗。但女宾坚持要宴会结束后才将衣服交给我们。由于未能及时衣服送洗，结果最后衣服送洗涤部清洗却未能将所有的污迹完全洗干净，令客人留下遗憾。

分析：

（1）吸取此教训，如将客人的衣服弄脏，应马上诚恳道歉，然后及时处理，以免留下不必要的麻烦，令客人带着遗憾离开。

（2）更要留意的是须努力使服务人员的操作技巧过关，并在操作时随时留意客人的动态和掌握好操作技巧，防止事故发生。

处理结果：

（1）餐厅经理与小李向客人道歉，以期取得客人原谅。

（2）以此次事件作为经验教训，培训全体员工，务求所有员工明确顾客第一的意识。

（3）加强员工的操作流程培训，务求服务中不出错，给客人提供最专业的服务。

（4）将此事作为案例存档，供餐饮部培训学习，以避免日后再次发生同类事件。

思考与练习

（一）单选题

1. 酒吧标准化管理中的标准定额分为标准销售定额和下列哪项？（   ）

    A. 标准利润定额　　　　　　　　B. 标准成本定额
    C. 标准毛利定额　　　　　　　　D. 标准费用定额

2. 鸡尾酒廊有两种常见形式，一种是（   ），一种是大堂吧。

    A. 门厅吧　　　　B. 咖啡吧　　　　C. 餐吧　　　　D. 雪茄吧

3. 酒店的酒吧可以分为4类：站立式酒吧、服务酒吧、宴会酒吧、（   ）。

    A. 雪茄吧　　　　B. 临时酒吧　　　C. 红酒吧　　　D. 鸡尾酒吧

4. 酒吧开吧前的准备工作主要有3个方面：吧台准备、桌椅准备、（   ）。

    A. 酒水准备　　　B. 用具准备　　　C. 人员准备　　　D. 卫生准备

5. 酒吧是专业销售鸡尾酒和（   ）的营业场所。

    A. 简单餐食　　　B. 零杯酒水饮料　　C. 西式简餐　　　D. 葡萄酒

（二）多选题

1. 在酒吧销售服务过程中，收吧盘点环节的重点工作是哪些？（   ）

    A. 柜台酒水盘点　　　　　　　　B. 酒吧销售日报
    C. 收吧安全卫生　　　　　　　　D. 做好收款结账

2. 下列酒品中，哪些属于酒吧常见的蒸馏酒？（   ）

    A. 白兰地　　　　B. 味美思　　　　C. 威士忌　　　　D. 特基拉

3. 下列酒品中，哪些属于酒吧常见的配制酒？（   ）

A. 开胃酒　　　　　B. 甜食酒　　　　　C. 利口酒　　　　　D. 朗姆酒

4. 酒水销售控制重点是抓住（　　）。

A. 销售服务质量控制　　　　　　　　B. 成本毛利控制

C. 酒水领用控制　　　　　　　　　　D. 酒水盘点控制

5. 酒水销售中的标准化管理主要包括：标准定额、标准酒单、（　　）。

A. 标准成本　　　　　　　　　　　　B. 标准配方

C. 标准基酒　　　　　　　　　　　　D. 标准价格

（三）简答题

1. 详细描述酒水与酒精度的概念。

2. 简述常见酒水的分类方法。

3. 具体陈述出不同类别的酒水特点。

4. 具体讲授酒水销售技巧及原则。

5. 具体描述葡萄酒种类。

6. 分析葡萄酒侍酒服务对客人就餐体验的影响。

7. 简述蒸馏酒种类及服务。

综合实践任务

一、案例简述

由于业绩大增，某公司打算月底在某酒店宴会厅举办一场庆功宴，该公司人事经理通过介绍找到了某酒店市场销售部的高级宴会销售洽谈合作。该公司人事经理把一些基本情况告诉了高级宴会销售，基本情况如下。

（1）参加人数100人。

（2）聚餐目的公司庆功聚餐。

（3）每人餐饮费用预算300元。

（4）场地预算5000元。

二、思考题

1. 作为高级宴会经理的你应该怎么与该公司人事经理沟通？

2. 在该公司人事经理给出的已知信息外还需要询问什么信息才能更好满足顾客的需求并达成协议？

3. 当你得到所有相关信息应该如何和酒店内部不同部门进行沟通？

三、编写宴会策划书

在回答完以上问题后请根据已知信息编写宴会策划书。

1. 策划书所含内容

（1）项目主题。

（2）组织结构及人员安排。

（3）场地布置。

（4）菜（酒）单设计。

（5）成本核算。

（6）应急预案及可行性分析。

（7）总结。

2. 策划书完成要求

策划书字数不少于2000字，项目主题要准确，概括性强；组织结构及人员安排需要清晰合理、层级分明；场地布置需要以顾客需求为中心进行合理布置，可以手绘或用多媒体协助设计完成；菜（酒）单应该简单明了并能凸显宴会主题；同时需要编制基本的成本核算表；然后要根据本次策划的情况合理设计应急预案及可行性分析，并给予总结完成本次策划书。具体格式要求参考学生所在学校的调研报告的基本格式要求。

四、思考题

完成宴会策划书后，你的角色变换为酒店宴会经理，当你接到宴会任务后，请简述你需要如何对宴会前、中和后的工作进行部署？

评分表

项目	内容		评分标准	得分	实际得分
一	项目主题 （15分）	1	项目目标准确，主题鲜明，概括性强。	13~15分	
		2	项目目标基本准确，主题明确。	8~12分	
		3	项目目标不准确，主题不明确。	4~7分	
二	组织结构及 人员安排 （25分）	1	组织结构层级分明，跨度合理，人员安排清楚准确。	20~25分	
		2	组织结构层级基本分明，跨度基本合理，人员安排比较准确。	13~19分	
		3	组织结构层级不分明，跨度不合理，人员安排不准确。	0~12分	
三	场地布置 （15分）	1	场地布置合理，既便于客人也便于服务。	13~15分	
		2	场地布置基本合理。	8~12分	
		3	场地布置不合理。	4~7分	
四	菜（酒）单 设计 （15分）	1	菜单（酒单）设计精美、大方，菜品和酒品安排合理且便于查看。	13~15分	
		2	菜单（酒单）设计基本合理，便于查看。	8~12分	
		3	菜单（酒单）设计简陋且不合理，也便于查看。	4~7分	
五	成本核算 （5分）	1	成本核算清楚，准确。	4~5分	
		2	成本核算较清楚，基本准确。	2~3分	
		3	成本核算不清楚，不准确。	0~1分	
六	应急预案及 可行性分析 （15分）	1	应急预案可行性强且可以完全弥补紧急情况出现的问题。	13~15分	
		2	应急预案有一定的可行性，但不能完全弥补紧急突发情况。	8~12分	
		3	应急预案没有可行性。	4~7分	
七	总结 （10分）	1	总结概括性强。	9~10分	
		2	总结有一定的深度。	6~8分	
		3	不能总结出项目概况。	0~5分	
总分					100

教学模块四

酒店运营协同管理及实践案例

第十五章　酒店运营协同管理及实践案例

本章导读

　　有一天，一只天鹅、一条鱼和一只龟，一起想拉动一个装有东西的小筐子，三个家伙套上绳索，拼命用力拉，可筐子开始拉不动。筐子装的东西不算重，只是天鹅拼命向云里冲，鱼直往水里拉，龟用力向后倒拖。尽管天鹅、鱼、龟都拼尽全力，但是筐子仍停留在老地方。这个小寓言让我们联想到酒店部门之间的工作如果不进行沟通、不协调好，很多工作就很难施展，就无法为客人提供满意的服务。

　　酒店为宾客提供优质服务依靠的是团队的力量，酒店若缺乏对一线运营部门和二线职能部门的整合与协调，这些部门机构就会以相互脱节的方式运作，导致丢失创收机会、丢失忠实顾客，以至于酒店的盈利能力整体下降。酒店能够获得忠实的宾客并持续创造收入，保持酒店经营活动的高效运作，靠的是为宾客提供优质的服务，而这离不开酒店所有部门的协同，包括员工之间、部门之间的协调和配合，这样才能使信息在酒店内部流动，使员工充分发挥积极性、创造性和协作精神，以求实现酒店最终的经营目标。

　　本章将会阐述酒店一线运营部门之间、酒店一线运营部门与二线职能部门之间的协调与配合，同时通过前台、客房、餐饮以及一线部门与二线部门的运营协同案例，进一步帮助大家学习酒店运营管理协同。

学习目标

1. 了解协同概念及要素。
2. 理解酒店一线运营部门间的协同机制。
3. 理解酒店一线运营部门与二线支持部门间的协同机制。
4. 能够阐述大型活动中酒店一线运营部门间如何协同。
5. 能够运用所学酒店运营协同理论进行案例分析。

第一节　酒店运营协同管理

一、协同及协同管理

（一）协同的概念

协同（synergy）概念首次出现于安索夫 1965 年的《企业战略》著作中。安索夫认为，所谓协同是指使公司的整体效益大于各个独立组成部分总和的效应，可表述为"2+2=5"[①]。20 世纪 70 年代，德国物理学家赫尔曼·哈肯（Hermann Haken）构建协同学理论，系统地论述了协同理论，并发表了《协同学开放》等著作。协同论认为整个环境中的各个系统间存在着相互影响而又相互合作的关系。协同理论起源于物理学，应用于管理学，从物理学角度来看，协同就是当在外来能量的作用下或物质的聚集态达到某种临界值时，子系统之间产生相互作用。这种协同作用能使系统在临界点发生质变——从无序变为有序，从混沌中产生某种稳定结构。

组织管理研究领域的协同有战略协同、运营协同、管理协同等多种表现形式。战略协同是具有两个以上业务单元的企业在战略管理过程中将企业拥有的技能、资源在企业内部通过沟通和交流的方式形成核心竞争力，核心竞争力在各个业务单位之间转移和共享，从而获得企业整体业绩的提升，简言之就是达成"1+1＞2"的效果。运营协同、销售协同、管理协同、财务协同为战略协同提供支撑。

（二）协同管理的要素

协同管理是使组织内外的人、活动、资源为共同的目标而进行协调运作，个体、群体及组织克服本位主义，打破资源壁垒和边界，对人力资源及其他资源进行最大程度的开发、利用和增值，以达成共同的目标。

协同管理的基本要素人、事、资源。协同存在于组织活动的方方面面，人找人，人找事，事找事，事找人……几乎所有的组织日常活动都离不开协同。人、事、资源是组织协同管理的三个基本要素。个体（人）是最基本的角色和协同的出发点。人是否具有同理心，是否能感受到其他个体、团队和组织的责任和需求，对于人的协作行为至关重要。以事件（任务）调动人力资源、物质资源、财务资源等，打破人与人之间的组织屏

[①] Ansoff, H.L.（1965）Corporate Strategy. McGraw-Hill, New York.

障和心理屏障，突破单个部门或组织的资源障碍，实现跨部门、跨组织的协同。

协同管理的运行要素目标、规则、过程。人、事、资源只是协同的基础，而人的协作动机的激发，以及部门之间、组织之间真正有效地进行资源分享和价值创造，则还要依赖于目标设置、规则制定和过程监控等运行要素。在目标设置方面，在部门目标/组织目标之上，设置各部门/各组织协作才能实现的超级目标（superordinate goal），将有利于部门/组织摆脱本位主义，更为主动地去寻求或配合跨部门/组织的协作。协同运行需要在组织设置（协同机构）、信息交流、决策机制、利益共享等方面制定规则，这些规则保障协同落到实处，保障部门/组织目标和超级目标的实现。最后，部门/组织协同涉及主体较多，协同时间较长，对于协同过程的监控和管理对于正向协同效果至关重要。

协同管理的结果要素"1+1+1>3"之效果。协同管理可能有三种结果。第一种结果是开放系统中各子系统相互作用产生正向的集体效应，即产生"1+1+1>3"的效果，谓之为正协同；第二种结果是开放系统中各子系统相互作用产生负向的集体效应，即产生"1+1+1<3"的效果，谓之为负协同；第三种情况即是"1+1+1=3"的效果，谓之为无协同。协同管理成功的判别指标是协同结果是否达成"1+1+1>3"的正向效应。

综上所述，将协同管理的要素以一个公式表示如下：

协同管理＝人＋活动＋资源＋目标＋规则＋过程＋结果。

二、酒店内协同的层次

酒店作为一个组织，以组织行为管理的视角，酒店内的协同分为三个层次：人与人之间的协同、部门间的协同以及组织内的协同。

1. 人与人之间的协同

酒店中每个人的角色都不一样，负责的事务也有所不同，从客人预订酒店开始到客人离开酒店，这一过程每个人都在为客人服务，但每个人的工作内容不尽相同，且每个人的思考方式都存在差异性。要想提高酒店运营的效率，员工在做好自己的工作的同时，要尊重和理解他人的工作，并与他人建立良好的合作关系，为了酒店的战略目标而共同努力。

2. 部门间的协同

酒店内各部门分工不同，各司其职。为了达成酒店的战略目标，酒店各部门在酒店的运营机制下，利用资源，协调配合，相互促进，将酒店从无序转变为有序状态，从而实现管理整体功能大于各部门功能的加和，但这种协同作用力是一个可变的向量，在不同的条件下，可正可负，也可以为零：为正，则能够促进企业组织形成稳定的结构并且平稳地发展；为负，则会破坏酒店的稳定结构，使得原有的秩序被打破，最终可能导致酒店走向失败。故酒店各部门的管理者需要具备成功协同所要求的管理能力，发挥协同的正向作用，使酒店稳定地发展。

酒店内各部门管理者应根据各部门职能的不同，理解酒店战略目标并将其落实到部门目标，部门内部自成一个小组织，在部门负责人的带领下，全员努力，在达成各部门目标的同时，也与其他部门协作，帮助其他部门达成目标，以实现酒店战略目标。

协同可以使酒店内每一个部门的活动和工作都不再是独立的，而是互相作用，互相帮助，依靠部门和酒店内外部各种资源（包括其他部门）的协同配合，使资源发挥最大效用，各部门都能为组织目标的达成发挥更大的作用。

3. 组织内的协同

巴纳德（Barnard）在其经典著作《经理人员的职能》中指出，组织是由两个或两个以上的人的合作活动所组成的系统。[①] 根据巴纳德的组织理论，人与人之间的沟通交流、人们做出贡献的意愿以及共同的目标是组织的基本构成要素。在酒店组织内的协同中，管理人员应致力于建立/运行正式及非正式的信息沟通渠道及机制，建立/运行激励机制以激发人们为组织目标做出贡献的动机，以及设置组织/战略层面且为各部门员工所接受的目标。

即时、有效的信息沟通是酒店内协同的基础。酒店内正式的信息沟通渠道及机制包括组织层级上下级间的汇报及指导机制、平行级别间的沟通交流机制等，非正式的信息沟通渠道及机制包括午餐会、团建活动、工会活动等。微信（包括企业微信）、腾讯会议的广泛应用为酒店内正式及非正式的信息沟通提供了高效、便利的平台，微信工作组群使跨部门、跨层级的员工能够即时进行信息交流，微信朋友圈、微视短视频等非正式交流有利于工作伙伴形成同伴情谊。

员工的协同意愿是酒店内协同的动力。酒店管理人员可以通过建立及运营有利于互助、协作行为的绩效考核及薪酬奖励体系，让员工们看到组织目标与个人目标之间，长远目标与短期目标之间的关系，使员工们主动地进行团队之内以及团队之间的协作。

酒店战略目标是酒店内协同的保障。目标设置本身也是一种激励手段，目标引导行为。目标有层级，亦有其时间轴。在组织层级上，高层目标涵盖低层目标，例如酒店整体目标涵盖部门目标。在时间轴上，五年目标涵盖年度目标。战略目标无论在层级还是时间轴上都属于高层目标。不论是酒店集团还是单体酒店，都应有其战略目标。战略目标给予员工对未来的信心。酒店集团与单体酒店相比，更具有战略扩张的野心；单体酒店应在客群资产提升、品牌价值提升上应有长期目标。当所有员工都接受酒店的战略目

---

① Barnard, C. I. (1938). Functions of the Executive. Cambridge, MA: Harvard University Press.

标并将其内化为行为时，保障跨部门员工朝向同一个战略目标进行协作。

三、酒店一线运营部门间的协同

酒店一线运营部门之间的协同，主要是指酒店前台、客房和餐饮三个部门之间的协作与沟通。酒店一线部门是顾客入住酒店接触到的部门，一线部门的服务质量直接影响到顾客的满意度。在酒店业中有一句名言：100-1=0。说的是在酒店的整体服务中要提供统一的服务，一项服务的失败可能导致之前提供的所有优质服务都付之东流，这也从侧面说明酒店内各部门协调的重要性，一线运营部门之间尤为重要，一线部门直接影响着能否给宾客提供一个全程的优质服务。

前厅部担负着组织接待服务、信息汇集以及销售客房的重要任务，前台业务的特点是信息变化快、效率要求高，前厅部需要及时将通过设计好的程序，用报表和工作报告等形式迅速传递到客房部、餐饮部等有关部门。前厅部在开展预订、接待、分配或调换房间、团队预订、处理投诉等各业务活动中，必须随时和客房部、餐饮部等部门协调并保持联络，共同完成接待服务。

客房部相当于客房产品的生产部门，前厅部相当于客房产品的销售部门，两个部门位于同一条生产线上，所以两者之间必须紧密合作。客房部在接收到客人离店的信息后，以最快的速度打扫客房，检查完毕第一时间告知前厅部继续出租。为获得最佳服务和最高的出租率，客房部与前厅部之间密切协作，客房部根据前厅部提供的信息进行每日例行查房，做出房态差异报告递送前厅，前厅部及时将客房部查实的可售房在系统中修改为可售状态，以达到提升出租率的共同目标。

客房部与餐饮部之间的沟通协作同样重要，客房部获悉客人有送餐要求后，应立即填写"送餐通知单"送至餐饮部；楼层服务员在整理客房时如发现房内有待收的餐具时，应及时移至楼层服务工作室，然后通知餐饮部及时收回餐具。餐饮部若接到大型宴会等通知，需要及时与客房部取得联系，与客房部宴请重要宾客的红地毯布置、行政楼层的服务工作以及客房送餐服务等工作。

四、酒店一线运营部门及二线职能部门间的协同

酒店二线职能部门为一线运营部门工作提供客户资源、人力资源、设备维修、安全防损等方面的保障。酒店前厅、客房、餐饮等一线部门的正常运营与二线部门的支持密不可分，一、二线部门之间的协同亦离不开共同目标、协作意愿及有效的沟通。

前厅部与酒店的客源市场有着广泛的联系，需要与公关部、销售部等二线部门合作，积累资料，分析动向，掌握客源，预测未来变化，并参与制定酒店的经营与销售战

略。前厅部与财务部就信用限额、预付款、超时房费的收取以及结账后再次发生的费用等情况进行及时、有效的沟通,以防止漏账和逃账。前厅部与人事部沟通协调,做好前厅部新员工的招聘录用以及岗前培训等工作。前厅部与防损部(保安部)沟通协调,保障宾客的人身及财产安全。

客房部与销售部、人力资源部、工程部、防损部等二线支持部门保持密切的沟通与联系,销售部的婚庆订单、会议订单、团队订单需要客房部提前做好场地及客房的风格布置。

餐饮部与二线部门的协同也十分重要。餐饮部需要提前根据菜单的内容向采购部开出申购单,货到厨房,厨师长及时检查数量和质量。餐饮部承接,要事先与保卫部沟通协助维持治安秩序,做好重要客人的安全保卫工作,并且通知工程部对宴会场地进行全面整修。

无论是酒店一线运营部门之间的协同,还是一线运营部门和二线支持部门之间的协同,都在组织这样一个框架体系中。而组织的本质是协作,酒店组织各部门之间的协同依赖于组织三要素,即:各部门有共同的目标,各部门都愿意为共同目标做出贡献,部门之间的沟通与交流及时且有效。在目标激励方面,酒店管理者应让每位酒店员工看到酒店战略目标(共同目标)与团队目标、个人目标之间的关系,并在薪资体系设计上强化这种关系,达到理想的协同行为激励效果。人心齐,则企业兴;人心散,则企业衰。各部门发挥协同效应,平凡的个体合力也可以取得卓越的绩效;反之,如果酒店内部相互掣肘、离散、冲突或摩擦,就会造成酒店内耗增加,酒店内各部门难以发挥其应用的功能,致使整个酒店陷于混乱无序的状态。

 案例

众人拾柴火焰高

南宁龙光那莲豪华精选酒店市场销售部 Amy 准备迎接东盟博览会的一行人前往酒店参观,希望通过这次参观达成酒店和东盟博览会管理委员会之间的合作。

Amy 在准备好相关材料后将该接待计划上报给市场销售总监,经过讨论,市场销售总监 Simon 认为酒店必须重视这一次接待工作,这不仅关乎今年 9 月份的客房销售计划,更关乎是否能建立起酒店与东盟博览会管理委员会之间的长期合作伙伴关系。于是 Simon 马上请示酒店总经理并获得其批准同意。之后 Simon 马上邀请了房务部总监、前厅部经理与餐饮部总监进行了一次会议。会议中 Simon 请求客房部、前厅部与餐饮部一同协作,在这次接待中展现酒店的风貌及实力。前厅部经理 Daniel 表示这次接待任务将

由部门最优秀的前厅接待员工负责,以当地特色与酒店豪华服务为重点,具体负责从酒店庭院到 80 层酒店前台的接待和讲解工作;房务部总监 Ben 则会在当天专门安排员工对东盟博览会一行人所经之地的清洁打扫和布置工作,并准备好最完美的客房和其他需要参观的地点,如泳池、健身房、SPA 等;餐饮部 Jason 则提出,餐饮部可以为此次东盟博览会一行人制作一份菜单,进行试菜体验,从而展示酒店餐饮部的特色。

会议结束后,Simon 与四个部门的关键负责人和执行者建立了一个微信群,并根据会议结果进行总结,一份正式的邮件报告发给酒店总经理及其他高层管理人员。在此次接待活动中,一方面 Simon 通过邮件与酒店高层进行汇报与沟通,另一方面,又通过微信群与关键负责人和执行者确认进度、细节与标准。

经历了一个月的准备和四大部门的协同合作,Simon 和 Amy 圆满完成了此次接待工作,并与东盟博览会管理委员会达成了合作伙伴关系。

【案例分析】

案例中,酒店的销售部门与一线运营部门之间,酒店一线运营的房务和餐饮部门之间,紧密合作、分工明确,四个部门的关键负责人积极跟进、保持沟通,高层领导抓住机会、监督到位,顺利地完成了此次的接待参观任务,为客人提供了最优质的服务,这就是协同合作的表现,真正实现了 1+1+1>3 的效果,发挥出了酒店的最大效益。与东盟大客户形成长期合作伙伴关系的战略目标得到各部门负责人的认同,各部门围绕上层目标结成相互信任、默契合作的关系,降低沟通成本,实现资源共享,提高酒店的竞争力。

第二节 酒店运营管理实践案例[①]

一、前厅运营管理案例

(一)案例:前厅运营质量管理——外部审计及员工管理

北京宝格丽酒店的驻店经理 Nico,从小在瑞士长大,学习旅游和酒店管理。Nico 表示,北京宝格丽酒店作为万豪集团管理的酒店,遵循领先质量保证(LQA,Leading Quality Assurance)要求。万豪集团旗下酒店每年要进行 1~2 次的质量审计,但宝格丽

[①] 本节案例为中国大学 MOOC 网 https://www.icourse163.org/《酒店运营管理》(北京联合大学罗东霞等主讲)视频案例的文字版本。本案例资料来自于对北京宝格丽酒店驻店经理 Nico 的采访。

酒店的不同之处在于，它还有内部审计或每季度的审计。审计总是发生在酒店的员工不知情的情况下，员工不知道审计员是谁，也不知道审计员来的时间，所以酒店的员工要有质量意识，遵循 LQA 质量标准，始终如一地做好准备。任何进入宝格丽酒店的客人，无论是否住店，都可能是潜在的审计员，所以对于员工的日常训练和行为强化非常重要，使员工随时能为顾客提供符合 LQA 标准的服务。另外，酒店还需要遵循宝格丽品牌的质量标准。酒店运营管理面临的挑战是，在实习生进入酒店一线服务团队时，要保证每位员工（包括实习生）的服务行为都能遵守 LQA 和宝格丽品牌标准。所以，每位员工在入职的第一天要接受培训，熟知服务质量标准，做好服务准备。审计涉及的质量标准非常具体，有详细的清单，且易于遵循，知道自己应该做什么，不应该做什么。

酒店服务最难的部分并不是达到 LQA 的要求，而是如何给予宾客难忘的情感体验，这还取决于宾客的整体感受。以前厅部礼宾服务为例，司机将顾客从机场接到酒店，司机要和客人聊天，注意观察客人，问客人感觉如何，如果注意到客人嗓音不正常，有感冒症状，司机应及时将客人感冒的情况告诉酒店，客房服务员提前在房间准备一些热茶，多放一些纸巾。高端酒店非常重视服务人员与顾客之间的情感接触。这种情感接触应发自员工内心，也能有效地被顾客接受。再例如，当客人询问城市旅游或当地市场的信息时，员工能很快意识到客人对旅游有兴趣或是想去当地市场，为客人提供一张城市不同市场的地图，向客人推荐导游，或者帮客人联系上能帮忙的人，这些服务意识和行为都能在情感上取悦顾客。

酒店服务人员遵循标准固然重要，但更重要的是让顾客获得情感满足。情感上被取悦的顾客并不会在意咖啡比 LQA 规定的标准时间晚 30 秒或晚 1 分钟端上来。与客人良好的情感互动可以克服标准或原则的一些不足。员工培训在教会员工遵循规则和质量标准的同时，也应注重培养员工的沟通能力和情感传递能力，能有效地与顾客及工作伙伴进行情感上的互动和联系。

万豪集团的独特之处在于平衡计分卡绩效管理体系，运用平衡计分卡给每位员工设定目标，从而共同实现组织目标。计分卡里有分维度、分层级、分部门、分阶段的关键绩效指标，员工之间、部门之间为了共同目标沟通、协作，形成紧密联结的关系。管理层每个月都在追踪关键绩效指标的进展，开会讨论某些绩效指标尚没有达成的不足，同时也会表扬干得好的员工。平衡计分卡成为管理员工的关键驱动力之一，使酒店朝着同一个方向努力使宾客满意并成为酒店的回头客。

【案例思考】

1. 遵循服务质量标准和给宾客提供情感体验之间是什么关系？
2. 如果你是北京宝格丽酒店的前厅运营管理人员，如何培训新员工（包括实习生），使其尽快掌握符合 LQA 要求和宝格丽品牌质量标准的服务流程和细节？

3. 酒店前厅部经理如何运用平衡计分卡关键绩效指标体系来激励员工，使员工主动地为顾客提供优质服务？

（二）案例：丢失的护照

北京香格里拉饭店前厅部副经理米学成在某一天当班时，忽然接到一个国际长途电话。这位外国宾客在机场候机时找不到护照，非常焦急。米经理在第一时间帮助客人寻找护照。客人回忆护照可能丢在了房间，但是并不太确定。米经理立即带着当天值班的服务人员去客人房间里找这本丢失的护照，但是房间里并没有护照，此时客人在机场愈发焦急，完全想不起护照放哪里了。于是，米经理又通知酒店安全部去查看录像，想从录像当中找到一些线索。时间就这样一分一秒地过去，客人的飞机很快就要起飞，米经理协同酒店的其他部门人员，始终没放弃对护照的寻找。最终，大家在洗手间找到了这本护照。当米经理告诉客人护照已经找到的时候，他从电话里感受到了客人那种失而复得的喜悦感。同时，米经理又安排酒店的机场代表去安抚客人，让客人在机场不要着急，酒店会在第一时间将这本丢失的护照送到客人手里。

北京早高峰的出租车太难打到，米经理的服务团队试了很多种方法都没有打到出租车，但是大家帮助客人的心并没有因为这些困难而吓倒。一位同事主动请求开自己的车去机场，将护照送给客人。当米经理和同事及时地将丢失的护照送到客人手里时，当客人拿到这本失而复得的护照时，米经理感受到了客人的那种喜悦，最终，客人也因为这本丢失的护照成为了酒店的朋友，也成为了酒店的忠实顾客。客人的下一站目的地是广州，入住广州的香格里拉饭店，北京香格里拉饭店前厅部将客人的这段经历告诉广州的同事，让客人在广州也可以得到很好的照顾。

【案例思考】

1. 本案例中北京香格里拉饭店前厅部运营管理团队在帮助顾客找回护照、赢得顾客满意的过程中，有哪些经验可以推广至其他酒店？

2. 米经理及其同事的做法在哪些细节上能够加深顾客对香格里拉酒店"至善盛情，源自天性"品牌形象的认知？

二、客房运营管理案例

（一）案例：客房部绿色运营

保护生态环境已成为全球共识。中国 2017 年 7 月提出方针，要在 2019 年年底前分阶段减少进口可通过国内资源性垃圾替代的废弃物，对象包括废塑料、废纸和废旧纤维等；2018 年 5 月，欧盟的海洋垃圾禁塑令出台，在全球掀起"去塑"风潮。万豪国际集团注重环保，响应禁塑令，对旗下酒店的绿色运营做出明确的规定。

据北京宝格丽酒店驻店经理 Nico 介绍，由万豪集团管理的北京宝格丽酒店在响应绿色客房运营倡议方面做得非常好，例如：牙刷柄的材质由塑料改为木质；剃须刀的把手部分改为木质；香皂和沐浴露采用大瓶罐装，这样客人不会只用一两次就扔掉塑料小瓶。在房间内放一个小牌子鼓励客人每次洗澡后不要扔掉布草和毛巾，鼓励客人每两天更换一次布草和毛巾，以及很多其他类似的环保举措。

Nico 表示，一些减塑方案正在进行中，一些还正在计划中，最终目标是尽可能减少塑料的使用。这不仅仅是对酒店内部运营团队的教育，也包括对客人绿色行为的教育和引导。顾客可能习惯于使用塑料吸管，但是如果酒店提供了一个替代品，客人需要花费时间去适应这些替代品。酒店需要告诉顾客环保行动的缘由，可能客人在初期没有办法理解，酒店还需要花大量时间向顾客解释酒店的绿色运营和回收计划。例如，北京宝格丽酒店对咖啡胶囊进行收集和回收，和供应商紧密合作，确保供应商的回收符合相关标准。

【案例思考】

1. 奢华酒店客房部如何在宾客体验和绿色运营之间寻求平衡？当二者发生矛盾时，宾客体验优先还是绿色运营优先？为什么？

2. 除了案例中提及的减塑措施外，酒店客房部的绿色运营还可以有哪些减塑或减少碳排放的措施？

（二）案例：客房部亲如家人的服务

北京香格里拉饭店客房部的服务人员在给客人打扫房间的时候，发现客人不断打喷嚏，得知客人已经得了重感冒，于是服务人员给房间补充了很多水，告诉客人感冒了可以多饮水，并将这个消息第一时间汇报给前厅部的值班经理。值班经理得到消息之后，立即联系客人，去关心、关爱客人。通过跟客人沟通之后，值班经理发现客人到北京来出差，患了重感冒，影响到后面很多的出差行程。酒店帮助客人购买到药品，当客人拿到感冒药之后，感受到香格里拉将宾客视为家人的温暖。同时，前厅部经理将客人重感冒的消息告诉了送餐部，送餐部第一时间将一碗热姜汤送到客人房间里。经过几天的悉心照顾，客人不仅身体康复了，而且所有的行程并没有因为这次得病而耽误。

客房部的服务人员是酒店的幕后英雄。在这个案例中，正是由于客房部服务人员观察到客人得了重感冒，并及时将这个信息汇报给前厅部值班经理，客人才能在第一时间得到酒店一线服务和运营团队的悉心照顾，这与香格里拉的经营思想完全吻合。酒店为客人提供亲如家人般的服务，酒店员工用真心、爱心去对待每一位客人、每一位同事，给予帮助或解决问题。

【案例思考】

1. 与前厅部一线服务人员相比，客房清扫服务人员与宾客的交流较少。如何培养客房部服务人员对客人沟通的能力和察言观色的能力？

2. 如何激励客房部员工以宾客满意为目标，与其他部门及时沟通和合作？

三、餐饮运营管理案例

（一）案例：北京宝格丽酒店意大利餐厅运营

北京宝格丽酒店餐饮部副总监 Dario Schiavoni 分享了餐饮运营管理经验。Dario 来自意大利的罗马，曾经在全球很多地方工作过，有丰富的餐饮运营管理经验。Dario 的经验主要有：注重培训，形成团队协作氛围，做好菜单设计，重视客人的抱怨或不满，沟通时考虑文化差异。

Dario 非常重视培训，餐饮部的重要事项之一就是为餐饮服务及运营管理团队提供相关知识的培训，每天都会花费 1 个小时以上的时间进行培训，尤其是要培训餐饮服务人员如何欢迎客人，如何为客人介绍菜品。Dario 在意大利工作的时候，就发现客人非常需要服务员介绍菜品，服务人员也可以在介绍菜品时让客人更深入地了解酒店的文化传统。

北京宝格丽酒店的餐饮服务及运营管理团队包括厨师团队和意大利餐厅服务团队两部分。为客人提供优质的餐饮服务需要厨师团队和餐厅服务团队之间的良好协作。Dario 致力于创造一个良好的团队协作环境，通过举办一些畅饮活动及其他活动促进餐饮部同事之间的情感沟通。酒店现有的餐饮服务及运营管理团队是一个包含意大利人和中国人的跨文化团队。尽管中国文化与意大利文化有所不同，但是两国之间也有相似之处，比如意大利人和中国人都非常喜欢美食，有共同的热爱就容易找到交流的共同点。

菜单的设计对于餐厅经营非常重要。酒店需要让客人理解意大利餐厅的理念，菜单需要写得非常清晰，例如对菜单上意大利文的翻译要非常精准。对于不同的材料和食物，需要用特别的方式来翻译菜单，例如，在菜单上写菜品的主要食材，并且写上食材的来源。所以，客人可以在宝格丽酒店意大利餐厅的菜单上看到鱼肉来自日本，意大利面来自意大利等。宝格丽酒店用品质最好的当地蔬菜，通过这种方式融入到当地市场。设置季节性的菜单，随着季节变化分夏季菜单和冬季菜单。因为北京冬天的天气比较冷,所以在冬季菜单里加入一些汤或者其他菜品。餐厅定菜单的过程也是和厨师协商的过程,需要双方的理解和配合。

当遇到客人有抱怨或不满时,总监、经理及员工都要认识到这是客人给予酒店餐饮服务及管理团队的宝贵反馈。当客人不开心时,甚至客人做出过激反应时,Dario或餐厅经理都会亲自走到客人的桌前,倾听客人的想法。管理人员需要在第一时间明白客人遇到什么问题,尽最大的努力帮助客人解决问题,这就是宝格丽酒店的餐饮服务策略。

在意大利,人们表达情感的方式较为外显。人们会说"hello"与客人打招呼,尤其是如果双方见面不止一次,再次见面会握手,甚至会亲吻对方的面颊。当Dario第一次来亚洲的时候,在日本感受到了亚洲文化和欧洲文化的差异。Dario在日本的酒店工作时,走到客人面前尝试拥抱客人,发现客人非常拘束和僵硬。Dario在中国也已工作几年,深刻认识到在餐饮服务中充分尊重客人文化的意义。不同文化有不同的问候方式,理解中国文化传统以及中国礼仪规范,对于服务好中国客人至关重要。

【案例思考】

1. 北京宝格丽酒店意大利餐厅的运营管理有哪些经验可以推广?
2. 如何增强餐饮部员工凝聚力?如何使餐厅团队和后厨团队之间形成亲密合作的团队氛围?
3. 酒店餐饮部对于餐厅团队和厨师团队的培训重点是什么?如何培训?

(二)案例:北京瑰丽酒店慈善拍卖晚宴准备

北京瑰丽酒店的餐饮部副总监分享了一次慈善拍卖晚宴的案例。

2019年,北京瑰丽酒店接到了一个较大的外卖宴会活动,举办地点在798艺术园区,此次宴会是为劳伦斯先生做的慈善拍卖的晚宴。酒店提前半个多月接到这个晚宴订单,从那以后就开始为这个600人的晚宴做准备。宴会总监做准备工作,同时餐饮部副总监也会去看所有的P&L(Profit & Loss,利润与损失)统计表,宴会整体的人员安排,以及宴会摆台设置的图纸等情况。在晚宴开始的两天前,酒店所有的同事都进入到这个宴会的场地。

这个晚宴服务听起来很简单,但做起来却没有那么简单。首先是准备工作要考虑周详,包括员工的用餐,包括餐具、厨具以及整个餐用的设备都要提前进场。把整个场地布置完毕之后,才可以进行下一步的服务工作。

餐饮部副总监亲力亲为地去到现场和餐饮部团队一起工作。前场的服务人员就有200人左右,还有一些PA(Public Area)部阿姨、工程部的师傅、厨房的厨师,所有这些人在一起开会沟通,餐饮部副总监也会站到队伍里,和团队一起商讨一些事情。当出现分歧时，餐饮部副总监要坚决地站出来，和手下的经理及总监协商完之后，做出最后的决定，争取把会议所有的问题做得无懈可击。

餐饮部副总监还分享了这次外卖宴会服务的一些细节。一个是给餐桌摆餐具的细节，普通外卖活动是先把餐桌的餐具临时摆放在桌子上，然后再去纠正摆放，但在瑰丽酒店的外卖宴会服务中，是由餐饮部副总监和宴会总监亲力亲为地检查了每一桌的餐具，包括干净程度、摆放的位置等。瑰丽品牌是 luxury brand（奢华品牌），经理们在每一个细节亲力亲为，这样员工也会用自己内心的一腔热血去投入到工作中。另一个细节是跑菜演练。600 人的宴会且场地相对小，北京瑰丽酒店不惜成本，请来了所有的小时工做了近 10 遍的跑菜演习，就是为了保证万无一失。宴会总监和餐饮部副总监亲力亲为地指挥，确保所有跑菜的小时工把每一个菜准确地、按时地送到客人的桌上，这一点体现出瑰丽酒店和其他酒店的不同之处。服务的所有人员在头一天已经做了 10 遍的彩排，所以在正式服务的过程中，所有餐的上菜顺序都是非常完美的。服务人员在工作中配合的默契程度就好像是一起在完成一项不可能完成的任务，最终取得了工作的顺利。

【案例思考】

1. 从北京瑰丽酒店餐饮部副总监分享的案例中，可以看到在这次外卖的宴会活动中，餐饮部副总监、宴会总监在很多细节上都亲力亲为，这种亲力亲为对于团队士气和顾客满意度有什么样的影响？

2. 为什么北京瑰丽酒店要耗费成本进行充分的跑菜演练，以确保正式服务的万无一失？

四、前厅、客房及餐饮运营协同及案例

（一）案例：北京瑰丽酒店投行年会接待运营协同

本案例来自北京瑰丽酒店前厅部总监的分享。

北京瑰丽酒店曾经成功地多次接待某世界著名投行的全球年会。根据客户的要求，酒店会将客房中所有的家具搬出，取而代之的是会议室、会议桌、椅子以及其他会议设施。这项工作涉及到单一部门的工作、部门之间的协作工作、成本的控制以及如何使酒店利益最大化。首先是单一部门的工作，当前台的员工知道了具体的会议日期以及客房改造的任务后，会查询在这些楼层居住的、将要离店的客人的具体离店时间，并将这个时间与宴会以及客房部的同事进行沟通。当客房需要改造的时间到来的时候，所有入住的客人都会按时离开这个楼层。客房部的同事提前将班次安排好，在与前厅部沟通好，确认客人全部离店之后，客房部的任务是将客房内所有的物品搬离房间，然后将客房交

给负责宴会的工作人员。宴会部则需要提前把自己要用到的会议桌、椅子、水、铅笔等所有用具提前准备好。各个部门都会按照自己的计划去筹备自己这个部门需要做到的所有任务。关于部门协作,当确定所有的客人已经离开了相应的楼层之后,由客房部以及餐饮的宴会部协同工作,用最快的时间将客房改造成会议室。

这项任务需要打破部门障碍,动用酒店所有可动用的人力。前厅部的行李员、前台工作人员,客房部 PA 的工作人员,餐饮部工作人员,甚至还有厨师们,都可能会参与到这项工作当中来。所有人会一起协作,用最快的时间将家具以及房间内的设施移出房间,将会议所需设备放进去。

在成本控制方面,当酒店已经召集了酒店所有可以动用的人力之后,人力可能还会出现不足的情况。在这种情况下,酒店可能还会额外地付费,去社会上请专业搬家公司的师傅们帮酒店一起完成这项工作。为了做好成本控制,宴会、客房以及前厅部一起开会,精确地计算每一个房间大概需要多少人力,每一个房间大概需要多长时间进行客房与会议室的转换,精确计算需要额外请多少位师傅才能够完成这项任务。当客人成功地结束会议,酒店会与客人进行非常良好的沟通。当酒店知道客人在当天几点几分可以用完这个会议室之后,酒店的目标就是当晚要将这些房间全部恢复为客房,将它出售出去,使酒店当晚客房收入最大化。因此当酒店在与客人沟通完之后,也会经过精密的计算,请一些外面的师傅以及动用酒店所有的人力、物力,以最快的时间将这些会议室恢复为酒店的客房,当晚继续出售。

【案例思考】

1. 北京瑰丽酒店在投行年会接待活动中需要多个一线部门协同改造客房及布置会议设施,高效、有序地实现协同的关键是什么?
2. 北京瑰丽酒店如何通过内部协同、内外协同来提升酒店收益?

(二)案例:北京宝格丽酒店开业运营协同

本案例来自北京宝格丽酒店房务部总监 Juan Serrano 的分享。

北京宝格丽酒店拥有 119 间客房,被认为是中国最好的酒店之一,拥有非常棒的资源。Juan 的工作核心是运营管理和计划,并做出所有关于房务部的预算。

令 Juan 印象深刻的是北京宝格丽酒店开业时各部门的协同运营。北京宝格丽酒店的管理团队花了很长时间筹备开业。协调酒店开业很复杂,可以说是一个非常盛大的聚会,来自世界各国的媒体来采访北京宝格丽酒店,以及来检查这次开业的国家代表。对于酒店管理团队来说,这是第一次举办如此盛大的活动。从第一天开始,房务部就做了很多工作。房务部要与酒店里的很多部门协作,包括餐饮部等一线运营部门和办公室等二线支持部门，所有部门必须步调一致才能获得开业成功。

房务部及其他部门花了大概三周的时间把事情安排妥当，在酒店开业的同时举办开业盛典。大家共同经历了很多紧要关头，这与协作和相互理解有很大的关系。大家都明白必须尽快把产品做好，使宝格丽酒店的产品和服务达到最佳状态。开业盛典举办得非常成功，回过头想，与网络的协作也有很大关系。

从中可以学到的是，自己的团队要与团队保持一致意见，例如，与酒店的人力资源部、酒店的市场营销部密切沟通，每天开会，同时还要确认员工是否跟他的同事保持着良好的关系。尤其在开业盛典的准备和服务过程中，员工可能在短时间内被要求去完成很多事情，在这样的情况下员工需要更加努力，与同事协作，保证开业盛典的顺利举行。

【案例思考】

1.新酒店开业运营协同涉及新组团队之间的磨合。酒店应建立哪些沟通体系或机制，使新酒店在开业盛典之前做充分的沟通和磨合？

2.房务部在筹备开业及开业庆典的过程中有哪些工作任务？需要哪些部门的配合？

五、酒店一线及二线部门间运营协作及案例

案例：酒店一线及二线部门间运营协同访谈案例——北京瑰丽酒店

访谈人：罗东霞

被访谈人：北京瑰丽酒店助理行政经理（分管销售部）、北京瑰丽酒店前厅部总监、北京瑰丽酒店餐饮部副总监

访谈话题：酒店一线与二线运营部门之间，应该如何配合以提升运营效率，同时赢得更多的宾客满意？

北京瑰丽酒店助理行政经理： 我们是做销售部门的，是在最前面接触客人的。我们在接触到客人，拿到了客人所有的需求之后，如何通过内部的协调合作，把所有的消息传递给酒店各个部门，进而所有的部门能够齐心协力，给客人提供一种令他们难忘的服务，这是酒店的一个宗旨。从管理角度上来讲，酒店有一系列的管理系统，例如，如果有任何一个团队客人进入，那么客人在各个方面都有很多的需求，无论是在客房方面，还是在餐饮方面。如何将团队客人需求传递给各个部门？这就需要利用酒店的内部系统，包括前期的内部协调会和跟客户的协调会。在前期的协调会上，销售部门会把客人所有的需求、喜好，甚至于更个人化的一些爱好全部收集起来，为了传达给客人一种难忘的记忆。这些信息将会全部放到会议上讨论，把每一个部门应该负责的细节，全部

落实到每一个部门。内部沟通的协调会请到相关的、各个部门的主要领导人参加这个会议，在会议上，员工们除了要沟通客人要求之外，还会有一个 brain storming（头脑风暴）的过程，去思考如何通过已知的这些客人喜好，给客人创造惊喜，让客人在酒店不仅仅找到一个住宿的地方或是一个解决餐饮问题的地方，而是有自己的一个 experience（经历），一个让他们觉得很难忘的酒店经历。当他想起这个经历的时候，就会想到这个酒店。涉及到各个部门，可以请前厅总总监来谈谈如何运作。

北京瑰丽酒店前厅部总监： 前一段时间，北京瑰丽酒店作为元首接待酒店，成功接待了"一带一路"峰会元首的接待工作。在此之前，酒店各个部门开了无数的会，以确保圆满完成政治任务。客人既有贵宾的团队，中方还有外交部、警卫部门，需要前厅和客房部门的协调。当我们了解信息之后，对于外方的要求、中方的要求，根据酒店自身的状态和设备设施，制定酒店的接待方案。举个很简单的例子，比如，当元首要在酒店内入住的话，那么首先就要考虑超常规安检对其他住店客人的影响，每一位进入酒店的客人及其行李都要进行非常严格的安检，这是否会让其他客人觉得不方便。所以，我们在安检的位置加派人手，并派专人去向其他的客人道歉，或者是感谢他配合这项服务。像这种细节上的东西，我们都会在会议中充分地体现出来。前厅部和酒店的安全部，在提前配合中方接待团来踩点的时候，我们会细致到几点几分元首到达酒店，我们在哪里铺设红地毯，酒店的总经理和高层的管理人员站在什么位置去欢迎总统，总统大概走多少步走到电梯，下了电梯大概多少步走到房间；客房部的同事按照要求，可能在总统所入住楼层的上一层和下一层做空房处理，这个是安全的需求。客房的同事会提前了解接待这个国家的风土人情、宗教、或者是其他方面的细节，比如说我们接待一些中东的客人，在房间里会放上他所需要的东西；接待欧洲的客人，会按照他的喜好，食品、卫生等方面提前做相应的准备。在客人入住之后，非常重要的就是餐饮，餐饮是非常复杂的一个流程，请我的同事介绍餐饮这方面的安排。

北京瑰丽酒店餐饮部副总监： 关于之前接待的"一带一路"元首级的团队，对于酒店的餐饮部、前厅部和 sales（销售部）来讲，我相信整个团队都有很大的压力，尤其餐饮（部）压力会更大。我想强调的是，尤其在这些首脑接待的过程当中，最重要的工作就是前期的准备工作，还有前期的检查工作，对于餐饮来讲是一点儿马虎都不能有的。我可以和大家分享一下接待元首团的经验。当我们接到这个团队的时候，sales（销售部）的同事和前台沟通好，内部的会议完成了之后，餐饮部接下来要做到对整个厨房，包括我们前场所有地区的卫生状况进行大检查，包括一些存放饮料的库房、存放食品的库房，方方面面都要检查到，必须要达到国家的标准。安排卫生经理 24 小时在酒店，酒店单独给卫生经理申请一间房，跟餐饮部整个的前期准备工作。在这个大型会议之前，区政府会派两名代表，专门负责食药方面的同事和我们一起来监督企业里的卫生状况，包括卫生标准是否达到为元首级服务的标准，包括在厨师加工的过程中，所有的砧板的分类非常细致，红色的板子只能切红色肉类，如果拿红色板子切鸡肉，人家可能会把你的照片照下来，可能反映到上面，因为这不符合元首用餐的标准。所以，这个前期的准备工作是非常严格的。其次就是团队协调问题，这与销售的同事、前台的同事密不可分。因为我们每天在服务的过程当中，销售同事可能也会有很大压力，比如我们要接两个团，销售部的两个非常有经验的员工去专门照顾团队，每一分钟的任何变化，尤其是客人餐食时间的变化，例如有一个茶歇的时间需要马上改，往往在时间上非常紧迫。销售部同事每天都会把这些信息更新在 events（事件）的 memo（备忘录）里面。

北京瑰丽酒店餐饮部副总监： 在这一点上，我们有一些创新的方式。现在大家都用微信，微信是一个非常有效的工具。我们会将所有的团拉一个群，把所有相关部门的人全部放在群里面，客人有任何反馈，我们就会在第一时间、第一秒钟有反应。有些问题有关餐饮，有些问题有关客房，相关部门会在第一时间内做出反应，这样就保证了非常有效的沟通。在所有的协作关系中，有效的沟通是最重要的，因此酒店使用很多 High-tech（高科技）的手段来帮助沟通。甚至于一些外国员工没有微信，酒店会给他一部手机，帮他注册一个微信的号码，让他拿在手上，也在微信群里进行沟通。这种方式非常有效，最及时地解决问题。所以我们认为在协作的过程中，最重要的就是这种透明的、及时的、有效的沟通，无论是前期的准备，以及客人在店期间任何突发性的需求，我们都能够在非常快的时间内给客人最满意的答复，这一点是最关键的。

罗东霞： 非常认同您所说的部门间协同的关键在于沟通。除了线上的微信沟通之外，咱们在线下还有哪些沟通途径和方式呢？

北京瑰丽酒店餐饮部副总监： 每天微信是一种沟通方式，包括邮件的方式也会有。就餐饮部来讲，每天的例会上都会分享当天所有的信息，包括 sales（销售部）更新过来的信息，都会及时在群里更新完之后，在会上还要重新地再更新一遍，做到万无一失。让所有的员工，包括下属的经理和副经理们，按照统一的 order（指令）去做事情，这样大家做事情就会很顺畅。

北京瑰丽酒店助理行政经理： 在这个 daily briefing（每日晨会或例会）上就会强调当天会发生的那些事情关键的点在哪里，尤其运营部门会强调说，今天的 VIP 或今天的团队什么时候在大堂集合出发，这方面前厅部总监有更多的体会。

北京瑰丽酒店前厅部总监： 首先，刚才提到部门内有效的沟通，在前期的准备会，基本上会根据这个团队的入住时间一直到离店的时间，把可能涉及的各个部门的联系人做一个总联系表。各个部门的一把手和副手，两个人的名字、电话都写在联系表上，要保证在 24 小时内能找到联系人。像刚才餐饮部副总监讲过，很多信息在最后一分钟才会更改，当更改的时候，避免找某一个部门的人却联系不上，或者联系上之后动作非常慢的情况。把各个部门的一把手放在联系表里，就会缩短协调的时间。我们三个部门的沟通非常频繁，每一天，甚至每一分钟都在沟通。因为当酒店制定好完善的接待计划之后，客人不一定会遵循这个计划。客人除了非常重要的一些节点之外，可能会安排一些自己的时间。有的元首携夫人参会，当元首参加正式活动的时候，夫人可能单独行动。酒店的安排是把人力分成两个组，一组照顾主宾，一组照顾主宾的夫人或者主宾的先生。在这种情况下，内部沟通就要非常及时，甚至两个组要互相沟通，去协调。有时出现这样的情况：主宾去吃早饭了，可能太太还在休息；主宾准备出发，可能太太去吃早饭；可能主宾说回来之后，跟太太几点几分要见面。我们的任务是努力地帮客人去实现想法。所以在这个方面，我们三个团队要及时沟通。刚才您也问到线下沟通，我们征经常会在大堂或前场区域碰头，以最高效的方式面对面地去确定事情或解决问题。

北京瑰丽酒店助理行政经理：在沟通的准备阶段，我们有 group resume（团队档案），上面包括客人的所有流程、需求，在每个部门及酒店的每个位置有什么需要，多少人，什么时候做什么……非常详细的一个文件。这个文件由销售部准备，销售部通过了解客人的详细需求，制作好 group resume 发给相应的部门。除了在现场的沟通之外，其实这个准备工作已经做得非常充分了。这个准备工作是通过这样一份文件来完成的。当我们去开内部的协调会议的时候，会跟每一个部门详细地去过每一条，这样就确保所有人都了解并且理解客人要什么，客人有什么样的安排。

罗东霞：上面的案例是"一带一路"峰会元首接待服务案例，大家可能在这样的政治接待活动中协同意愿更强。如果在酒店的日常运营中，某一个部门的目标与销售部门的目标发生冲突，这种情况如何处理？

北京瑰丽酒店前厅部总监：刚才提到的提前准备会，并不是只有"一带一路"峰会、"两会"或者 APEC 这样的大型活动有相关的机制，事实上每个礼拜四下午，小到三间房、四间房的团，大到一百间、二百间的团，我们都会以同样的方式，以同样的准备的热情，去接待这个团，哪怕他只有三个房间。您问到的这个问题非常难回答，有些时候我们经常会发生冲突。

罗东霞：当部门利益和总的目标发生冲突的时候，是服从于总的目标，还是追求部门利益呢？

北京瑰丽酒店助理行政经理：酒店一定是以大目标为主，而且酒店永远的宗旨是满足客人的需求，让客人有最好的体验，这是我们的 mission（使命）。在这样的指导下，我们去看怎么解决内部的矛盾或冲突，怎么去协调，完成这个对客服务，进而完成这样的使命。这个是作为一个 hotelier（酒店人）的使命。不管什么样的冲突，都以这个为目标去走的话，永远都可以找到一个答案。

罗东霞：员工是协作的个体细胞，酒店怎样去激励每位员工进行更多的协作？

北京瑰丽酒店助理行政经理： 在酒店的管理系统中，有很多激励员工的方法方式。比如，酒店有"Magic card"（魔法卡片——表扬员工的卡片）。任何一位员工在对客服务或内部相互支持中做出了一个非常WOW（惊叹词，意为很棒）的故事的时候，我们就会手写一张Magic card给到那位员工，并且是当着所有人面前给到他，去认可他的这个活动。我的团队里的任何一个人，做出了支持我的行动，让我很感动，我也会写张卡给他。每个月都会有一个大家的gathering（聚会），在这个会上，我会给这个卡给个人。有的时候，有的员工会哭，因为员工觉得所做的事情被大家看到，并且大家是认可的。这种方式非常有效地激励员工，形成一个良性循环，鼓励大家一直这样在做。另外一种方式是酒店有员工大会。在员工大会上，各个部门都会提名在这些方面做得优秀的员工，我们不但把提名的员工的照片放上去，最后的获奖人的名单也放上去。通过这种方式，在所有人面前认可员工好的行为，鼓励这种行为，这种公司文化在整个酒店圈传播开来。这样可以使每一个人都向着同样的方向去努力，去积极地为别人提供服务，积极地去帮助同事，不管是同一个部门的同事，还是其他部门的同事，目的都是达到一个共同的目标，为客人提供一个难忘的入住经历。酒店用这样的形式不断地去鼓励员工，这样就可以看到员工会有一个非常惊喜的变化。

【案例思考】

1. 北京瑰丽酒店的房务、餐饮以及销售部门间的有效协同，有哪些方面的经验可以推广？

2. 北京瑰丽酒店采用了哪些线上、线下的跨部门协同的沟通方式？除了案例中提及的沟通方式外，你认为还有哪些可能有效的跨部门协同沟通方式？

3. 北京瑰丽酒店采用了哪些激励措施以激发员工的协同行为？除了案例中提及的激励方法外，你认为还有哪些可能有效的激励方法？

4. 与银行、IT企业、保险公司、设计公司等企业相比，酒店企业一线部门之间以及一线与二线之间的运营协同能力是否更强？为什么？

后 记

教材是教学理念的载体，教学理念体现于教材中的学习目标、内容和方法等方方面面。这本《酒店运营管理》教材在编排上体现了 OBE、课程思政以及产教协同育人理念。

OBE（Outcome-based Education）教学理念是结果（或成果）导向的教学理念，强调学生的学习成果。学生学习《酒店运营管理》的成果可分为知识、应用、整合、情感、价值、学习六个方面。在每章导读之后的知识目标、能力目标即是对知识、应用、整合成果的具体要求。学生在学习《酒店运营管理》教材及由编者主讲的中国大学 MOOC 网《酒店运营管理》后，能够了解、理解和掌握酒店运营管理专业知识（知识成果），能够应用酒店运营管理专业知识来分析酒店真实运营管理案例，总结案例经验或提出问题解决方案（应用成果），以及能够触类旁通地分析酒店运营管理中存在的复杂问题（整合成果）。

本教材注意将思政元素融入情感、价值、学习成果中。在情感成果目标方面，学生可以借助教材中的真实案例、综合实践任务，通过小组作业、团队调研等形式，提升团队合作意识及集体荣誉感，形成同伴情谊。在价值成果目标方面，期望学生能够履行社会责任，恪守职业道德规范，培养工作韧性，具有长远眼光。在学习成果目标方面，要求学生能够利用 MOOC 及其他网络学习资源，开展自主学习，提升自主学习和终身学习能力。在以后的职业生涯中能凭借自主学习能力，将社会主义核心价值观和职业道德准则内化为信念，并表现于职业行为和社会行为。本教材中第十五章专设关于运营协同的内容，将团队协作精神的培养紧密融合于课程内容，在同类教材中属于首创。

本教材还体现了产教协同育人理念。酒店管理专业的行业性、应用性很强，这决定了教材应与时俱进，契合当今酒店业运营管理工作实践。教材中的一些章节由酒店运营管理人员撰写，教材中的案例也主要来自于酒店运营管理人员在工作中的观察和提炼。学生通过阅读教材，可以了解真实的酒店运营管理工作场景以及酒店经理分析及处理问题的视角。

责任编辑：郭海燕
责任印制：冯冬青
封面设计：中文天地

图书在版编目（CIP）数据

酒店运营管理 / 罗东霞主编． -- 北京：中国旅游出版社，2020.8（2025.7重印）

ISBN 978-7-5032-6447-4

Ⅰ．①酒… Ⅱ．①罗… Ⅲ．①饭店－运营管理－教材 Ⅳ．①F719.2

中国版本图书馆 CIP 数据核字（2020）第 024834 号

书　　名：	酒店运营管理
作　　者：	罗东霞主编
出版发行：	中国旅游出版社
	（北京静安东里6号　邮编：100028）
	http://www.cttp.net.cn　E-mail:cttp@mct.gov.cn
	营销中心电话：010-57377103，010-57377106
	读者服务部电话：010-57377107
排　　版：	北京旅教文化传播有限公司
经　　销：	全国各地新华书店
印　　刷：	北京明恒达印务有限公司
版　　次：	2020年8月第1版　2025年7月第6次印刷
开　　本：	787毫米×1092毫米　1/16
印　　张：	19.75
字　　数：	400千
定　　价：	58.00元
ISBN	978-7-5032-6447-4

版权所有　翻印必究

如发现质量问题，请直接与营销中心联系调换